인물로 본 중국고대철학사

인물로 본 중국고대철학사

A History of Ancient Chinese Philosophy:
And Its Connection with Personal Perspective

황준연 지음

서광사

인물로 본 중국고대철학사

황준연 지음

펴낸이 | 김신혁, 이숙
펴낸곳 | 도서출판 서광사
출판등록일 | 1977. 6. 30.
출판등록번호 | 제 406-2006-000010호

(10881) 경기도 파주시 회동길 77-12 (문발동)
대표전화 (031) 955-4331 팩시밀리 (031) 955-4336
E-mail : phil6161@chol.com
http : //www.seokwangsa.co.kr | http : //www.seokwangsa.kr

제1판 제1쇄 펴낸날 — 2016년 8월 20일

ISBN 978-89-306-2943-0   93150

머
리
말
●

인생은 일종의 '브라운 운동'(Brownian movement)[1]으로 비유할 수
있다. '철학'은 그 운동 과정에서 탄생한 '무엇'이다. '철학'은 아직 충
분히 밝혀지지 않았다. '철학'에 대한 정의가 사람마다 다르기 때문에,
혼란은 늘 예견된다. '철학'의 개념이 무엇인지 밝혀지지 않은 상태에
서 하나의 〈철학사〉를 집필하려 함은 모순적인 행위이다. 그러나 필자
는 내면의 필연적 욕구를 이기지 못하고 집필을 감행하려고 한다.

　오랫동안 과학자들조차 물질의 구성 요소로서 원자(原子; atom)의
존재를 믿지 않았다.[2] 물리학이 그러하거늘, 형이상학으로서 '철학'의
운명은 더욱 알 수 없다. 이 책에서 필자는 고대 중국인의 사유를 '철

1　액체 혹은 가스 속에서 꽃가루들(pollen grains)이 무작위로 불규칙적 운동을 하는
현상을 가리킨다. 스코틀랜드의 식물학자 브라운(Robert Brown; 1773~1858)이 현
미경으로 이 현상을 관찰하였으나, 그 이유를 알아내지는 못하였다. 1905년 아인슈타
인(Albert Einstein; 1879~1955)은 꽃가루의 수많은 원자들이 충돌하고, 그런 충돌
이 끊임없이 계속된다는 사실을 밝혀냈다. 'Brownian motion' 혹은 'Brownian
movement'라고 부른다.
2　오스트리아의 물리학자 겸 철학자 마흐(Ernst Mach; 1838~1916)는 1897년 1월
스웨덴 왕립과학원 학술회의에서 "나는 원자가 존재한다는 사실을 믿지 않습니다"라
는 유명한 연설을 하였다. cf. 데이비드 린들리, 『볼츠만의 원자』, 이덕환 역(서울: 승
산, 2003), 서문.

학'의 이름 아래 설명하고자 한다. 이는 담대한 시도가 될 것이다.[3]

문명의 발생 및 쇠퇴 과정을 고려할 때, 중국은 고대에 잘나간 나라이다. 고고학 방면의 출토 자료를 검토하면[4] 이 사실을 확인할 수 있다. 사상사의 측면도 비슷하다. 콩치우(孔丘), 멍커(孟軻), 쉰쿠앙(荀況), 라오딴(老聃), 주앙저우(莊周)[5], 모짜이(墨翟)[6], 한페이(韓非) 등은 중국의 학술을 빛나게 한 인물들이며, 그 영향력은 아시아를 넘어서 서양의 지식인에게도 미치고 있다.

독일 철학자 헤겔(G. W. F. Hegel; 1770~1831)은 그리스·로마 문명이 서구인의 정신에 미친 영향이 크다고 지적하였는데,[7] 같은 내용을 중국에도 적용할 수 있겠다. 중국 문명 역시 아시아인의 정신생활을 풍족하게 만들었다. 동아시아 제국의 역사는 중국과의 관계사이며, 정치·경제는 중국과의 교섭에서 존속하고 발전되었다. 일본인 니시지마사다오(西嶋定生; 1919~1998) 교수는 "진(秦)·한(漢) 제국의 출현은 일본을 미개사회에서 문명사회로 발전시켰다"라고 대담한 발언을 하

---

3 명대(明代) 사상가 리쯔(李贄; 1527~1602)는 『속분서續焚書』에서 "나는 50세 이전 한 마리 개처럼 살았다. 앞(집)의 개가 짖으면, (뒷집) 다른 개가 짖듯이, 그렇게 따라서 짖었다"[是余五十以前, 眞一犬也. 因前犬吠形, 亦隨而吠之]라고 하였다. 필자의 저술이 묵수(墨守)적 태도가 아니라는 뜻이다.
4 마우리지오 스카르파리, 『고대중국』, 박승규 역(서울: 생각의나무, 2003)에 보이는 사진 도편은 하나의 예이다.
5 '莊周'의 실제 발음은 'Zhuāngzhōu'로, 여기서는 '주앙저우'로 표기한다.
6 '墨翟'의 실제 발음은 'Mòzhái' 혹은 'Mòdí'로, 여기서는 '모짜이'로 표기한다.
7 헤겔은 "유럽의 지성인 중에서 우리 독일인은 희랍(그리스)이라는 말만 들어도 어떤 향수를 느끼게 된다 … 그것도 그럴 것이 우리의 정신생활을 흡족하게 하거나 가치 있게 하며, 겉보기에도 훌륭하게 하는 학문과 예술은 모두 희랍을 발상지로 하고 있기 때문이다"라고 말하였다. cf. H. J. 슈퇴릭히, 『세계철학사』 下, 임석진 역(서울: 분도출판사, 1980), p. 222. / G. W. F. 헤겔, 『정신현상학』 1, 임석진 역(파주: 한길사, 2009), p. 17.

기도 하였다.[8]

『논어論語』에 '술이부작'(述而不作)이라고 하였다. 콩치우의 표현으로, "전술(傳述)하지만 창작하지 않는다"라는 뜻이다. 콩치우의 시절로부터 1,500년 뒤, 주시(朱熹)는 "술(述)은 옛것을 전하는 것이고, 작(作)은 창작하는 것이다"라고 해석하였다. 주시는 그쯤에서 그쳤으면 좋으련만, "'作'은 성인(聖人)이 아니면 불가능하며, '述'은 현명한 사람이라면 할 수 있다"라고 덧붙였다.[9]

세상에 태어나 한 번도 현명하다는 말을 들어 본 일이 없는 필자가 '作'을 꿈꾸고 있다.[10] 필자는 학문의 세계에 몸을 담고 살았다. 학문의 과정이 글을 읽고 글을 짓고 글을 가르치는 행위라면, 책을 쓰는 일[作]은 필자의 직업적 의무이다. 주시의 말을 따를 이유가 없다.[11]

---

8 니시지마 사다오, 『중국의 역사: 秦漢史』, 최덕경·임대희 공역(서울: 혜안, 2004), p. 9. 이는 헤겔의 언급과 통한다. 조선 시대에도 비슷한 생각을 가진 인물이 있다. 율곡 이이(栗谷 李珥; 1536~1584)는 중국인 지쯔(箕子)가 5,000여 명을 동반하고 조선에 와서 시서예악(詩書禮樂)과 문물제도를 전하였다고 믿었다. cf.『율곡전서栗谷全書』권14, 잡저,「기자실기箕子實記」. 우리는 '중화 문명'과 '중국'을 혼동해선 안 된다. 중국의 숭상을 '中華主義'라고 비판할 수 있다. 그러나 중화 문명에 대한 존중은 부끄러운 일이 아니다.

9 『논어論語』「술이述而」. "述而不作, 信而好古, 竊(절)比於我老彭." 朱熹 注 "述, 傳舊而已. 作, 則創始也. 故作非聖人不能, 而述則賢者可及." 콩치우의 '述而不作'은〈六經〉을 비롯한 전통의 계승을 선언한 것이다. 후대 학자들이 그를 교조적(教條的) 인물로 만들었다. 우리는 플라톤(Plato)의 제자였던 아리스토텔레스(Aristotle)가 스승의 학설에 반대하였음을 기억할 필요가 있다. 학문의 '발전'이란 스승의 말씀이라도 (무조건 묵수하지 않고) 비판하는 과정에 있다고 생각한다.

10 모짜이는 '述而不作'에 대하여 반대한다.『묵자墨子』권11,「경주耕柱」에서 "나는 고대의 좋은 것을 전술해야 하며, 현재의 좋은 것은 창작해야 한다고 생각한다. 좋은 것을 증대시키기 위해서이다"[吾以爲古之善者, 則誅[述]之; 今之善者, 則作之. 欲善之益多也]라고 하였다. cf. 孫詒讓,『墨子閒詁』下 (北京: 中華書局, 2001), p. 434.

11 '중독'(中毒)은 무섭다. 조선 시대 지식인들은 콩치우와 주시의 말에 중독이 되어, 다른 견해[異見]를 내세우지 못하였다. 혹 이견을 내세우면, '사문난적'(斯文亂賊)이라 하여 배척되었다. 필자는 '학문'(특히 철학)이란 남의 말에 의문을 품고, 새로운

필자는 일찍이 중국철학 관계의 서적을 몇 권 내놓은 바 있다. 이들
은 대학에서 강의의 편의와 업적의 과시를 위하여 세상에 나타난 것이
다.[12] 머리에 백설(白雪)이 내린 지금, 의무에 얽매일 필요가 없어졌다.
이순(耳順)을 넘어서 필자 나름대로 (특히 '철학 일반'에 대하여) 생각
한 바가 있다.[13] 이제 필자는 대학에서 퇴직하였기 때문에 평가에 연연
하지 않고 집필한다. 그 점에서 마음은 편하지만, 성과급이라는 '당근'
이 없어서 섭섭하다.

이 책에서 말하는 중국 '고대'는 진(秦) 제국이 멸망한 기원전 207년
까지이다. 20세기 중국에서는 이전에 볼 수 없었던 지하 자료가 많이
출토되었다.[14] 자료의 발굴은 세계를 놀라게 하였는데, 그 대부분이 시
기적으로 고대에 속한다. 자료를 접하고 필자는 〈중국철학사〉를 새롭
게 써야 하는가에 대하여 의문을 품게 되었다. 세상은 끊임없이 변화하
는 과정에 있고, 앞으로 새로운 자료가 계속 세상에 나타날 것이다.[15]
그러므로 필자의 이 책은 과도기의 저술이라고 할 수 있겠다.

필자는 비록 '천명'(天命)이 무엇인지 깨닫지 못하고 있지만, 새로운
저술을 시도하려는 욕망은 가지고 있다. 어떤 〈철학사〉의 기술에서 가

'토'(吐)를 다는 작업이라고 판단한다.
12 『신편 중국철학사』, 『중국철학과 종교의 탐구』, 『중국철학의 문제들』, 『실사구시
로 읽는 주역』, 『〈한비자〉 읽기』 등이 그것이다.
13 리쯔의 말처럼, '수폐전견'(隨吠前犬; 앞집 개가 짖으면, 뒷집 개가 따라서 짖는
행위)하지 않겠다.
14 1899년 허난(河南) 성 인쉬(殷墟)의 갑골문, 1900년대 초기 간수(甘肅) 성 뚠후
앙(敦煌) 문서, 1973년 후난(湖南) 성 창사(長沙) 마왕뚜이(馬王堆) 백서(帛書), 1993
년 후베이(湖北) 성 징먼(荊門) 꾸어띠앤(郭店) 초나라 죽간(竹簡), 1994년 상하이박
물관의 죽간 자료 등이 대표적이다.
15 중국 정부는 기다렸다는 듯이 무엇을 터뜨린다. 어떤 정치적인 의도가 있는지는
잘 모르겠다.

장 어려운 문제는 '철학'에 대한 합의점을 찾는 일이다. '철학'은 사람
마다 다른 의미로 사용하고, 다른 뜻으로 받아들인다. 철학의 세계는
언어로 표현된다. 중국철학도 '철학'의 카테고리에 속하므로 언어로
표현된다. 중국철학의 언어는 한어(漢語)이다. 만일 중국철학에 특징이
존재한다면, 그것은 한어가 지니는 구조적 문제에서 발생한다고 생각
한다.

  중국철학은 서양철학에 비하여 종교적 성격이 강하다.[16] 중국철학은
어디까지가 철학이고 어디까지가 종교인지 구별하기가 어렵고 애매모
호하다. 필자는 능력 범위 내에서 중국철학의 문제를 철학 영역에서만
취급하고, 종교 영역으로 들어가지 않으려고 노력하였다[17] ─ 필자는
이 책에서 종교 현상에 대하여만 말하고, 종교의 본질·목적 혹은 역할
등은 언급하지 않는다 ─

  종교는 설명 가능한 세계와 설명이 불가능한 세계를 포함한다. 설명
이 불가능한 문제는 다룰 수 없다. 천당과 지옥이 있는지의 여부나 기
적 같은 것들은 이 책에서 취급하지 않는다. 또한 언어로 표현되고 있
지만 인간의 오감 능력으로 이해되지 않는 개인적 체험 등도 취급할 수
없다.[18]

---

16 종교는 권위를 중시한다. 필자는 한어(중국어)가 지닌 '권위적' 측면이 중국철학
을 종교로 밀어붙이는 경향이 있다고 생각한다. 한자는 네모난 직각(直角; 方) 구조
를 기본으로 한다. 이는 사관학교 생도의 직각보행(直角步行; 직각으로 걷는 것)과 같
은 인상을 준다. 또한 네 글자로 박자를 맞추어 나가는 '四字成句'도 권위적 측면이
강하다.

17 의지는 그렇지만, 그 어떤 저술가도 중국철학의 종교적 측면을 따로 떼어 내는 일
은 불가능하다고 믿는다.

18 명대(明代) 왕서우런(王守仁)의 학문을 '양명학'(陽明學)이라 부른다. 학자들은
그가 어느 날 밤 깨달음[龍場悟道]을 통하여, '정주학'(程朱學; 朱子學)과는 다른 사
유 체계를 세웠다고 주장한다. 하지만 이러한 깨달음은 철학사에서 중요하지 않다. 필
자는 개인적 체험을 철학의 영역이 아니라 종교적 체험으로 받아들인다. 펑유란(馮友

중국 고대 상(商)·주(周) 시대는 철학보다는 종교를 말해야 한다. 콩치우 이전 시기는 철학을 말하기 어렵다. 필자는 중국 고대 철학에서 형이상학적 성분을 뽑아낸다면, 라오딴의 '도'(道)로부터 시작한다고 본다. 중국 문화에는 '철학' 개념이 존재하지 않았다. 그렇다고 중국에 '철학'이 없었다고 말할 수는 없다. 중국철학은 서양철학에 비하여 논리와 인식론 분야에서 강약이 존재한다. 조심스럽고 어려운 표현이지만, 중국의 풍토와 문화적 배경에 바탕을 둔 '중국철학'이 존재한다고 말할 수 있다.[19]

인간도 자연계에서 동물이므로, '적자생존'(適者生存) 내지 '약육강식'(弱肉强食)의 생물학적 질서를 벗어날 수 없다. 철학이건 종교이건 시대의 권력자에 따라서 성쇠에 영향을 받는다. 우리 시대는 철학 활동을 하기에 적합한 시대는 아니지만, 그래도 이성에 의존하는 길은 열려 있다. 그러나 '철학'이 무엇인지 밝혀지지 않은 상태에서 길을 가야 하는 점에서, 필자는 대낮에 장님이 되는 미네르바(Minerva)의 올빼미와 비슷하다.

필자는 인간은 '언어적 동물'이며, 언어가 지니는 특징과 구조에 따라서 논리와 사고, 행동양식이 달라진다고 생각한다. 이 책의 주요 언어는 '한글'이다. 그러나 현재의 '한글'은 철학의 어휘를 수용하고 표현함에서 한계를 지녔음을 인정하지 않을 수 없다.[20]

蘭) 교수도 같은 주장을 한다. cf. 풍우란, 『중국철학사』 상, 박성규 역(서울: 까치, 1999), p. 6, p. 12.

19 철학은 보편성을 지닌 학문이다. 중국철학은 서양철학과 구별된다. 여기에 위험성이 존재한다. '중국인의 특수 논리'를 강조하면 민족주의 혹은 애국주의의 샛길로 빠질 가능성이 있다. 필자는 철학에서 민족주의 내지 애국주의는 의미가 없다고 판단한다. 이는 어떤 철학자가 자신의 민족 혹은 나라를 사랑하지 않는다는 뜻은 아니다.

20 '명가'(名家) 철학을 소개할 때, 독일어 합성어 'Sprachspiel'을 놓고 고민하였다. '말놀이'가 부정적 의미로 이해될 수 있기 때문이다. 'Sprachspiel'은 부정적 의미

"하나님(알라)은 인간에게 지탱할 수 없는 그 이상의 짐을 주지 않으셨다"(『꾸란』 2 : 286)라는 말씀이 있다. 필자는 자신의 능력 범위 내에서 저술 작업을 진행함으로써 학자로서 치러야 할 의무를 실천하고자 한다.

끝으로 이 책이 햇빛을 보기 위하여 오랜 시간이 흘렀음을 고백해야 하겠다. 필자가 퇴직하기 전, 연구실을 몸소 방문하고 탈고하기까지 몇 년의 시간을 기다려 주신 이숙 사장님, 그리고 퇴직 후에도 필자를 찾아 집필을 격려한 김찬우 상무에게 고마움을 전한다.

2016년[丙申年] 경칩(驚蟄), 전북대학교 명예교수 황준연은
무주군 덕유산 下 촌가(村家)에서 키보드를 두드리다.

가 아니다('말놀이'와 '말장난'은 다른 개념이다). 어떤 언어(예: 독일어)는 철학의 표현에 유리하고, 어떤 언어는 불리하다. 우리는 성리학의 나라인 조선 왕조의 리기론(理氣論) 논쟁만 보더라도, 중요 개념 리(理)·기(氣)조차도 합의된 한글 번역어가 없다. 한글의 어휘가 개발되기를 기다려야 한다.

가. 부호 용례

1) 『　』 독립된 문헌(저서)
2) 「　」 독립된 문헌 속의 편명 혹은 분량이 작은 논문류
3) " " 인용문
4) ' ' 강조어 또는 인용문 속의 인용
5) [ ] 한글로 풀이된 문구의 한자어
6) 〈　〉 용어의 의미 강조 혹은 구별
7) (　) 보충 설명

나. 책에 대한 표시

1) 서지(書誌) 사항은 각주(脚註)에서 밝힌다.
2) 표지에 표기된 서지 정보를 그대로 밝힌다.
   예) 펑유란, 『간명한 중국철학사』, 정인재 역(서울: 형설출판사, 2007)
   　　풍우란, 『중국철학사』, 박성규 역(서울: 까치, 1999)
3) 앞서 출처 표기된 책이 이후에 다시 등장하면 출판지, 출판사, 출간 연도의 정보
   는 생략한다.
   예) Bertrand Russell, *History of Western Philosophy* (London: George Allen
   　　& Unwin Ltd, 1961) → Bertrand Russell, *History of Western Philosophy*
4) 자주 등장하는 일부 외국 문헌은 한글 병기 표기 후 한글 단독 표기를 한 경우가
   있다.
   예) 『史記』 → 『사기史記』 혹은 『사기』

다. 한어(漢語; 중국어) 발음 표기

1) 인명(人名)은 중국 현지 발음을 따른다.
   예) 司馬遷 → '사마천'이 아니고 '쓰마치앤'으로
   　　孔丘 → '공구'가 아니고 '콩치우'로
※ 시대가 변하면 칭호도 변해야 한다. 현재 '칭기스칸'을 '성길사간'(成吉思汗)으
　로 부르지 않고, '워싱턴'을 '화성돈'(華盛頓)으로 표기하지 않는다.
　　☞ '[부록 2] 1. 한어 표기법 이야기'를 참고할 것.

2) 인명 표기에서 일가(一家)를 나타내는 '子'를 피하고 본명을 사용한다.

　　예) 孔子 → '콩쯔'(孔子)가 아니고 '콩치우'(孔丘)로

　　　　孟子 → '멍쯔'(孟子)가 아니고 '멍커'(孟軻)로

　　　　荀子 → '쉰쯔'(荀子)가 아니고 '쉰쿠앙'(荀況)으로

　　　　老子 → '라오쯔'(老子)가 아니고 '라오딴'(老聃)으로

　　　　莊子 → '주앙쯔'(莊子)가 아니고 '주앙저우'(莊周)로

3) 인명 표기에서 정체자(正体字; 繁体字)가 아닌 간체자(簡体字)로 표기한 경우가 있다.

　　예) 펑유란(馮友蘭) → 펑유란(冯友兰)

4) 인명에 왕(王) 혹은 공(公)의 칭호가 있을 경우, 한글 발음으로 표기한다.

　　예) 武王(Wǔwáng) → '우왕'이 아니고 '무왕'으로

　　　　文王(Wénwáng) → '원왕'이 아니고 '문왕'으로

　　　　周公(Zhōugōng) → '저우꽁'이 아니고 '주공'으로

　　　　秦始皇(Qínshǐhuáng) → '친스후앙'이 아니고 '진시황'으로

5) 보통 명사에 보통 명사가 접하여 인명으로 쓰인 경우, 한글 발음을 따른다.

　　예) 河上丈人(héshǎngzhàngrén) → '허상장르언'이 아니고 '하상장인'으로

6) 일본인의 이름은 일본 현지 발음을 존중하여 표기한다.

　　예) 內藤湖南 → '내등호남'이 아니고 '나이토 고난'으로

　　　　中村元 → '중촌원'이 아니고 '나카무라 하지메'로

7) 지명(地名)은 중국 현지 발음을 따른다.

　　예) 河南(Hénán) → '하남'이 아니고 '허난'으로

　　　　殷墟(Yīnxū) → '은허'가 아니고 '인쉬'로

8) 성(省)과 도시 이름은 한어 발음을 따른다. 소수 민족의 이름과 행정 명칭은 한글 발음으로 적는다. 행정 명칭은 한 칸을 띄워서 의미를 구별한다.

　　예) 山東省 → '산동성'이 아니고 '산뚱 성'으로

　　　　濟南市 → '제남시'가 아니고 '지난 시'로

　　　　廣西壯族自治區 → '구앙시 주앙주 자치구'가 아니고 '구앙시' 장족 자치구로

9) 산(山), 강하(江河) 이름은 한글 발음으로 표기한다.

　　예) 泰山(Tàishān) → '타이산'이 아니고 '태산'으로

　　　　黃河(Huánghé) → '후앙허'가 아니고 '황하'로

10) 왕조의 명칭은 한글 발음으로 표기한다.

　　예) 夏(Xià) → '시아'가 아니고 '하'로

　　　　殷(Yīn) → '인'이 아니고 '은'으로

　　　　周(Zhōu) → '저우'가 아니고 '주'로

　　　　秦(Qín) → '친'이 아니고 '진'으로

11) 건물, 광장, 절, 섬 이름 등은 한글 발음으로 표기한다.

　　예) 紫禁城(Zǐjìnchéng) → '쯔진츠엉'이 아니고 '자금성'으로

　　　　天安門(Tiān'ānmén) → '티앤안먼'이 아니고 '천안문'으로

　　　　興敎寺(Xīngjiàosì) → '싱자오쓰'가 아니고 '흥교사'로

　　　　白鷺洲(Báilùzhōu) → '바이루저우'가 아니고 '백로주'로

12) 국제적으로 공인된 지명 혹은 민족명은 일반적 호칭을 따르되, 중국 정부의 호칭을 병행할 수 있다.

　　예) 西藏(Xīzàng) 자치구(自治區) → '티베트' 혹은 '시짱'

　　　　新疆維吾爾(Xīnjiāng Wéiwú'ěr) 자치구 → '신지앙 위구르' 혹은 '신지앙 웨이우얼'

　　　　香港 → '홍콩'(Hongkong) 혹은 '시앙강'(Xiānggǎng)

　　　　澳門 → '마카오'(Macao) 혹은 '아오먼'(Àomén)

라. 기타

1) 구앙뚱어(廣東語)는 현지 발음을 존중한다.

　　예) 陳榮捷(Chénróngjié) → '츠언롱지에'가 아니고 '윙-칠 찬'(Wing-Tsit Chan)으로

　　　　周潤發(Zhōurùnfā) → '저우룬파'가 아니고 '윈-팥 저우'(Yun-Fat Chou)로

2) '필자'는 이 책의 저자 황준연을 가리킨다. 서술의 내용이 혼동을 일으킬 수 있는 부분은 '필자'(황준연)로 표기한다.

❖ 중국 고대사[1] 간략 연표 ❖

하(夏; Xia Dynasty)   B.C.21세기~B.C.16세기

※ 전설의 왕국

상(商; Shang Dynasty)   B.C.16세기~B.C.1046[2]

서주(西周; Western Zhou)   B.C.1046 이전~B.C.771

동주(東周; Eastern Zhou)   B.C.771~B.C.249

※ 동주는 춘추·전국 시대와 겹침

춘추(春秋; Spring and Autumn)   B.C.770~B.C.481

전국(戰國; Warring States)   B.C.481~B.C.221[3]

진시황(秦始皇)의 고대 중국 통일   B.C.221

진(秦; Qin Dynasty) 제국   B.C.221~B.C.207

진(秦) 제국의 멸망   B.C.207

---

1 중국사의 시대 구분은 학자들마다 견해가 다르다. 서양사의 경우처럼 고대, 중세, 근·현대로 나눌 수 없다. 필자는 상(商)·주(周) 시대부터 진(秦) 제국의 멸망(B.C.207)까지를 고대 시기로 받아들인다. 일본 도쿄대 교수 나이토 고난(內藤湖南; 1866~1934)은 후한(後漢) 멸망 시기(A.D.220)를 중국 고대사의 종결로 보았다.

고대 왕조는 '하 → 상 → 주(서주·동주) → 춘추·전국 → 진(秦)'의 순서로 정연하게 교체된 것이 아니다. 고고학자 장꾸앙즈(張光直)는 하·상·주 전통적 삼대(三代)가 시간상 일련적이 아니고, 오랜 기간 '중첩적인 정치 조직'(overlapping polities)으로 존재할 가능성이 크다고 주장하였다. cf. Benjamin I. Schwartz, *The World of Thought in Ancient China* (Cambridge: Harvard University Press, 1985), p. 16.

2 상(商) 왕조 종말은 중국 정부 「하상주 단대공정(夏商周斷代工程) 보고서」(2000)에 의한다. 기원전 1046년은 주(周) 무왕(武王)에 의하여 상(商) 왕조 정벌 전쟁이 단행된 시기이다.

3 춘추·전국 시대는 일반적으로 분리하지 않지만, 필자는 설명의 편의상 분리를 시도하였다. 연도 기산(起算) 및 마감은 로타(Lothar; 羅泰) 교수의 저술에 의한다. cf. 로타 폰 팔켄하우젠, 『고고학 증거로 본 공자시대 중국사회』, 심재훈 역(서울: 세창출판사, 2011), pp. 39-41.

제1장

철학 일반의 문제

Philosophy in General

1.1 문명, 철학

이 책의 이름은 『인물로 본 중국고대철학사』(*A History of Ancient Chinese Philosophy: And Its Connection with Personal Perspective*)이다. '인물로 본'은 문제 중심이 아닌 인물 중심으로 검토한다는 의미이다. 중요한 개념은 '중국고대철학사'이나, 여기에서 '중국'과 '고대'는 관형어로, '철학'과 '사'(史)는 명사로 쓰인다.[1] '고대'와 '중국'은 '철학'을 꾸민다.[2] 우리는 명사로서의 '철학'이 무엇을 말하는지 검토할

---

[1] 영문 표기 "*A History of Ancient Chinese Philosophy*"에서, 'Ancient'와 'Chinese'는 형용사, 'History'와 'Philosophy'는 명사이다. 영문은 'Ancient'가 'Chinese' 앞에 등장하지만, 우리말 혹은 중국어 표현은 〈고대중국철학사〉보다는 〈중국고대철학사〉가 자연스럽다.

[2] 형용사는 대체로 명사를 꾸미는 일에 종사한다. 중요한 것은 명사의 존재이다. 서양의 어린이들이 동양의 어린이들에 비하여 명사를 빠른 속도로 배운다는 지적이 있다. cf. 리처드 니스벳, 『생각의 지도』, 최인철 역(서울: 김영사, 2009), p. 19.

필요가 있다.

철학은 인간이 창조한 '문명'(文明; civilization)의 산물이다. 문명이
란 원시적인 상태를 벗어나 정신적·물질적으로 고도로 발달한 개화 상
태를 말한다. 세계의 역사에는 여러 문명이 존재하였다. 대표적인 문명
으로 이집트 문명, 메소포타미아 문명, 그리스-로마 문명, 인도 문명,
그리고 중국 문명 등을 들 수 있다.[3]

영국의 역사학자 토인비(Arnold Toynbee; 1889~1975)는 인류의
문화 형태를 연구한 뒤, *A Study of History*[4]에서 문명사관(文明史觀)을
제시하였다. 그는 문명을 하나의 유기체(有機體; 전체와 부분이 서로
밀접한 관계를 가지고 움직이는 조직체)로 파악하고, 유기체의 생멸
과정이 역사이며, 그 생성과 멸망에는 규칙성이 있다고 진단하였다. 역
사의 규칙성이란 어떤 문명이 발생, 성장, 쇠퇴, 해체의 과정을 주기적
으로 되풀이한다는 것이다. 토인비 교수는 문화의 측면에서 사회(문
명)를 크게 다섯 가지로 분류하였다.[5]

① 서구 그리스도교 사회(Western Christendom)
② 러시아 정교 그리스도교 사회(Orthodox Christian Society)

---

3 문명과 비슷한 용어에 '문화'(文化; culture)가 있다. 문화와 문명이 동의어로 쓰이
고 있다는 주장도 있다. cf. 앙드레 베르제·드니 위스망 공저, 『인간과 세계: 프랑스
고교철학 II』, 남기영 역(서울: 정보여행, 1996), p. 13.
4 토인비는 'A Study of History'에서 자신의 저술이 역사 연구에서 하나의 가설임을
말한다. 필자는 한글 번역본인 『역사의 연구』 全12권을 읽지 않았고, 솜머벨(D. C.
Somervell)의 축약본(1961)을 읽었다. 토인비 교수는 세상과 작별하기 3년 전(1972),
카플란(Jane Kaplan)과 함께 저서를 수정하고 축약하여 새로운 판본을 내놓았다. cf.
아놀드 토인비, 『圖說 歷史의 硏究』, 姜基哲 역(서울: 一志社, 1978).
5 Arnold Toynbee, *A Study of History*, *Abridgement by D. C. Somervell* (Oxford:
Oxford University Press, 1961), p. 8. / A. J. 토인비, 『역사의 연구』 I, 지경자 역(서
울: 홍신문화사, 1994), pp. 17~18.

③ 이슬람 사회(Islamic Society)

④ 힌두 사회(Hindu Society)

⑤ 극동 사회(Far-Eastern Society)

토인비 교수는 거시적인 관점에서 문명의 종류를 21개로 세분하였다. 대표적인 것으로 헬레네[6] – 중국 모델(The Helleno-Sinic Model)을 지적한다. 헬레네 문명은 중국 문명과 독립되어 있으며 친근(親近; affinity) 관계가 없다. 그러나 어떤 문명은 다른 문명과 친근 관계를 맺고 있는데, 예를 들면 한국, 일본, 베트남 문명의 중국 문명과의 관계가 그것이다.

토인비 교수는 문명의 모습을 진단하고 이를 크게 두 가지로 나누어, 꽃을 피운[開花] 문명과 꽃을 피우지 못한[流産] 문명으로 분류하였다. 그는 꽃을 피운 문명을 다시 독립 문명과 위성 문명으로 나누었다. 논의를 정리한다.

(1) 꽃을 피운 문명(Full-Blown Civilizations)

① 독립 문명(Independent Civilizations)

중앙아메리카 / 이집트 / 인더스 / 중국 / 헬레네 / 서구 / 이슬람 etc.

② 위성 문명(Satellite Civilizations)

미시시피 of 중앙아메리카 / 北 안데스, 南 안데스 of 안데스 / 한국, 일본, 베트남 of 중국 etc.

---

6 헬레네 문명은 서구 문명의 뿌리이다. 헬레니즘(Hellenism)이란 '고대 그리스 문화의 사상, 정신 혹은 양식' 등을 가리키는 용어이다.

(2) 꽃을 피우지 못한 문명(Abortive Civilizations)

  네스토리안 기독교(이슬람에게 먹힘)[7] / 스칸디나비아(서구에게

  먹힘) etc.

　필자는 토인비의 가설을 중국철학을 진단하는 참고 자료로 삼을 수 있다고 판단한다. 이들 문명 간의 관계는 어떠할까? 토인비 교수는 1972년 수정 요약판 *A Study of History*에서 말한다.

　그러므로 서구 문명과 중국 문명과의 관계는 서로 완전히 독립적이다. 이와 대조적으로, 서구 문명은 동방 정교, 그리스도교 문명 및 이슬람 문명과 친근성(親近性; affinity)이 있다. 왜냐하면 동방 정교, 그리스도교 문명, 이슬람 문명이 모두 동질적(同質的; identical)인 헬레네-시리아 '문화 복합체'(culture-compost)에 뿌리를 두고 있기 때문이다. 더욱 밀접한 친근 관계는 중국 문명과 다른 한국, 일본, 베트남 문명과의 관계에서 찾을 수 있다. 이상 세 문명은 중국 문명에서 영감(靈感)을 받고 있긴 하지만, 각기 독자적인 노선에 입각하여 중국 문명으로부터 빌려 온 것(loans)을 발전시켜 왔다.

　위 표현을 보면, 전통 사회에서 중국, 한국, 일본은 상호 복합체(複合體; compost)의 관계 속에서 깊은 친근성을 유지하였다. 이때의 '친근성'의 본보기로 '한자(漢字) 문화권'이라는 용어를 들 수 있다.[8]

---

7 번역어 '먹힘'의 원어는 'eclipsed'이다. 천문학 용어로 해와 달의 좀먹음[蝕]을 가리킨다. 예를 들면 solar eclipse는 일식(日蝕), lunar eclipse는 월식(月蝕)이다. '먹힘'은 한자어 '잠식'(蠶食)으로 번역할 수도 있다. '잠식'이란 누에가 뽕나무 잎을 갉아먹어 치운다는 뜻이다.
8 전통 사회에서 중국, 한국, 일본, 베트남은 한자를 공유하였다. 이들은 말을 사용하

문명 사이에 교섭이 발생할 때는 서로 융합하기도 하고 충돌하기도 한다.[9] 문명의 교섭에는 자국에 없는 개념을 자국의 언어로 표기해야 하는 문제가 발생한다. 중국의 경우 인도에서 불교가 수입될 때, 고대 산스크리트어를 한어(漢語)[10]로 번역하는 일이 매우 중대한 문제였다.

'철학'은 문명의 산물이다. 그리스어 'Philosophia'는 'philos'(사랑)와 'sophia'(지식 혹은 지혜)의 합성어로 알려져 있다. 그 점에서만 본다면, 철학이란 지식 혹은 지혜의 사랑을 말한다. 한자어로 '哲學'이라는 용어는 중국에서 발생하지 않았다.[11] 이 용어는 일본 메이지(明治) 초기의 계몽 사상가 니시 아마네(西周; 1829~1897)에 의해서 번역된 개념이다.[12]

지 않고 의사를 소통시키는 '필담'(筆談)이 가능하였다.

9 문명의 충돌에 관해서는 헌팅턴(Samuel P. Huntington; 1927~2008)의 *The Clash of Civilizations*가 있다. cf. 새뮤얼 헌팅턴, 『문명의 충돌』, 이희재 역(서울: 김영사, 2000). / 황준연, 『한국사상과 종교 15강』(서울: 박영사, 2014 개정판), pp. 6-9.

10 중국은 다중(多重) 언어 국가이다. '중국어'는 소수 민족의 언어를 포함해야 마땅하다. 일반적으로 한족(漢族)의 언어, 즉 한어(漢語)를 '중국어'라고 호칭한다.

11 '철인'(哲人)이라는 용어는 고전에 보인다. 『서경書經』 상서(商書) 「이훈伊訓」에서 "철인을 널리 구하여 후사(後嗣)를 돕게 해야 할 것입니다"[敷求哲人, 俾輔于爾後嗣]라고 하였고, 『시경詩經』 대아(大雅) 「억抑」에서는 "철인의 어리석음은 상도(常道)에 어긋난다"[哲人之愚, 亦維斯戾]라고 하였다. 『사기史記』 券47, 「공자세가孔子世家」에는 "태산이 무너진단 말인가! 기둥이 부러진다는 말인가! 철인이 죽어간다는 말인가!"[太山壞乎! 梁柱摧乎! 哲人萎乎!]라는 표현도 있다. 여기의 '철인'은 현대적 의미의 철학자가 아니다.

12 니시 아마네는 'philosophy'를 '데츠가쿠'(哲學)라고 불렀다. 그는 네덜란드 유학생으로서 라이덴대학에서 비셰링(Simon Vissering; 1818~1888)의 국제법 강의를 들었다. 그 강의록을 일본어로 번역하고, 『만국공법萬國公法』이라는 이름으로 출판하였다(1868). 이 책은 당대 일본 지식인을 흔들어 놓았다. 니시 아마네는 이 밖에 주관(主觀), 객관(客觀), 본능(本能), 관념(觀念), 귀납(歸納), 연역(演繹), 긍정(肯定), 부정(否定), 이성(理性), 오성(悟性), 지각(知覺), 감각(感覺) 등 여러 가지 철학 개념을

지식에 대한 사랑이 그리스에만 존재하였던 현상은 아니다. 이집트인, 바빌로니아인, 인도인, 중국인도 지식을 추구하였다. 그러므로 질적 차이는 존재하지만, 각 나라의 특징(언어와 관련이 깊다)을 반영하는 여러 종류의 철학이 가능하다. 대표적인 이름으로 그리스·로마 철학, 페르시아 철학, 인도 철학 그리고 중국 철학 등이다.[13]

어떤 종류의 철학이든지 '철학'[哲]은 문명(문화)의 하나이며, 언어[文]의 형태로 존재한다. 언어는 철학적 사유를 담게 되고, 그 자취는 역사[史] 속에 기술(記述)된다. 이렇게 철학, 문학, 역사는 긴밀한 관련성을 유지한다. 셋의 관계를 '문사철'(文史哲)이라고 부른다. 이들은 오늘날 사용되고 있는 '인문학'의 핵심 내용을 구성한다. 언어와 철학이 역사 속에 담겨 있고, 역사는 언어라는 수단을 빌려야 한다.

역사는 하나의 그릇이다. 물건이 없는 빈 그릇은 그릇의 존재 목적에 위반된다. 그릇은 담겨 있는 물건에 의하여 증명된다. 철학사는 철학의 역사이다. 하나의 철학사에 대한 기술은 문헌의 근거를 밝히는 데에서 출발해야 한다. 만물이 그렇듯이 철학은 시대의 아들이며, 시대가 바뀌면 철학의 내용도 바뀐다.

1.2 철학적 정신이란?

1) 의미를 물음

인간은 무엇을 알고자 욕망한다. 지식의 추구는 본능에 속한다. 이는

번역하였다.

13 모든 민족이 '철학'을 지닌다고 말할 수는 없다. 어떤 문명권에서 사용하는 언어에 철학적 관념을 형성하는 용어(추상 명사)가 개발될 때, 철학의 근거가 마련된다.

무지(無知)로부터 벗어나고자 하는 욕망이다. 지식에는 후천적 경험을 통하여 얻어지는 것과 선천적 이성(理性)으로 파악되는 것이 있다. 전자는 과학적 지식에, 후자는 철학 혹은 종교적 지식에 속한다.

철학만이 지식을 사랑하는 것은 아니다. 과학 또한 지식을 사랑한다. 이들의 차이점 두 가지를 지적하고자 한다. 철학은 보편적인 지식에 대한 사랑이고, 과학은 개별 사물에 대한 사랑이다. 철학은 지식을 자체 목적으로써 추구하고, 과학은 지식을 수단으로써 추구한다. 철학이 지식(지혜)에 대한 사랑을 포함한다고 볼 때, 철학과 과학은 다른 길을 걷는다. 철학은 윤리 도덕과 관계함으로써 인간 정신의 고결성, 신성함을 포함한다. 이 점에서 철학은 종교와 친근해진다.

최근 한국의 대학생들은 질문하지 않는다. 질문이 없다는 것은 지식의 흡수 과정에서 위기 현상이라고 필자는 진단한다. 이는 철학의 위기를 초래한다.[14] 의문이 없으면 철학이 생겨나거나 발전할 수 없기 때문이다. 이때 질문은 사실에 대한 의문이 아닌 근원에 대한 물음이다.

'타오마재인'(thaumazein; 경이)[15]이라는 용어가 있다. '타오마재인'을 이해하려면 어린아이들의 세계를 들여다보라.[16] 어린아이들은 질문이 많다. 아이들 질문에 일일이 답변하자면, 어른들은 정신이 없을

---

14 '철학의 위기'는 '인간의 위기'를 말한다. 현대인은 생각[思考]을 별로 하지 않는다. 각종 기기(機器)로 대변되는 SNS의 발달은 사고보다는 이미지를 관리한다. 동영상이 말과 글보다 자극적이며, 의사소통 수단의 강자로 등장한 지 오래이다. '생각'에서 멀어져 가는 우리는 '로봇'처럼 기계화되고 있다. 이것이 필자가 말하는 철학의 위기이며, 동시에 인간의 위기이다.

15 그리스어 '타오마자이'(thaumzai)에서 유래된 용어이다. 영어로 'wonder'라고 표현하며, 한자 술어로 '경이'(驚異)라고 번역된다. 아리스토텔레스『형이상학』제1권에 의해서 알려졌다. cf.『철학대사전』(서울: 학원사, 1963), p. 40.

16 독일 철학자 아도르노(Theodor W. Adorno; 1903~1969)는 어린아이들은 누구나 철학자라고 말한다. cf. 이기상,『철학노트』(서울: 까치, 2002), p. 38.

지경이다. 왜 그럴까? 어린아이들에게는 외부 세계가 온통 '경이'로 가득하기 때문이다. 꽃이 피는 일, 새가 노래하는 일, 해가 뜨고 지는 일 등 경이스러운 일이 아닌 것이 없다.[17] 철학사에서 철학은 '경이'에서 발단한다고 설명한다.

철학적 정신은 의미를 묻는 과정에 존재한다. 그 대상은 근원의 문제들이다. "신(神)은 존재하는가? 그렇다면 신은 나와 무슨 관계가 있는가?" "내가 여기 있다는 것은 무슨 뜻인가?" "어떻게 살아야 하는가?" 이와 같은 질문에는 정답이 없다. 이 점에서 철학자들은 이카로스(Icaros)[18]의 운명을 타고났다. 그들은 해결될 수 없는 문제를 놓고 몸부림치지만, 결국은 날개가 부러져 스스로 죽고 만다. 그렇지만 태양(i.e. 진리)을 향한 집념을 불태우며 오늘도 하늘을 향해 날아오른다.

현대인들은 소유에 강한 욕망을 지니고 있다. '그들은 의미 물음을 소유로 채우려고 한다.'[19] 그들은 좋은 집(비싼 집), 좋은 차(비싼 차), 좋은 옷(비싼 옷) 등을 가지고 싶어 한다.[20] 그러나 물건이 사람의 마음을 완전히 충족시켜 주지는 못한다. 우리는 어느 날 "이러한 물건들이 대체 나에게 무슨 의미가 있는가?"라는 물음을 던질 수 있다.[21] 이와 같

17　어른들은 질문하는 어린아이들을 귀찮게 여긴다. 그 점에서 '어른들은 위로를 받아야 하는 존재'(Elle a bien besoin d'être consollée)들이다. cf. 쌩-떽쥐뻬리(Saint-Exupéry), 『어린 왕자Le Petit Prince』 도입부. 늙은이들은 아예 질문이 없다. '늙음'이란 무엇일까? 외부 세계의 경이와 단절하고 자기 세계에 갇히는 것이 늙은이의 행태이다. 누구든 젊어지고자 한다면 질문을 많이 하라.

18　그리스 신화 속의 인물. 밀납(蜜蠟)으로 만든 날개를 달고, 태양을 향해 날아가다가 밀납이 녹아서 추락하였다.

19　이기상, 『철학노트』, p. 128.

20　논리의 측면에서 볼 때, 좋은 집이 반드시 비싼 집은 아니다. 좋은 차, 좋은 옷도 마찬가지이다. 자본주의 문명은 '비싼 것'을 '좋은 것'으로 바꾸어 놓는다. 우리는 그 의미를 물을 수 있다.

21　프롬(Erich Fromm; 1900~1980)은 『소유냐 존재냐To Have or to Be?』에서 소

은 질문은 철학적 정신과 통한다.

종교도 의미를 묻는다. 사랑하는 것들[22]과 헤어지고 그로 인해 마음이 허탈해지면, 삶의 의미를 묻지 않는 사람은 없을 것이다. 이때 사람들은 안심(安心)을 찾고자 각종 종교 단체의 문을 두드린다.

과학은 의미를 묻지 않는다. (과학자들은 의미를 물을 수 있다.) 일본이 중국 동북 지방(만주)을 점령하였을 때, 중국인(혹은 한국인)들을 대상으로 생체 실험을 하였다고 한다. 이는 의학 발달에는 기여할수 있겠지만, 사람의 도덕 감정으로는 차마 할 수 없는 일이다.

의미를 묻는 것은 근원을 더듬는 노력이요, 인간의 정체(正體)를 찾고자 함이다. 의미를 묻는 저변에는 인간의 영혼에 대한 신뢰가 놓여있다. 인간은 비참(悲慘)을 느낄 수 있기 때문에 위대하다. 동물과 식물은 영혼의 의미를 묻지 않으며, 비참의 의미를 알지 못한다.[23] 만일 인간이 근원 혹은 정체를 찾는 질문을 하지 않는다면, 그(녀)는 동물의 존재와 다를 바 없는 것이다. 동물은 의미를 묻는 법이 없으며, 프로그램화되어 있는 유전자(gene)의 노예로 살아간다.

유를 가지고 자기 존재를 과시하려는 현대인들을 비판한다.

22 사랑하는 것들[愛着]의 대상은 여러 가지이다. 사람(부모, 형제, 친구), 반려 동물(강아지, 고양이), 기계(자동차, 컴퓨터, 스마트폰) 등이 그 예이다. 냉장고와 세탁기는 현대 여성들이 숭배하는 신이 되었고, 전자레인지, 로봇 청소기 등이 신으로 자리매김하고 있다. 불교 이론에 의하면, 눈에 보이지는 않지만 인식, 관념, 이데올로기 등도 애착의 대상이 된다.

23 프랑스 철학자 파스칼(Blaise Pascal: 1623~1662)은 *Pensées*에서, "인간은 자신의 영혼이 비참함을 알 수 있기 때문에 위대하다. 나무는 비참함을 알지 못한다 ⋯ 그러므로 그 비참함이 인간의 위대함을 증거한다"(L'homme est si grand, que sa grandeur paraît même en ce qu'il se connaît misérable. Un arbre ne se connaît pas misérable ⋯ Ainsi toutes ses misères prouvent sa grandeur)라고 말한다. cf. *Pensées de M. Pascal sur la religion et sur quelques autres sujets*, XXIII Grandeur de l'homme (Édition de Port-Royal, 1670), p. 176.

2) 시류를 따르지 않음

철학적 정신의 다른 특징은 상식적이지 않고, 시류(時流)를 따르지 않는다는 점이다. '상식적이지 않다'[非常]라고 함은 일반에서 말하는 상식을 추구하지 않는다는 뜻이 아니라, 즉 철학자들은 일상생활의 자질구레한 문제를 놓고 고민하는 것이 아니라 고원(高遠)한 세계를 지향한다는 말이다. 알기 쉬운 예를 들어 보자.

서양철학사의 기록에 의하면, 탈레스(Thales ; B.C.624?~B.C.547?)는 최초의 철학자이다. 그는 하늘의 별자리에 대하여 연구하였고, 기원전 585년 일식(日蝕)을 예언하여 사람들을 놀라게 하였다. 어느 날 밤 그는 하늘의 별을 쳐다보고 걷다가 구덩이에 빠지고 말았다. 그를 수행하였던 트라키아(Thracian) 출신의 하녀는 "주인님은 하늘의 일은 알려고 열심이지만, 바로 발밑의 일은 모르시군요"라고 말하면서 깔깔거렸다고 한다.[24] 플라톤(Plato ; B.C.427?~B.C.347?)은 이 사건을 놓고, "이와 같은 익살은 철학을 하는 모든 사람에게 해당한다"[25]라고 기술하였다.

철학자들이 상식적 세계가 아니고 현실과 동떨어진 높고 뛰어난, 즉 고매(高邁)한 세계에 관심을 갖는 것은 그들이 현실을 무시하기 때문이 아니다. 그들은 궁극적인 것 혹은 근원에 대해 관심을 가지기 때문이다. 그 점에서 학(學)으로서의 철학은 보편 학문이다.

철학적 정신은 또한 시류를 따르지 않는다. 보편 문제에 관심이 많은 철학은 현실 세계에 필요한 기술 등을 추구하지 않는다. 다른 표

---

24 Plato, *Theaetetus*, 174 A. cf. Editor Gregory R. Crane (Boston : Perseus Digital Library of Tufs University, 2011).

25 Plato, *Theaetetus*, 같은 곳. "The same jest applies to all who pass their lives in philosophy."

현으로 철학은 눈앞의 이용후생(利用厚生)에 직접 봉사하지 않는다.
즉 철학자는 빵 굽는 기술을 가르치지 않는다. 실존주의 철학자 하이
데거(Martin Heidegger; 1889~1976)는 다음과 같이 말한다.

> 철학을 하는 것은 물음을 던지는 것이다: "왜 도대체 존재자(存在者)가 있
> 으며, 왜 무(無)는 있지 않은가?" … 철학의 본질적 물음은 필연적으로 시
> 류에 적합한 것은 아니다. 왜냐하면 철학은 언제나 자기 시대보다 훨씬 앞
> 질러서 투사(投射)되어 있거나 철학이 자기의 시대를 그 이전에 있었던
> 것, 즉 원초적으로(anfänglich) 있던 것에 소급해서 결합하기 때문이다. 좌
> 우간 철학을 한다는 것은 시류에 적합하지 못한 지식(Wissen)으로 되어
> 있을 뿐 아니라, 반대로 자기의 척도(Maß) 아래에 두는 지식이다. 철학은
> 본질적으로 시류에 적합하지 않다 … 철학이 자기 시대 속에서 반향(反響)
> 을 찾는 듯한 징조가 나타나거나 어떤 철학이 유행하는 경우에는 진정한 철
> 학이 없거나, 아니면 철학이 오해(誤解)된 경우이다. 또는 철학과는 무관
> 한 어떤 목적 아래에 일상적 필요(Tagesbedürfnisse)를 위하여 남용되었거
> 나 하는 그중의 어떤 것이다.[26]

하이데거가 묻고 있는 "왜 도대체 존재자(存在者)가 있으며, 왜 무
(無)는 있지 않은가?"[27]라는 물음은 터무니없고 얼토당토않은 질문인

26 Martin Heidegger, *Einführung in die Metaphysik* (Frankfurt am Main: Vittorio Klosmann GmbH, 1983), s. 10. 독일어의 한글 번역문이 원어와 다소 차이가 있다. 인용 부분의 핵심적 원문을 소개한다. "Philosophieren heißt fragen: 〈Warum ist über-haupt Seiendes und nicht vielmehr Nichts?〉 … Alles wesentliche Fragen der Philosophie bleibt notwendig unzeitgemäß … Die Philosophie ist wesenhaft unzeitgemäß …"
27 독일어 원문은 영어로 "Why is there Something rather than Nothing?"으로 번역한다.

지 모른다. 이는 불교의 선승(禪僧)들이 던지는 수수께끼[28]와 같다. 이 같은 물음은 존재(Sein: Being)에 대한 본질적인 질문으로, 그 성질에 관해서는 손색이 없다. 말하자면 이는 '있음'(존재)과 '없음'[無]에 관한 물음이다.

하이데거는 "철학은 본질적으로 시류에 적합하지 않다"[29]라고 말하는데, 본질을 묻다 보니 상식적이지 않고 시류를 따르지 않는 것이다. 그의 표현처럼, 철학은 근원의 세계를 향하여 소급하는 경향을 지녔고, 그 때문에 시류에 적합하지 못하는 지식으로 남는다. 이 점을 놓고 철학자들이 세속의 물정(物情)을 모른다고 비난받는 일이 많다. 그것은 어쩔 수 없는 철학자의 운명이다.

철학적 정신이 시류에 영합하지 않는다고 해서 철학자에게 현실 세계 자체가 무의미한 것은 아니다. 철학자가 현실 세계에서 동떨어진 삶을 살아가더라도 현실 세계를 벗어날 수는 없다. 철학자라고 해서 현실에서 완전히 이탈할 수 있겠는가? 하이데거와 동시대를 살았던 야스퍼스(Karl Jaspers; 1883~1969)는 다음과 같이 말한다.

어중간한 철학은 현실을 떠나지만, 완전한 의미의 철학은 현실로 안내한다.[30]

---

28 선승들은 이를 '화두'(話頭) 혹은 '공안'(公案)이라고 말한다.
29 원문은 "Die Philosophie ist wesenhaft unzeitgemäß"이다. 중요한 단어는 'unzeitgemäß'이다. 이는 'un + zeit + gemäß'로 분절된다. un은 부정어, Zeit는 시간, 시류를 뜻하고, gemäß는 동사 messen(측정하다)에서 유래한 것으로, '적합하다'의 의미이다. 이 단어의 적합한 한글 및 영어 번역어가 없다. 영어로는 'untimely'로 번역하겠지만, 이것은 독일어 본래 뜻을 온전히 전달하지 못한다. 'untimely'는 '때가 아닌'(unseasonable) 혹은 '때가 이른'(too early) 뜻으로 쓰인다.
30 Karl Jaspers, *Existenzphilosophie* (Berlin: Walter de Gruyter, 1974), s. 85. "halbe Philosophie führt von der Wirklichkeit fort, ganze zu ihr hin. Halbe Philosophie mag Wirklichkeit verlieren. Ganze Philosophie dieser Möglichkeiten Herr, ist wesentlich das Konzentrierende …"

"어중간한 철학"이란 삶의 현실 바탕에 놓인 존재, 인식 혹은 가치에 대한 무관심을 말한다. "완전한 의미의 철학"이란 인간 존재의 근원에 대한 관심을 말한다. 철학자는 비록 시류에 영합하거나 빠져서는 안 되지만, 철학의 문제들은 현실로 귀착되어야 하는 것이다. 참된 철학자들은 현실의 바탕에서 우러나오는 문제들을 직시하면서도, 현실의 시속 (時俗)에 빠지지 않는 현명한 사람들이다.

철학자들 가운데 시류를 따르지 않는 정신의 소유자는 상당히 많다. 여기서는 두 사람을 소개한다. 첫 번째로 그리스 철학자 디오게네스 (Diogenes; B.C.412?~B.C.323?)는 당대 그리스 문명에 대하여 거부감을 가졌다. 그는 개처럼— 그가 속한 학파를 철학사에서 '견유학파' (犬儒學派)라고 부른다 —먹고 자면서 살았다. 허름한 옷을 입고 거친 음식을 먹었으며 어떤 사치품도 삼갔다. 그의 괴상한 행동이 소문을 타고 알렉산더(Alexander) 대왕에게 전해졌다. 흥미를 느낀 알렉산더는 디오게네스를 찾았고, 무엇인가 원하는 것이 없냐고 물었다. 디오게네스의 대답은 간결하였다. "햇볕이나 가리지 마시오!"(Stand out my light!) 한 방을 얻어맞은 알렉산더는 화를 내기는커녕, 만일 자신이 왕이 아니라면 디오게네스처럼 되고 싶다고 말했다고 전한다.[31]

또 다른 사람은 중국 고대의 주앙저우이다. 주앙저우는 옻나무를 기르는 농원의 낮은 직급의 관리로 살다가, 이를 버리고 은둔자가 되었다. 초(楚)나라 위왕(威王)은 소문을 듣고는, 사람을 시켜서 예물을 주며 재상 자리를 준다고 유혹하였다. 심부름 온 사자(使者)에게 주앙저우는 말한다.

---

31 Bertrand Russell, *History of Western Philosophy* (London: George Allen & Unwin Ltd, 1961), p. 241. / 매슨 피리, 『101명의 위대한 철학자』, 강준호 역(파주: 서광사, 2011), p. 50.

천금(千金)이라면 막대한 돈이며, 재상이란 존귀한 지위이다. 그대는 교제(郊祭)[32]를 지낼 때, 제물로 바치는 소를 보지 못하였는가? 그 소는 (제사를 위하여) 몇 년 동안 사육되다가 수(繡)놓은 옷을 입고 태묘(太廟)로 끌려간다 … 나는 차라리 더러운 시궁창에서 놀며 스스로 즐길지언정, 권력자들에게 구속당하지 않을 것이오. 죽을 때까지 벼슬하지 않음으로써 나의 뜻을 만족시킬 것이오.[33]

이들 두 사람은 세상의 상식적인 가치 혹은 시류를 따르는 생활, 그래서 얻을 수 있는 부와 명예를 거부하고 소박하고 자유스럽게 살았다. 전통적 개념을 빌리면, 이와 같은 사람을 '방외지사'(方外之士; outsider)[34]라고 부른다.

3) 비판적 정신

철학적 정신은 비판적 정신이다. 철학자들은 존재의 근원에 대하여 묻고, 의미를 따지며, 주체적 질문을 던진다. 이들의 비판은 성찰(省察)의 의미를 내포하는 점에서 가치 지향적이다. 여기에서 '성찰'이란 반

---

32 교제(郊祭)는 임금이 매년 동짓날 도성의 남쪽 교외에서 하늘에 올리는 제사를 말한다.

33 司馬遷,『사기史記』券63,「노자한비열전老子韓非列傳」(北京: 中華書局 点校本, 1985), p. 2145. "楚威王聞莊周賢, 使使厚幣迎之, 許以爲相. 莊周笑謂楚使者曰. 千金, 重利, 卿相, 尊位也. 子獨不見郊祭之犧牛乎? 養食之數歲, 衣以文繡, 以入太廟 … 我寧遊戲汚瀆之中自快, 無爲有國者所羈, 終身不仕, 以快吾志焉." cf. 司馬遷,『史記列傳』上, 丁範鎭 외 공역(서울: 까치, 1995), p. 24.

34 세속을 벗어난 사람 혹은 세상 예법(禮法)을 무시하고 살아가는 사람을 말한다. 예를 들면 조선 시대 김시습(金時習)과 같은 인물이다. 율곡(栗谷)의 글에, "(김시습은) 스스로 세상을 따라 어울려 살 수 없다고 생각하여 몸을 돌보지 않고, 세속 밖을 노닐었다"[自度不能隨世低昂, 遂放形骸, 遊方之外]라고 하였다. cf. 李珥,『율곡전서』권14. 잡저,「김시습전」. /『표점영인 한국문집총간』44, p. 294.

성적(反省的) 사고를 말한다. 철학자들은 '반성적' 사고를 하기 때문에
자연스럽게 비판적 정신을 향유한다.

  철학자들은 현실의 이면에 대하여 근원을 물으며, 동시에 현실에 대
해서도 질문을 던진다. 그냥 질문에 그치는 것이 아니고 현실 비판을
감행한다. 이 때문에 철학자의 생애가 순탄하지 않은 경우가 많았다.
권력자들 입장에서는 자신의 행위를 비판하는 철학자들이 눈엣가시였
을 것이다.

  서양철학의 아버지라고 부르는 소크라테스(Socrates; B.C.469?~B.
C.399?)는 신비에 쌓인 인물이다. 그는 다이몬(daimon)[35]의 계시를
받았다고 주장하였고, '강박 증세에 의한 몽환'(夢幻)[36]을 경험하기도
하였다. 그는 비판적 언행으로 말미암아 체포되어 유죄 선고를 받고,
감옥에서 독약을 마시고 죽었다. 그가 실권자(實權者)에게 체포된 이
유는 국가에서 인정하는 신이 아닌 다른 신을 믿었다는 점[瀆神罪], 청
년들 앞에서 비판적이고 선동적인 발언을 하여 그들을 타락시켰다는
두 가지이다.[37] 이러한 황당한 죄명으로 소크라테스가 재판[38]을 받고 죽

---

35 다이몬은 일종의 수호신이다. 샤머니즘[巫俗]의 용어를 빌리면, '신장'(神將)이
라고 부를 수 있다. 소크라테스가 말하는 '다이몬'이 그리스 신화의 '데몬'(demon)
인지는 알 수 없다.

36 'cataleptic trances'의 번역어이다. 의학 용어로서 '강박 증세에 의한 집중 상태'
로 번역한다. 플라톤의 *Symposium*에 그 사례가 보인다. 소크라테스가 어떤 문제에 골
몰하여 밤새 잠을 자지 않고 밖에 서 있었다는 내용이다. cf. Bertrand Russell, *History of Western Philosophy*, pp. 107-108.

37 Bertrand Russell, *History of Western Philosophy*, p. 103. "Socrates was guilty
of not worshipping the gods the State worshipped but introducing other new
divinities, and further that he was guilty of corrupting the young by teaching them
accordingly."

38 소크라테스의 재판은 기원전 399년에 있었다. 그의 나이 70세였고 펠로폰네소스
전쟁이 끝난 지 5년 후의 일이다.

음에 이르는 과정이 플라톤의 *Apology*[39]에 상세하게 전한다. 그의 재판 과정을 미루어 볼 때, 우리는 그가 아고라(agora ; 市場)에서 사람들을 불러 모으고 (정치적 문제를 포함하여) 현실 비판을 하였으리라는 점은 쉽게 추측할 수 있다. 우리는 이러한 사례를 철학사에서 쉽게 찾는다.

이탈리아의 철학자 브루노(Giordano Bruno ; 1548∼1600)는 우주가 무한하고, 태양계는 끊임없이 생장·소멸하는 과정을 밟는다고 주장하였다. 그는 또한 기독교의 금욕적 도덕은 위선에 지나지 않는다며 기독교 윤리를 비판하였다. 그가 고집스럽게 의견을 철회하지 않은 까닭에, 7년의 감옥 생활 끝에 마침내 화형에 처해졌다.

네덜란드의 철학자 스피노자(Benedict de Spinoza ; 1632∼1677)는 실체[40]를 자연(自然), 즉 신(神 ; God)과 동일시하였다.[41] 그는 인격적

---

39   이 책은 한글로『소크라테스의 변명』으로 번역되었다. cf. 플라톤, 『플라톤의 대화』, 최명관 역(서울: 종로서적, 1994), p. 37 이하.

40   '실체'(實體 ; substance)란 생멸·변화하는 현상에 대하여 상주적(常住的), 불변의 자기동일적(自己同一的) 본체(本體)를 가리킨다. 원자론자들에게는 원자(atom)가, 플라톤에게는 이데아(idea)가 실체이다. 아리스토텔레스에 의하면, 실체는 질료(matter)와 형상(form)의 결합으로 이루어진 '자기동일성'이다. 데까르트(R. Descartes)에 의하면, 실체란 "그것이 존재하기 위하여 다른 어떤 것도 필요로 하지 않고 자체적으로 존재하는 것"(an existent thing that requires nothing but itself in order to exist)이다. 데까르트는 신을 무한실체(infinite substance), 정신과 몸(물체)을 유한실체(finite substance)로 보았다. 이것이 이원론(二元論 ; dualism)이다. 스피노자에 의하면, 실체는 스스로 존재하는 것이다. 실체는 신(神)이며, 신은 곧 자연(自然)이다. 이는 범신론적 일원론(汎神論的一元論 ; pantheistic monism)이다. 라이프니쯔(Leibniz)에 의하면, 실체는 무수(無數)하고 이름은 단자(monads)이다. 실체에 부수적으로 있는 사물의 성질을 '속성'(attribute)이라고 부른다. 데까르트는 유한실체인 몸의 속성에 연장(extension)이 있으며, 정신의 속성에 사유(thought)가 있다고 주장하였다. 이 개념을 중국철학의 범주에서 찾으면 '태극'(太極)으로, 이는 불변하는 자기동일성이요, 실체이다.

41   이를 '범신론'(汎神論)이라 부른다. '만유신교'(萬有神敎)라고도 번역된다. 예컨

존재로서의 신을 거부하였다. 이러한 파격적 주장으로 말미암아, 그는
당대의 지성과 등을 돌렸으며, 유태인의 집단에서 케렘(cherem)[42]을
당하는 굴욕을 받았다. 그가 당한 '파문'의 심각성을 현대인이 이해하
기는 쉽지 않다. 그뿐만 아니라 스피노자는 유명 인사도 아니면서 생전
에 여러 차례 암살의 위험을 감수하였다. 즉 그는 사실상 살아 있는 시
체와 마찬가지였다.[43]

독일 철학자 칸트(Immanuel Kant ; 1724~1894)는 생애에서 핍박
을 받지는 않았지만, 철학적 정신이 무엇인지를 명쾌하게 보여 준다.
그의 저술『순수이성비판』,『실천이성비판』,『판단력비판』의 3부작은
철학사에서 불멸의 저술이다. 칸트는『순수이성비판』에서 '참'[眞]의
문제를 추구하였고,『실천이성비판』에서는 '착함'[善]의 문제를 파고
들었으며,『판단력비판』에서는 '아름다움'[美]에 대하여 논하였다. 이
와 같은 그의 비판은 '관념론'의 차원에서 진행된 것이고 현실 정치의
잘잘못을 따지지 않았으므로, 그가 핍박받을 이유는 없었다.

중국에는 이와 같은 비판이 없었던가? 역사상 많은 사람이 비판 정
신에 투철하였다. 한대(漢代)의 왕총(王充 ; B.C.27~A.D.100)이 그 대
표적인 인물이다. 그의 저술『논형論衡』은 뛰어난 비판 철학서이다.[44]

대 유일신(唯一神)이 아니라, 다신교(多神敎)의 일종이다.

42 유태인 사회에서 사람을 쫓아내는 절차로, '니딘'(niddin), '케렘'(cherem), '샴
마다'(shammatha) 세 가지 등급이 있다. 중간에 해당하는 '케렘' 처분을 받은 사람
은 저주의 대상이 되었고, 다른 유태인과 교제가 허락되지 않았으며, 유태교의 성전
(聖殿)에 들어갈 수 없었다. cf. 매슨 피리,『101명의 위대한 철학자』, p. 113.

43 스피노자의 저술은 그가 세상을 떠난 후에 주목받았다. 독일의 문인 괴테(J.
W. Goethe), 셸링(F. Schelling)이 그를 알아보았고, 러셀도 스피노자를 높이 칭찬
하였다.

44 펑유란은 왕총의『논형』이 인류 정신의 성찰[反思]을 보여 주는 것이라고 칭찬한
다. 동시에 '논형'(論衡) 두 글자는 칸트가 말한 '비판'의 뜻이라고 말한다. cf. 馮友
蘭,『中國哲學史新編』第一冊 (北京: 人民出版社, 1982), p. 13.

왕충뿐만이 아니라 멍커, 쉰쿠앙, 한페이 등이 비판 사상가이다. 멍커의 현실 비판의 경우를 들어 보자.

> 멍커가 양(梁) 혜왕을 찾았다. 왕이 말하기를, "영감이 천리를 멀다 하지 않고 찾아왔으니, 장차 우리나라에 무엇 이로운 것이 있겠소?" 멍커는 말한다. "임금은 하필 이득[利]을 말씀하십니까? 그저 인의(仁義)가 있을 뿐이지요."[45]

이 구절을 놓고 분석하면 왕의 질문이 크게 잘못된 것은 아니다. 임금으로서 나라의 이득을 바라지 않는 사람이 어디에 있겠는가?[46] 그런데도 멍커는 칼을 던지듯이 양 혜왕을 몰아붙인다.

멍커는 흉년에 굶어죽은 시체가 널려 있는데 창고를 열지 않고 임금 탓이 아닌 흉년 탓으로 돌리는 것은, 마치 칼로 사람을 찔러 죽여 놓고 자기 탓이 아닌 칼 때문이라고 변명하는 것과 같다고 꼬집는다.[47] 멍커의 비판적인 언사(言辭)가 날카로웠기 때문에 중국의 역대 제왕들은 멍커를 존중하지 않았을 뿐 아니라 『맹자孟子』를 멀리하였다.[48]

---

45 『맹자孟子』「양혜왕梁惠王」上. "孟子見梁惠王. 王曰. 叟不遠千里而來, 亦將有以利吾國乎? 孟子對曰. 王何必曰利. 亦有仁義而已矣."
46 필자(황준연)는 이익 추구가 인간의 권리라고 생각한다. 『맹자』의 '何必曰利' 章은 인간의 욕망을 죄악시하는 잘못을 범하고 있다. 존 킹 페어뱅크·멀 골드만의 이야기를 소개한다. "서구의 정치사상은 이익 ―서로 경쟁할 수밖에 없는 개인이나 단체 등의 인간적인 욕망과 목적―이라는 개념에 바탕을 두었다. 서구는 왕부터 돼지 치는 사람에 이르기까지 이익이 동기를 부여하는 정치적 요소였다. 하지만 중국에서는 그렇지 않았다. 이익은 이기적인 것으로 규정되었으며, 유가 도덕은 이기심을 반사회악으로 규정했다." cf. 존 킹 페어뱅크·멀 골드만, 『新中國史』, 김형종·신성곤 공역(서울: 까치, 2005 수정 증보판), p. 315.
47 『맹자』「양혜왕」上. "塗有餓莩而不知發, 人死則曰. 非我也, 歲也. 是何異於刺(척)人而殺之曰. 非我也, 兵也."

비판 정신은 철학자들의 전유물은 아니다. 누구든지 철학적 정신을 지닌 사람은 현실(혹은 과거의 기록)을 놓고 비판할 수 있다. 동서양 역사에서 우리는 그와 같은 사례를 무수하게 볼 수 있다. 비록 소크라테스 혹은 멍커와 같은 지식인이 아니더라도, 이와 같은 정신의 소유자는 많이 있다.

4) 이론사유의 추구

철학적 정신은 '이론사유'(理論思惟)의 추구이다. 이론사유란 무엇을 말하는가? 여기 붉은 꽃(red flower)이 있다. 누군가 붉은 꽃을 보고 형용사로서 '붉다'(red)가 아니고, 추상 명사로서 '붉음'(redness)에 대해서 생각하는 사람이 있다면, 그는 이론사유에 근접하고 있는 것이다. '이론사유'와 비슷한 개념으로 '사변이성'(思辨理性; the speculative reason)[49]이라는 표현도 가능하다.

다른 예를 들어 보자. "'실체'란 그 자체로 존재하며 자기 자신에 의해서 이해되는 것을 말한다. 다시 말하면 자신의 개념을 형성하기 위하여 어떤 개념도 필요로 하지 않는 것이다."[50] '실체' 개념에 대한 스피노자의 말은 이론사유의 전형적인 보기이다.

---

48 시안(西安) 중심가의 '삐이린'(碑林)은 모범적인 유교 경전을 돌에 새긴 기록물이다. 원래 여기에『맹자』는 없었다. 청대(淸代) 이후『맹자』를 새겨서 보충하였다고 전한다. '삐이린'은 필자가 보기에는, 시안 교외 '삥마용'(兵馬俑)보다 더욱 중요한 문화적 유물이다.

49 김용옥,『논어 한글역주』1(서울: 통나무, 2008), p. 42.

50 Benedict de Spinoza, *A Spinoza Reader: The Ethics and Other Works*, Translation by Edwin Curley (Princeton: Princeton University Press, 1994), p. 85. "By substance I understand what is in itself and is conceived through itself, that is, that whose concept does not require the concept of another thing, from which it must be formed." cf. B. 스피노자,『에티카』, 강영계 역(파주: 서광사, 2007 개정판), p. 19. 위 문장은 필자(황준연)의 번역임.

이론사유의 다른 예를 들어 보자. 소크라테스는 관념(ideas)에 대하여 설명하였다. 그는 유사성(likeness), 정의(justice), 아름다움(beauty), 착함(goodness)의 관념이 존재함을 확신하였다. 그에 의하면, 동일한 것(similars)은 동일한데(similar), 왜냐하면 그것들은 동질성(similarity)의 관념을 나누어 가지기 때문이다. 위대한 사물(great things)은 위대한데(great), 왜냐하면 그것들은 위대함(greatness)을 나누어 가지기 때문이다. 정의 혹은 아름다움의 경우도 마찬가지이다.[51]

이처럼 '붉음', '착함', '동질성', '위대함' 등의 관념은 이론사유의 추구를 통해 인식이 가능하다. 우리는 그 전형적인 보기를 기하학(Geometry)에서 찾을 수 있다. 유클리드(Euclid; B.C.330?~B.C.275?)의 『기하원본Elements of Geometry』에 있는 구절을 소개한다.[52]

① 점(点)은 분할되지 않는 것이다(A point is that of which there is no part).

② 선(線)은 넓이[幅]가 없는 길이이다(A line is a length without breadth).

③ 선의 맨 끝은 점들〈모임〉이다(And the extremities of a line are points).

---

51 Bertrand Russell, *History of Western Philosophy*, p. 142. "Socrates agrees that, in his view, there are certain ideas of which all other things partake, and from which they drive their names; that similars, for example, become similar, because they partake of similarity; and great things become great, because they partake of greatness; and that just and beautiful things become just and beautiful, because they partake of justice and beauty."

52 여기서 인용하는 유클리드의 *Elements of Geometry* 구절은 하이베르크(J. L. Heiberg; 1791~1860)의 그리스어본을 피츠패트릭(Richard Fitzpatrick)이 영문으로 번역한 것이다.

④ 직선은 점들이 그 위에 균등하게 놓여 있는 것이다(A straight-line is any one which lies evenly with points on itself).

⑤ 면(面)은 길이와 넓이만을 갖는다(And a surface is that which has length and breadth only).

⑥ 면의 맨 끝은 선들 〈모임〉이다(And the extremities of a surface are lines).

분할할 수 없는 가상의 점(点; point)들이 모여서 선(線; line)을 이루며, 선은 넓이가 없다. 넓이가 없으니 공간을 차지하지 않는다. 면(面; surface)은 선의 모임인데, 넓이가 있지만 부피는 생각할 수 없다. 여기서 점, 선, 면은 추상 개념에 속한다. 그것들은 인간의 선험적 인식 능력으로만 파악이 가능하고, 경험적 감각[五感]의 대상이 되지 않는다.[53] 중요한 점은 이와 같은 추상 개념이 경험 세계를 지배하는 무한한 힘을 갖는다는 사실이다.

서양철학사에서 이론사유의 대표적 철학자로 엘레아의 제논(Zenon of Elea; B.C.490?~B.C.430?)이 있다. 그는 '아킬레스와 거북이에 관한 역설'로 유명하며, '날아가는 화살은 정지해 있다'라는 명제로도 잘 알려져 있다. 현대 논리의 출발이 그의 공적이라고 주장하는 학자도 있다.[54]

---

53   프랑스 철학자 데리다(Jacques Derrida; 1930~2004)는 말한다. "순수한 본질학이 있다. 순수 논리학, 순수 수학, 순수 시간론, 순수 공간론, 순수 운동론 등과 같은 학문이 그것이다 … 이런 학문들에서는 어떤 경험도 경험으로서는 근거다짐(Begründung)의 기능을 떠맡을 수 없다." cf. 자크 데리다, 『기하학의 기원』, 배의용 역(서울: 지만지고전천줄, 2008), p. 28. 상기 "어떤 경험도 경험으로서는 근거다짐(Begründung)의 기능을 떠맡을 수 없다"라는 번역문은 순수 학문이 경험에 의해서 증명되지 않는다는 뜻이다. 독일어 명사 'Begründung'은 '기초 공사 위에 세워지다' 혹은 '(명제를) 증명하다'라는 뜻의 동사 'begründen'에서 파생된 단어이다.

이탈리아 예수회 소속 선교사 마테오 리치(Mateo Ricci; 1552~
1610)는 중국에서 활동한 바 있다. 그는 전교(傳敎) 과정에서 유클리드
의 『기하원본』을 한어(漢語)로 번역하였다. 송영배(宋榮培; 1944~) 교
수의 이야기를 참고해 보자.

> 마테오 리치가 16세기말 중국 사회에 와서 목격한 충격적 사실은, 중국의
> 학문은 경험 세계와의 교섭에서 얻은 귀납법적 추리에만 의존하는 실천
> (practice) 의존적 응용 기술만 있을 뿐, 응용 기술의 바탕이 되는 순수 이
> 론과 그 순수 이론에서 논리적 필연성을 근거로 전개되는 연역적 논증(de-
> duction)이 없다는 것이었다.[55]

송영배 교수의 지적은 중국인에게는 '프락시스'(praxis)에 기반을
둔 귀납법적 방법(歸納法; Inductive method)만 있고, '테오리
아'(theoria)에 근거를 둔 연역법적 방법(演繹法; deductive method)
은 결여되어 있다는 말이다.

펑유란(馮友蘭; 1895~1990) 교수도 이론사유에 대하여 말한다.[56]
철학에서 소용되는 개념을 결정하는 것은 이론사유이다. 이론사유는
감성(感性) 성분을 동반하지 않는다. 중국철학사에서 꽁쑨롱(公孫龍)의
'흰 말은 말이 아니다' [白馬非馬]라는 명제는 이론사유의 보기이다.

이론사유는 '보편'(이를 '共相'이라고 표현함)을 인식하는 사고이
다. 철학은 일종의 이론사유이기 때문에 추상화된다.[57] 보편에 대응하

---

54 매슨 피리, 『101명의 위대한 철학자』, p. 36.
55 송영배, 「마테오 리치의 공적」, 서강대학교 신학대학원, 『동서양 문명의 만남, 도
전과 기회』, 2010년 신학대학원 국제학술심포지엄(서울: 서강대학교 신학대학원,
2010년 9월 16일~9월 17일), p. 9.
56 馮友蘭, 『中國哲學史新編』第一冊, pp. 16-21.

는 개념이 '특수'(이를 '殊相'이라고 표현함)인데, 보편('보편자' 혹은 '일반')은 특수 가운데 붙어 있다. 특수('특수자' 혹은 '개별' 또는 '개체')는 붙어 있는 보편을 떠나서 존재할 수 없고, 보편은 특수를 떠나서 존재할 수 없다. 보편을 말하려면 특수를 고려해야 하고, 특수를 말하려면 보편을 고려해야 한다.[58]

평유란은 이론사유가 중국인에게 결핍된 사실을 강조하지 않았다.[59] 이론사유는 '공상'(共相)으로써 논리의 세계인데, 중국철학사에서는 명가(名家)만이 이를 발전시켰다. 그리스 철학에서 이론사유의 발달은 찬란하다. 그리스 철학의 이론사유는 서양철학의 기초적 성분으로 작용하고, 중세 및 근현대에 이르기까지 서양철학사 전반에 걸쳐서 지속 발전하여 왔다.[60]

철학자들이 빵을 굽지 못하는 이유는 그들이 경험 세계에서 조각난 지식을 추구한 것이 아니라, 전체로서의 이론사유에 관심을 집중하기 때문이다.[61] 그렇다면 이론사유는 실제 세계에서 소용없는 것인

---

57 철학은 '추상화'로 비유된다. 김환기(金煥基: 1913~1974)의 「어디서 무엇이 되어서 다시 만나랴」를 감상해 보자. 이 작품은 예술 속에 철학이 담겨 있음을 말한다.

58 송대 신유학(新儒學)의 '리'(理) · '기'(氣) 개념은 보편과 특수의 관계로 비유된다. "리기는 서로 떠나지 않으며, 서로 섞이지 않는다"[理氣不相離. 理氣不相雜]는 표현은 보편과 특수가 서로 떠날 수 없고, 뒤섞일 수 없음을 말한다. cf. 황준연, 「명(名)과 실(實), 보편과 개체에 대한 동서철학의 논의 비교」, 범한철학회, 『범한철학』 제64집(2012 봄).

59 평유란 교수는 이론사유와 함께 '형상사유'(形象思惟)를 들고 있다. 일상생활 가운데 사람들이 상용(常用)하는 사유는 대부분 형상사유라고 한다. 이는 예술 작품에 많이 사용되는 사유이다. 필자는 평유란 교수의 형상사유는 논리적으로 이론사유의 대대적(待對的) 관계가 아니므로 그 중요성이 떨어진다고 판단한다. cf. 馮友蘭, 『中國哲學史新編』 第一冊, pp. 22-25.

60 필자는 그리스 시대 '이론사유'는 수학의 발달과 더불어 서양과학사에도 지대한 영향을 주었다고 믿는다.

가?[62] 깊이 생각하면 이론사유는 비현실적 사유만은 아니다. 마테오 리치와 함께 유클리드의 『기하원본』을 한어로 번역한 쉬꾸앙치(徐光啓; 1562~1633)는 말한다.

> 『기하원본幾何原本』은 도수(度數)를 다룬 으뜸의 책이다. 방원평직(方圓平直)의 실정을 끝까지 궁구하고, 규구준승(規矩準繩)의 이용을 모두 설명한다[63] … 마침내 (리치 선생과 내가) 이 책의 요약인 6권을 번역하였다. 수업을 마치고 또 복습하면 자명한 곳에서 미묘한 곳으로 나아가며, 의심나는 곳에서 확신을 얻게 된다. (이 책은) 대개 실용 아님[不用; 즉 순수 이론 원리][64]이 용도이지만, (역으로) 모든 실용의 기반이 된다. 진실로 모든 도형의 모범이요, 모든 학풍의 으뜸이다.[65]

인용문 중 "개불용위용, 중용소기"(蓋不用爲用, 衆用所基)를 다시 풀

---

61 현대인들이 인터넷 검색에서 얻는 지식은 조각난 지식이다. 인터넷은 전체로서의 이론사유에 관한 지식을 제공하지 못한다. 현대인들의 지식 축적은 '사실'에 관한 것이지, '가치'에 관한 것이 아니다.

62 '이론사유'를 가르치는 '철학과'를 반대한 중국 지식인이 있다. 청 말(清末) 장즈 똥(張之洞; 1837~1909)은 베이징에 대학당(大學堂)이 창설되었을 때, 철학이 공리(空理)를 설할 뿐, 실용성이 없어 국가에 해(害)가 된다며 철학과의 신설을 반대하였다. cf. 가노 나오키, 『中國哲學史』, 吳二煥 역(서울: 乙酉文化社, 1986), p. 20.

63 방원평직(方圓平直)은 네모진 각(角), 둥근 원, 높낮이 없는 평면 및 직선을 말하고; 규구준승(規矩準繩)은 원을 그리는 콤파스[規], 각을 재는 직각자[尺], 수평을 보는 수준기[準], 직선을 긋는 먹줄[繩]을 말한다.

64 여기서 '순수 이론 원리'라는 표현은 쉬꾸앙치의 注가 아니고, 송영배의 注이다. 그가 「마테오 리치의 공적」에서 이를 밝혀 주었더라면 좋았을 것으로 판단한다.

65 『사고전서四庫全書』 자부子部 六, 天文算法類 二, 「幾何原本」序. "幾何原本者, 度數之宗. 所以窮方圓平直之情, 盡規矩準繩之用也 … 遂共翻其要約六卷. 旣平(卒)業而復之, 由顯入微, 從疑得信. 蓋不用爲用, 衆用所基. 眞可謂萬象之形囿, 百家之學海. 雖實未竟, 然以當他書, 旣可得而論矣."

이하면, "대개 용도 아닌 것으로써 용도를 삼으니, 모든 용도의 기반이 된다"라는 뜻이다. 이는『장자莊子』에서의 '무용지용'(無用之用)의 개념과 통한다. 기하학의 이론사유는 실용적 사유가 아니지만, 실제로는 온갖 실용의 기초가 된다는 말이다.[66] 철학은 이론사유의 추구 과정에 있는 그 무엇이다. 어찌 이를 일상생활에 도움이 안 된다는 협소하고 평면적인 진찰만으로 비난할 수 있겠는가?

서양 문화의 전통에서는 수학자가 철학자를 겸한 경우가 많았다. 피타고라스(Phythagoras), 뉴톤(Newton), 라이프니쯔(Leibniz), 데까르트(Descartes), 파스칼(Pascal), 러셀(Russell), 칸토어(Cantor) 등 그 숫자를 헤아릴 수 없다. 중국 문화의 전통에서는 수학자가 철학자를 겸한 경우는 매우 드물다. 북송(北宋)의 사오용(邵雍; 1011~1077)이 유일한 경우이다.[67] 중국인 혹은 한국인은 수학에서 볼 수 있는 이론사유에 익숙하지 못하다. 그러므로 철학적 사유의 전개가 미흡하다고 말한다면 지나친 발언일까?

---

66 우리는 유클리드의 정의(definitions)를 놓고 관념적인 '말장난'이라고 할 수 없다 —중국인 및 한국인은 이론사유에 익숙하지 못하고, '말장난' 혹은 '공리공론'(空理空論)으로 몰아붙인다 —이론사유는 만상(萬象)으로 퍼져 나가, 경험 세계를 풍부하게 만든다. 쉬꾸앙치는 "모든 도형의 모범이요, 모든 학풍의 으뜸이다"라고 강조한다. 이론사유의 극치는 수학(數學)이다. 수학의 발달 없이 자연과학의 발전이 있을 수 없다. 이론사유 발전이 과학의 진보를 촉진하였고, 그에 힘을 얻은 서양 문명이 세계를 지배하고 있다. 이론사유는 '가격을 매길 수 없는 가격'(priceless price)이다.

67 사오용의『황극경세서皇極經世書』는 불멸의 저술이다. 특히「관물觀物」은 수학과 철학이 결합된 천재의 작품이다. 조선의 서경덕(徐敬德; 1489~1546)은 사오용을 이해한 인물이었다. cf. 황준연,『중국철학과 종교의 탐구』(서울: 학고방, 2010), pp. 389-394.

1.3 철학을 어떻게 이해해야 하는가?

1) 종교와 과학

이상의 논의에서 철학 혹은 철학적 정신이 드러났지만, 보충 설명이 필요하다. 영국의 철학자 러셀(Bertrand Russel; 1872~1970)은 *History of Western Philosophy* 서론에서 다음과 같이 말한다.

> 인생과 세계에 관한 관념으로서 우리가 '철학적'(philosophical)이라고 부르는 것들은 두 가지 요소의 산물이다. 하나는 전승적인 종교적·윤리적 관념이요, 다른 하나는 넓은 의미로 '과학적'이라고 부를 수 있는 종류의 탐구이다. 이 두 가지 요소가 철학자들의 체계 속에 얼마만한 비율로 들어 있는가 하는 것은 그들 개개인에 따라 크게 달랐지만, 이 두 가지 요소가 어느 정도는 들어 있다는 것이 철학의 특징이다. '철학'이란 넓은 의미로도 쓰이고 좁은 의미로도 쓰이는 용어이다 … 나는 철학이란 신학과 과학 사이의 중간 영역에 있는 그 무엇이라고 생각한다.[68]

러셀의 말은 철학의 성격을 이해하는 표준으로 적용할 수 있다. 그는 인간의 인식을 명확한(*definite*) 지식과 독단적인(*dogma*) 주장으로 나누고, 과학을 전자에 속하는 것으로, 신학(종교)을 후자에 속하는 것으로 보았다. 그 중간에 무인도(無人島)가 있다고 주장한다. 러셀은 철학이란 과학과 신학의 중간 지역에 있는 그 무엇으로 파악하였다. 러셀의 견해를 그림으로 그려 보자.[69]

---

68 Bertrand Russell, *History of Western Philosophy*, p. 13. 인용 부분의 마지막 문장의 원문을 소개한다. "Philosophy, as I shall understand the word, is something intermediate between theology and science."

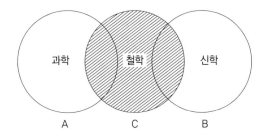

위의 그림에 의하면, A 영역은 과학에 속하고, B 영역은 신학에 속하며, 그 중간의 빗금 친 C 영역이 바로 철학의 영역이다.

과학이란 무엇을 말하는가? 과학은 검증 이론(verification theory)에 의지하는 사유 체계이다. 과학적 진리는 검증되어야 한다. 이 경우 과학이란 개별 과학으로서 자연과학을 의미한다. 만일 어떤 지식을 가리켜 확실한 것(definite)이라고 말하려면, 그것은 증명할 수 있는(definable) 것이라야 한다. 과학의 기준에 의하면, 검증될 수 없는 세계는 헛소리이다. 이기상(李基相; 1947~) 교수는 "예술, 종교, 윤리, 철학, 형이상학은 다 헛소리이다. 그런 것들은 도대체 참되다 거짓이다라고 말할 수 없는 것들이다"[70]라고 말한다. 과학의 세계는 건조하다. 이 세계는 계량화가 가능하며, 수치(數値)만이 활개 친다. 여기서는 시(詩) 한 편도 의미가 없다.

69　이 그림은 저자인 러셀의 그림이 아니라, 필자(황준연)가 그린 것이다. 철학의 특징에 따라서 그림의 폭에 변화가 있을 수 있다.

70　이기상,『철학노트』, p. 170. 이기상 교수의 주장은 독일 철학자 카르납(Rudolf Carnap; 1891~1970)의 '논리실증주의'를 반영한다. '의미'에 해당하는 독일어는 'Sinn'인데, 의미가 없다는 것은 'sinnlos'이고, 의미가 있다는 말은 'sinnlich'이다. 이기상은 예술을 '헛소리'라고 말할 때, 이것은 이 두 가지 단어에 해당하는 것이 아니라 'Unsinn'(미침, 제정신이 아님, 넌센스; 의미 기준을 벗어나 있는 것)이라고 표현한다. 용어의 이해에 조심할 일이다.

그러나 우리의 인생은 과학 밖의 영역을 포함한다. 과학의 세계에서 의미가 없더라도 과학 밖의 세계에서는 의미가 있다. 사람들이 이문열의 소설 「시인詩人」을 읽고 그 문장의 유려함에 감동받을 수 있다.[71] 그와 같은 행위는 과학의 세계가 아니라는 말이다.

신학은 도그마에 의지하는 사유체계이다. '도그마'(dogma)는 교의(敎義), 정론(定論), 독단(獨斷)의 뜻을 지니는 단어이다. 모든 종교의 교리는 일정 부분 독단에 의지한다. 집단 합의 체계에 의하여 내려진 결론도 마찬가지이다. 종교는 믿음을 바탕으로 한다. 도그마가 개인적 차원에 머물 때는 위험한 것이 아니다. 그러나 집단에 의한 권력이 동원될 때 종교적 행위는 매우 위험할 수 있다. 우리는 일본의 옴-무진리교(オウム眞理敎),[72] 미국의 인민 사원(Peoples Temple)[73]의 경우에서

---

71 「시인」은 조선 시대 방랑 시인 김삿갓의 생애를 다룬 작품이다. 필자는 작가와 대화를 나눈 일이 있는데, "작품 가운데 어떤 작품을 가장 아끼는가?"라고 질문하자, 작가는 "「시인」"이라고 답하였다.

72 1995년 3월 20일 도쿄(東京)의 지하철에서 테러 사건이 발생하였다. 지하철 5개 차량에서 화학 병기로 사용되는 신경가스 '사린'(Sarin; 액체와 기체 상태로 존재하는 독성이 매우 강한 화합물로 중추 신경계를 손상시킴)이 살포되어 승객과 역무원 13명이 사망하고, 한국인 등 외국인을 포함한 6,000여 명이 중경상을 입었다. 사건의 배후에 1984년 아사하라 쇼코(麻原彰晃)가 설립한 신흥 종교 옴-무진리교가 있었다. 아사하라는 1995년 5월 야마나시 현의 시골에서 체포되었다. 그는 테러 사건의 주범으로, 2006년 9월 일본 최고재판소에서 사형 판결이 확정되었다(2015년 12월 현재 사형이 집행되지 않고 있다). cf. 『동아일보』, 2011년 11월 22일. / 『조선일보』, 2015년 12월 2일.

73 '인민 사원'은 1955년 미국의 목사 존스(Jim Jones)에 의해서 설립된 신흥 종교이다. 존스는 백인 중심의 교회를 비판했고, 흑인을 차별 없이 받아들여 유명해졌다. 캘리포니아의 샌프란시스코, 로스앤젤레스에서 흑인, 마약 중독자, 노숙자의 구호 활동으로 평판을 쌓았다. 무료 식당, 탁아소, 노인 병원도 설립하였다. 존스는 신도들에게 파시즘, 인종 간 전쟁이 올 것이라고 경고하고, 1,000여 명을 이끌고 남아메리카 가이아나(Guyana)의 정글 속으로 들어갔다. 신도들은 강제노동을 하며 존스 타운을 건설했다. 1978년 하원의원 라이언(Leo Ryan)이 신도 학대 사건의 신고를 받고, 존스 타운을 방문하였다. 사원의 경비들은 이들 일행에게 총격을 퍼부어 리오 의원, 3명의

그 위험성을 확인할 수 있다.

철학은 인간 이성에 기반을 둔 정신 활동이다. 그것은 과학과 종교의 중간 지역에 속한다. 과학이 지니는 가치에 대한 무의미, 인격이 필요 없음, 아름다움이 필요 없음[74]을 보완 혹은 치료하는 데 공헌한다. 철학은 과학적 지식의 의미를 묻는다. 동시에 철학은 종교적 지식의 의미를 묻는다.

세계의 위대한 종교는 철학을 바탕으로 성립된다. 철학이 약한 종교는 오래 지속되지 못한다. 그리스도교, 이슬람교, 불교 등은 철학의 탄탄한 기반 위에 자리 잡고 있다. 철학적 기반이 약한 종교는 일시적인 바람잡이로 끝난다. 중국 후한(後漢) 시대 태평도(太平道) 및 오두미도(五斗米道)는 한때 회오리바람처럼 일어났으나 곧 소멸되었다.[75]

다시 한 번 그림을 보자. 빗금친 영역을 보면 철학의 일부가 과학과 겹쳐 있고, 동시에 일부가 종교와 겹쳐 있다. 이 부분이 철학의 성격을

NBC 방송국 기자 등이 살해당했다. 존스는 1978년 11월 18일 신도들에게 집단 자살을 명했고, 신도들은 청산가리를 탄 주스를 마셨다 —존스는 머리에 총을 맞은 채 발견되었다. 그가 살해당했는지 자살했는지는 정확하게 알 수 없다 —이 집단 자살로 918명이 죽었다. 자살의 원인에는 여러 가지 설이 있었으나, 후에 존스의 강요였다는 사실이 밝혀졌다. 이 사건은 신도들이 스스로 죽은 사건이 아니라, 존스의 강요에 의해 일어난 살인 사건으로 해석된다.

74 여기서 '과학이 지니는 가치에 대한 무의미[沒價值性], 인격이 필요 없음[沒人格性], 아름다움이 필요 없음[沒美性]' 등은 표현이 옹색하다. 한글 어휘의 부족으로 인하여 부득이 한자어를 덧붙인다. 인간의 삶에서 가치, 인격, 아름다움은 중요한 관심 영역이다. 과학의 검증 원리 차원에서 볼 때, 이와 같은 가치 개념들이 의미가 없다는 뜻이다.

75 이들 종교는 직접적으로 정부의 탄압으로 사라졌지만, 소멸의 원인(遠因)으로 미신 숭배 등 취약한 철학을 지적할 수 있다. 교단의 사상 일부는 도교에 흡수되어 살아남았다. 그 일부란 미신적인 요소(예: 부적을 불에 살라서 물에 타서 마시는 행위)가 제거된 건전한 부분을 말한다. 조선 왕조 후기 민족 종교, 즉 동학(천도교), 증산교 등이 한때 들불처럼 번졌으나, 생명력이 약해진 것은 철학적 기반이 취약하기 때문이라고 생각한다.

반영한다. 서양철학은 과학 부분의 빗금의 폭이 넓고, 중국철학은 종교 부분의 폭이 넓다. 이것은 서양철학이 종교와 그 영역을 차별하는 점에서 과학에 가깝고, 중국철학은 종교의 영역을 내포하는 점에서 종교에 가깝다는 것을 의미한다. 중국철학이 종교적 측면이 강하다는 것은 인식(knowledge)의 측면을 넘어서 수양(cultivation), 깨침(enlighten-ment) 등을 강조하는 점에서 드러난다.

　철학과 종교, 철학과 과학은 서로 중첩되거나 이질적인 관계를 형성한다.[76] 서양 철학자 니체(Friedrich Nietzsche ; 1844~1900)가 "신(神)은 죽었다"라고 외쳤을 때, 철학자들은 속으로 기뻐하였다. 만일에 그와 같은 주장에 의하여 종교가 죽으면 — 오늘날 종교는 죽지 않았고, 오히려 일부 종교는 성세(盛世)를 유지하고 있다 — 철학이 그 영역을 접수하고 관리함으로써 '인문 종교'의 권력을 찾을 수 있기 때문이다. 그러나 '입술이 없으면 이가 시린 법'[脣亡齒寒]이다.

　현대에는 자연과학이 모든 것을 점령하려는 듯이 보인다. 그 발달의 수준이 인간을 복제할 수 있는 경지에 이르렀다. 이와 같은 자연과학의 발달이 여타 다른 분야를 잠식하고, 무시하는 경향에까지 이르고 있다. 펑유란은 말한다.

　　기술 시대의 문명이 사람의 영혼마저 몰아내고, 사람의 대뇌(大腦)를 계산기로 전락시키며, 소뇌(小腦)와 육체는 자극을 받아들이는 데에 그치게 하고, 과거에는 신성함, 위대함, 숭고함, 영웅 혹은 온정(溫情) 등의 칭송을 받았던 가치 등이 이제는 이 시대와 알맞지 않는다고 하여, 한갓 역사

76　철학과 종교 및 철학과 과학의 상호 관계에 대하여는 다음의 자료를 참고하시오. K. 부흐텔, 『철학과 종교』, 이기상 역(서울: 서광사, 1988). / R. 하레, 『과학철학』, 이병욱 역(서울: 서광사, 1985).

의 가라앉은 찌꺼기로 멸시와 비웃음의 대상으로 삼고 있다.[77]

사정이 이와 같으니, 철학의 영역은 갈수록 좁아지고 현재 철학은 간신히 숨을 내쉬고 있는 지경이다. 그러나 당신은 곰곰이 생각해 보라. 인간 존재의 궁극적이고 주체적인 물음을 과학이 해결할 수 있겠는가? 비트겐슈타인(Ludwig Wittgenstein ; 1889~1951)은 다음과 같이 말한다.

비록 모든 가능한 과학적 물음이 대답되어 있다 해도, 우리는 우리의 삶의 (본질의) 문제들이 여전히 조금도 건드려지지 않은 채로 남아 있다고 느낀다.[78]

철학 혹은 종교는 시간적으로 언제나 새로 시작한다. 즉 철학의 지식은 누적적(累積的) 지식이 아니다. 어제의 지식은 참고가 되지만 오늘에 반드시 도움이 되라는 법이 없는 것이다. 종교도 마찬가지이다. 어제의 선지자는 오늘의 선지자가 아니다.[79] 그것은 앞에서 말한 것처럼 언제나 새롭게 시작하는 운명이기 때문이다. 그러므로 철학과 종교에 진보 개념을 적용할 수 없다.

이에 반하여 과학은 시간적으로 맨 나중의 업적을 따라서 시작한다. 과학적 지식은 누적적 지식이다. 과학자들은 언제나 자신들의 앞에 쌓

---

77 程帆 主編, 『我聽馮友蘭講中國哲學』(北京 : 中國致公出版社, 2002), p. 28.
78 Ludwig Wittgenstein, *Tractatus logico-philosophicus* (Frankfurt am Main : Suhrkamp, 2001) 6.52. "We feel that even when all possible scientific questions have been answered, the problems of life remain completely untouched."
79 그리스도교에서 예수 그리스도는 하나님의 아들로서 신성(神聖)이 인정된다. 예수 이후에 다시 또 하나님의 아들이 태어날 수 없다. 이슬람교에서는 예수의 신성이 부정되지는 않지만, 그는 선지자 가운데 한 사람일 뿐이다. 최후의 선지자는 무함마드 (혹은 마호매트)이다. 무함마드 이후에 다시 선지자가 올 수 없다.

인 지식을 바탕으로 실험과 검증에 임한다. 지금까지 쌓여 있던 지식에 잘못이 있으면 그것들은 곧바로 부정된다. 부정의 방법은 실험과 수치로 환산되는 검증에 의한다.[80] 과학적 지식도 검증 이전까지는 하나의 가설(假說)로 존재한다. 가설은 검증 이후에 비로소 확정적 지식이 된다.[81] 그러므로 과학은 진보의 과정을 밟아 왔다고 할 수 있고, 앞으로 계속 발전할 것이다.

2) 언어

철학은 언어의 형태로 존재한다. 언어 없이 철학적 인식이나 활동을 기대할 수 없다. 종교 영역에서는 '수양'[修] 혹은 '깨달음'[覺]을 중시한다. 철학에서 깨달음이 중요하지 않다고 말하는 것이 아니다. 그러나 깨달아 무엇을 얻는 것은 개인적 경험에 불과하며, 그 자체가 학문이 될 수 없으므로 철학이 아니다.[82]

'양명철학'은 명대(明代) 인물 왕서우르언(王守仁; 1472~1528)의 사상을 대상으로 한다. 학자들은 그를 소개할 때, '룽창(龍場)에서 도를 깨달음'[龍場悟道][83]의 사건을 중시한다. 왕서우르언이 어느 날 밤

---

80 지동설(地動說; Heliocentrism)과 천동설(天動說; Geocentrism)이 그 예이다. 인류는 오랫동안 프톨레미(프톨레마이오스; Ptolemy)의 주장에 따라서 '천동설'을 진리라고 믿었다. 그러나 16세기 코페르니쿠스(N. Copernicus; 1473~1543)의 주장에 의하여, 인류는 지구가 우주의 중심이 아니라, 태양이 우주의 중심이라는 '지동설'을 진리로 받아들였다. 검증에 의하여 맨 마지막의 누적적 지식이 진리가 된 것이다.
81 과학사에서 아인슈타인의 '상대성 이론'은 1919년까지 가설로 존재하였다. 공간과 빛이 휘어진다는 그의 가설(1915)은 에딩턴(Sir Arthur S. Eddington; 1882~1944)에 의하여 사실로 증명되었다(1919). 2016년 2월 11일, 미국과학재단(NSF)과 중력파관측소(LIGO) 연구팀은 아인슈타인이 1세기 전에 주장한 '중력파'(重力波; gravitational waves)의 존재를 확인했다고 발표하였다.
82 펑유란, 『중국철학사』상, 박성규 역, p. 12 각주.
83 '룽창에서 도를 깨달음'[龍場悟道]에 대한 이야기는 다음 자료를 참고할 것. cf.

무엇인가를 깨달았고, 이후 정주(程朱) 학설과 다른 사유 체계[陽明學]
를 세웠다는 것이다. 여기에서 말하는 '깨달음'이란 아무도 알 수 없는
개인적 체험이다. 누가 그 경지를 알겠는가? 『논어』에는 콩치우의 체
험 한 가지를 소개한다.

> 콩치우가 말하였다. "선(參)아! 나의 도는 하나로 꿰뚫고 있다[一以貫
> 之]." 쩡선(曾參; 曾子)은 "예!" 하고 대답하였다. 콩치우가 밖으로 나가
> 자, 주위 사람들이 물었다. "무슨 말입니까?" 쩡선이 대답하였다. "선생님
> 의 도는 충(忠)과 서(恕)일 뿐이다."[84]

위 글의 '일이관지'(一以貫之)는 무엇을 말하는지 알 수 없다. 그것
은 콩치우 개인의 체험일 뿐이며, 쩡선의 해석은 개인적 소견이고 콩치
우의 추인(追認)을 받지 않았다. 『논어』에 '일이관지'의 구절이 한 번
더 출현하는데,[85] 알 수 없기는 마찬가지이다. 이와 같은 개인적인 깨달
음 혹은 체험은 철학이 아니다. 철학은 의사소통이 가능한 언어로 표출
되어야 하기 때문이다.[86]

레비-스트로스(Claude Lévi-Stauss; 1908~2009)는 "인간을 말하는

진래, 『양명철학』, 전병욱 역(서울: 예문서원, 2003), p. 20.

84 『논어論語』 「리인里仁」. "子曰. 參乎. 吾道, 一以貫之. 曾子曰. 唯. 子出, 門人問
曰. 何謂也? 曾子曰. 夫子之道, 忠恕而已矣."

85 『논어』 「위영공衛靈公」. "子曰. 賜也. 女以予爲多學而識之者與. 對曰. 然. 非與?
曰. 非也. 予, 一以貫之."

86 개인적 깨달음 혹은 체험은 참다운 지식이라고 말할 수 없다. 이는 믿음에 의존하
는 종교 영역에 속한다. 불교 종파 선종(禪宗)은 극치를 보여 준다. 선사(禪師)들이
'악[喝]!' 하고 벼락치는 소리를 지르거나, 몽둥이로 갑자기 후려치는 행위는 언어로
표현할 수 없는 진리를 비약적 방법으로 깨닫게 하려는 수단이다. cf. 白蓮禪書刊行
會, 『五家正宗贊』上·下(서울: 장경각, 佛紀2534年) 이와 같은 사례는 철학이 아니
라 종교 영역에 속한다.

자는 언어를 말하고, 언어를 말하는 자는 사회를 말한다"[87]라고 하였
다. 인간은 언어적 존재이다. 우리는 언어를 사용하여 의사소통을 함으
로써 문명을 이룩하였다. 밀림 속에서 살아가는 원주민도 언어 소통이
먼저이다. 만일 언어가 없는 원주민(외모가 사람처럼 생긴 존재)이라
면 그러한 존재를 '인간'으로 보아야 할지 의심스럽다. 언어 소통이 전
혀 없는 원주민은 동물이지 인간이라고 볼 수 없다.[88]

철학적 사유는 언어를 통해 표현된다. 인간의 언어 능력은 '사고 능
력'을 말하며, 사고 능력은 '이론사유'를 전개하는 능력이다. 이때 언
어는 전승이 가능한 문자를 포함한다.[89] 언어 문제는 현대 서양철학의
중요한 관심사이기도 하였다. 비트겐슈타인, 레비-스트로스, 촘스키
(Noam Chomsky) 그리고 하버마스(Jurgen Harbermas) 등은 언어를
중시하고, 언어에 대한 연구를 위하여 노력을 아끼지 않았다.[90]

중국철학에서는 언어 사용이 여러 측면에서 경시되었다.[91] 중국철학
은 언어가 본체적 측면보다는 현상적 개별 세계에 한정되어 있다고 보
기 때문이다. 본체 세계는 언어로써 표현할 수 없는 그 무엇인데, 이를

---

87 Claude Lévi-Strauss, *Tristes tropiques* (Paris: Plon, 1955), p. 467. "Qui dit
homme dit langage, et qui dit langage dit société." cf. C. 레비-스트로스, 『슬픈 열
대』, 박옥줄 역(서울: 한길사), 1998, p. 700.

88 아리스토텔레스의 *Politika*에 의하면, 동물 가운데서 인간만이 언어를 사용한다.
이 경우의 언어는 문법 체계를 갖춘 일정 수준의 언어를 말한다. cf. 박해용·심옥숙,
『철학 용어 용례 사전』(서울: 돌기둥, 2004), p. 181.

89 필자의 저술 행위는 한어와 알파벳 언어에 국한된다. 그 밖의 다른 언어 영역에서
의 사고는 가능하지만 그 언어를 알지 못하므로, 그 언어권의 철학을 연구하는 것은
연구의 범위를 넘어선다. 예를 들어 필자는 아랍어를 모른다. 따라서 아랍 문화권의
이슬람철학에 대하여 말할 수 없다. 이슬람철학에 관한 지식을 영어를 통하여 접할 수
있지만, 그것은 불완전 것이며 오도(誤導)될 가능성이 있다.

90 李奎浩, 『말의 힘』(서울: 第一出版社, 1978).

91 중국철학에서 언어가 경시되었다는 필자의 표현은 서양철학에 비하여 그렇다는
상대적인 의미를 담고 있다.

언어가 '도달할 수 없는 곳'[92]이라고 표현한다. 이는 유가보다는 불가
와 도가의 경우에 더욱 철저하다.

『단경壇經』[93]에서 전하는 선시우(神秀; 605?~706?)와 후에이넝(慧
能; 638~713)의 시(詩)를 보면 그러한 측면이 뚜렷하다. 선시우의 게
송(偈頌)을 소개한다.[94]

身是菩提樹(shēn shì pú tí shù; 신시보리수) 몸은 깨달음의 나무

心如明鏡臺(xīn rú míng jìng tái; 심여명경대) 마음은 맑은 거울

時時勤拂拭(shí shí qín fú shì; 시시근불식) 때때로 부지런히 닦아

莫使有塵埃(mò shǐ yǒu chén āi; 막사유진애) 티끌 묻지 않게 하리

5조 홍르언(弘忍; 602~674)은 이에 대해서 시큰둥한 반응을 보인
것으로 전한다. 후에이넝의 게송은 다음과 같다.

菩提本無樹(pú tí běn wú shù; 보리본무수) 깨달음은 본래 나무 없고

明鏡亦無臺(míng jìng yì wú tái; 명경역무대) 거울 또한 받침 없네

佛性常淸淨(fó xìng cháng qīng jìng; 불성상청정) 불성은 항상 청정하니

[本來無一物](běn lái wú yī wù; 본래무일물) [본래 한 물건도 없으니]

何處有塵埃(hé chù yǒu chén āi; 하처유진애) 어디에 먼지 일어날까

---

92 언어가 '도달할 수 없는 곳' 혹은 '도달하지 않는 곳'이다. 한자어로는 언어 부도
처(不到處) 혹은 미도처(未到處)를 말한다.

93 『육조단경六祖壇經』의 줄임말이다. 중국불교 선종 6조 후에이넝의 법어록이다.
cf. 沈載烈, 『六祖壇經講義』(서울: 寶蓮閣, 1980). / 필립 B. 얌폴스키, 『六祖壇經硏
究』, 연암 종서 역(서울: 경서원, 2006). / 郭朋, 『壇經校釋』(北京:中華書局, 1983). /
周紹良 編著, 『敦煌寫本壇經原本』(北京: 文物出版社, 1997).

94 원문은 판본에 따라 차이가 있다. 필자는 周紹良 編著, 『敦煌寫本壇經原本』을 참
조하였다.

이상의 게송 시합에서 훙르언은 후에이닝에게 의발(衣鉢)을 전하였다.[95] 시(詩)를 분석하면, 선시우는 비약이 아닌 점진적 수양에 따른 노력을 강조하고 있다. 후에이닝은 점차성(漸次性)을 거부하고 직각적인 비약을 말한다.[96] 훙르언은 후에이닝이 언어가 도달할 수 없는 본체 세계를 들여다보았다고 인정하고, 이심전심(以心傳心)의 법을 전수하였다.[97] 여기에서 '이심전심'이란 언어 밖의 세계를 말함이 명백하다.

『도덕경道德經』은 제1장부터 언어 문제를 취급한다. 널리 알려진 '도가도 비상도 명가명 비상명'(道可道 非常道, 名可名 非常名)은 언어 표현으로 도의 본체를 알 수 없다는 직설적 선언이다. 그 밖에도 여러 구절에서 언어를 중시하지 않는 태도를 볼 수 있다.[98] 우리는 『도덕경』의 저자가 현상 세계의 언어보다 그것을 넘어서는 진리를 갈망하고 있음을 본다. 『장자』의 경우도 예외가 아니다. 「제물론齊物論」의 '무유무명'(無有無名)이나 '대변불신'(大辯不信) 등도 언어에 대한 불신을 담고 있다.

유가의 경우도 언어를 경시한다. 『맹자』 '일치일란'(一治一亂) 章은 "사람들이 모두 선생님이 말하기를 좋아한다고 하는데, 어떻게 된 일입니까?"[99]라고 시작한다. 이에 대해 멍커는 "내가 어찌 말[辯論]하기

---

95 의발은 스님의 옷[袈裟]과 바리때[鉢]이다. 훙르언은 의발을 전달함으로써 도통(道統)이 이어지는 것으로 본다. cf. 沈載烈, 『六祖壇經講義』, p. 80. / 周紹良 編著, 『敦煌寫本壇經原本』, p. 118.

96 선시우의 방법은 점수(漸修)를 말하고[漸門], 후에이닝의 방법은 돈오(頓悟)를 말한다[頓門]. '점수'란 보통 능력의 사람들이 택하는 길이요, '돈오'는 뛰어난 능력을 가지는 사람들에게 적용된다. 위의 詩 두 편을 놓고 우열을 가릴 일은 아니다.

97 郭朋, 『壇經校釋』, p. 19.

98 『도덕경』 제23장 "希言自然", 제32장 "道常無名", 제41장 "道隱無名", 제45장 "大辯若訥" 등이 그와 같은 내용이다.

99 『맹자』 「등문공滕文公」 下. "外人皆稱夫子好辯, 敢問何也?"

를 좋아하겠느냐. 부득이 그럴 뿐이다"[100]라고 변명한다. 제자의 질문
을 받고, 땀을 흘리며 변명하는 멍커의 모습을 그려 볼 수 있다.

고대 명가는 이 점에서 유일한 예외이다. 명가에 속하는 사상가들이
'말놀이'(Sprachspiel)를 즐겼다는 증거는 많다. 그러나 명가는 소외된
채 사상계의 중심권에 들지 못하였고 잠시 머물다가 사라지고 말았다.

서구의 언어에 대한 태도는 진지하다. 아리스토텔레스(Aristoteles；
B.C.384~B.C.322) 이외에도, 근대 철학자 데까르트(René Decartes；
1596~1650)는 언어만이 인간이 사고하는 존재라는 사실을 증명한다
고 말한다. 프랑스 철학자 루소(Jean Jacques Rousseau；1712~1778)
에 의하면, 언어는 인간 진화의 산물이요, 인간의 소통을 위한 발명품
이다.[101] 하이데거는 언어는 존재의 집이며, 존재가 인간에게 드러나는
통로라고 말한다. 그에 의하면 사물들이 사물로서 존재할 수 있도록 하
는 것은 말과 언어이다. 그는 "인간으로 존재한다는 것은 다름 아닌 말
하는 것이기 때문이다"라고 말하였다.[102] 비트겐슈타인은 다음과 같이
말한다.

나의 언어의 한계는 나의 세계의 한계를 의미한다."[103]

---

100 『맹자』「등문공」下. "予豈好辯哉? 予不得已也." 「공손추公孫丑」上 '호연지기
장'(浩然之氣章)을 예로 들어, 멍커가 언어를 불신한 것이 아니라는 견해도 있다. 그
는 실천보다 변설에만 집착하는 문제를 지적하였다는 해석이다. 멍커가 말한 '지언知言'
은 방탕하고 사악한 말[言]을 알아낸다는 의미이지, 언어의 중요성을 강조한 것은 아
니다.

101 박해용・심옥숙, 『철학 용어 용례 사전』, p. 185.

102 박해용・심옥숙, 같은 책, p. 189.

103 Ludwig Wittgenstein, *Tractatus logico-philosophicus*, s. 134. "*Die Grenzen
meiner Sprache* bedeuten die Grenzen meiner Welt." 원전에서 '나의 언어의 한계
들'이라는 어구를 이탤릭체로 표현한다.

비트겐슈타인에 의하면, 언어가 하는 일은 세계에 대하여 그림을 그리는 일이며(그림 이론), 우리는 언어가 그려 내는 그림을 통하여 대상 세계와 관련을 맺는다. 그는 인간관계의 오해는 언어의 부정확한 사용에서 유래된다고 주장한다. 또한 그에 의하면, 철학이 하는 일은 언어 사용의 참(truth)과 거짓(false)을 밝히는 일이다. 예를 들어 보자.

　a. 책상 위에 두 권의 책이 있다.
　b. 고양이에게도 영혼이 있다.

비트겐슈타인은 이들 '명제' 가운데 a는 의미를 갖지만, b는 의미 있는 명제가 아니라고 말한다. 그는 이와 같이 참인지 거짓인지 알 수 없는 문장을 의미 없는 '헛소리'라고 말한다.[104] 필자는 여기서 현대 철학의 한 분야인 '언어철학'의 논의까지 확대할 생각은 없다. 중요한 사실은 비트겐슈타인의 철학은 처음부터 끝까지 언어를 대상으로 하고 있다는 점이다. 서구의 지성은 언어가 의사소통의 도구를 넘어서 인간 본질을 규정하는 것으로 보며, 철학이야말로 언어를 통하여(그 언어의 정확한 사용을 통하여) 존재한다고 여긴다.

3) 세 가지 영역

철학은 물음을 던지는 학문이다. 물음에 대한 해답을 얻지 못한다고 해서 철학자들을 비난하지 말라. 물음은 그 자체로 의미가 있다.[105] 철

104　박해용·심옥숙, 『철학 용어 용례 사전』, p. 192. 필자는 고양이에게 영혼이 있는지 없는지, 인간이 고양이로 변신하기 전에는 알 수 없다고 판단한다. 이와 같이 참인지 거짓인지 알 수 없는 문장은 '헛소리'가 된다.

105　야스퍼스는, "철학에서는 질문이 해답보다 더 본질적이다"라고 말한다. cf. 앙드레 베르제·드니 위스망 공저, 『인간학·철학·형이상학: 프랑스 고교철학 I』, 남기영

학자들은 '없음'[無]에 대하여 질문하며, '있음'[有]에 대하여도 물음을 던진다 ─내가 여기에 지금 있다는 것(being)은 무슨 의미를 지니는가? 내가 우주 속에 없더라도(non-being) 우주는 과연 의미가 있는가?─철학자는 '생각'이 무엇인지를 생각한다.

철학자들은 '아름다움'[美]이 무엇인지를 묻는다. 물음은 인간의 특권이며 지식 추구의 욕망을 반영한다. 동물은 질문을 던지지 않는다. 우주의 존재에 대하여 질문을 던지는 동물이 있다고 생각할 수 없다. 철학이 대상으로 삼는 인간의 물음 가운데 중요한 것은 다음과 같다.

· 나의 *존재*는 무엇인가? 나는 어디에서 와서 어디로 가는가?
· 우리는 무엇을 *아는가*? 안다는 것은 무엇을 말하는가?
· 우리의 인생은 살 만한 *가치*가 있는가? 도덕적 인간이란 어떤 인간인가? 어떤 정부(政府)가 바람직한 정부일까? 아름다움이란 무엇인가?

첫 번째는 존재(being)에 관한 문제이다. 학자들은 이를 '존재론'(ontology) 혹은 '우주론'(cosmology) 또는 '본체론'으로 부른다.[106] 이를 '형이상학'(metaphysics)이라고 부르는 학자도 있다. 두 번째는 지식(knowledge)에 관한 문제이다. 이는 앎의 세계에 관한 내용이다. 학자들은 '인식론'(epistemology)이라고 부른다. 세 번째는 가치(value)에 관한 문제이다. 가치는 바람직한 대상을 말한다. 학자들은 이를 '가치론'(axiology)이라고 부른다. 이는 도덕 혹은 윤리학(ethics)과

역(서울: 정보여행, 1996), p. 29.
106 철학자들이 말하는 '우주'는 천문학자들이 연구 대상으로 삼는 가시적(可視的) 우주가 아니다. 철학자들의 우주는 '있음'[有]과 '없음'[無]에 관한 것이다.

중첩되며, 정치철학(political philosophy), 미학(aesthetics)을 포함한다.

철학의 영역을 놓고 현대 미국의 철학자 노지크(Robert Nozick; 1938~2002)의 분류를 소개한다. 그는 다음과 같이 세 가지 분야로 철학을 나누었다.

① 형이상학(Metaphysics)
② 인식론(Epistemology)
③ 가치론(Axiology)[107]

노지크 교수는 ①에서 자아 혹은 자아의 주체성 그리고 존재 혹은 근원에 대하여 묻는다. "나는 무엇인가"(What am I?), "자아란 무엇인가"(What is a self?), '없는 것에 비하여 있다는 것은 무엇 때문인가?'(Why is there something rather than nothing?)[108] 등. 이러한 질문은 존재론, 우주론에 속한다. ②에서는 지식 그리고 회의주의(skepticism)에 대하여 기술한다. 그는 지식의 취급에서 증명(evidence)과 정당화(justification)에 대하여 언급한다. ③에서는 자유의지(free will)와 결정론(determinism), 윤리학, 인생의 가치에 대하여 논한다. 이 항목의 중심은 윤리학에 있다. 노지크 교수의 '철학 3분법'은 위에서 말한 전통적 구분과 일치한다.

중국학자 중에도 3분법을 채택한 경우가 있다. 장따이니앤(張岱年; 1909~2004)은 철학의 영역을 셋으로 나누었다.

---

107 Robert Nozick, *Philosophical Explanations* (Cambridge: Harvard University Press, 1981), pp. ix–x.
108 이러한 질문을 놓고 코웃음 치는 사람이 있을 수 있다. 이는 (앞에서 말한) '이론 사유'의 전형적인 예이다.

제1부분 우주론(宇宙論)

제2부분 인생론(人生論)

제3부분 치지론(致知論)[109]

장따이니앤 교수는 제1부분에서 존재[本根論]와 생성[大化論]의 문제를 다루며, 제2부분에서 천인 관계 및 인성[人性論]을 다루었다. 그리고 제3부분에서 지론(知論; 인식론)을 언급하였다. 그가 말하는 우주론은 존재론이며, 인생론은 가치론, 치지론은 인식론에 해당한다. 이와 같은 사례를 고려할 때, 철학의 영역을 셋으로 구분한 것은 환영할만한 일로 판단한다. 이상의 견해를 고려하여, 필자는 철학의 틀을 세가지 영역으로 구분한다.

a. 우주론 — 존재와 생성의 문제

b. 인식론 — 앎의 문제

c. 가치론 — 윤리 및 정치철학, 미학

중국철학은 서양철학에 비하여 b의 영역이 약한 반면,[110] c는 상대적으로 강하다. 중국철학에서는 심성론(心性論)이 강조되며, 이는 가치론에 속한다. 중국철학은 인간의 마음[心], 본성[性], 정(情)에 대한 인식론적 분석보다는, 인격 수양에 비중이 놓여 있다. 그 점에서 중국철학의 수양론(修養論)은 합목적성(合目的性)을 지향한다. '심성론'의 이론적 발달은 '수양 방법론'을 충족시키는 필요조건이다. 마음 · 본성 · 정

---

109   張岱年, 『中國哲學大綱』(北京: 中國社會科學出版社, 1982), 목록 참조.

110   장따이니앤은 중국 철학자들이 인생에 대하여 비중을 두었고, 지론(知論)에 대해서는 중시하지 않았다고 말한다. cf. 張岱年, 앞의 책, p. 8.

에 대한 구조적 분석 없이 정신 수양을 달성할 수 없기 때문이다.[111]

'수양론'은 풀기 어려운 문제(aporia)이다. 중국 문화의 전통에서 학자들은 말끝마다 '성인'(聖人) 운운하였다. 그들은 보통의 인간도 수양 방법을 통하여 '성인'이 될 수 있다고 말한다. 멍커는 입만 열면 야오(堯)·순(舜)을 말하였다고 전한다.[112]

필자는 '성인'이 부담스럽다. 철학을 공부하지만 차마 '성인'까지 되고 싶은 마음은 없다. 중국철학에서 '성인'을 향하는 길목에 차용(借用)되고 있는 '주경'(主敬), '거경'(居敬) 혹은 '주정'(主靜) 등 실천을 강조하는 용어들이 달성할 수 없는 무게로 느껴진다.[113] 성인을 강조하여 존재를 너무 무겁게 만든 학자들이 원망스럽게 느껴지기도 한다. 9만 리를 날아서 하늘을 덮는 붕새[鵬]처럼 '성인'이 되고자 하는 사람은 필자의 말에 불만을 느낄 수 있겠다.[114]

---

111 '수양론'을 '공부론'(工夫論)이라고 부르는 사람도 있다. 서양철학에서 '수양론'은 종교 영역에서 취급되며, 철학 영역에 포함되지 않는다.

112 『맹자』「등문공」上. "孟子道性善, 言必稱堯舜."

113 서양철학에서 '주경'(主敬), '거경'(居敬), '주정'(主靜)을 강조하는 경우는 찾기 힘들다. 이들 개념은 종교적 의미를 지니고, 실천을 강조하는 방법론과 관계가 깊기 때문이다. 수양론은 특히 송대(宋代) 성리학에서 강조되었다. 한계가 있지만, 이 책에서는 '수양론'을 종교 영역으로 제쳐 놓으려고 한다.

114 『장자』「소요유」에 나온다. 북녘의 물고기[鯤]가 변하여 붕새[鵬]가 되는데, 이 새는 9만 리를 날아간다. 매미[蜩]와 작은 비둘기[鷽鳩]는 붕새를 비웃는다. 北冥有魚, 其名爲鯤. 鯤之大, 不知其千里也. 化而爲鳥, 其名爲鵬. 鵬之背, 不知其千里也 … 搏扶搖而上者九萬里 … 蜩與鷽鳩笑之曰. 我決起而飛, 槍(搶)楡枋, 時則不至而控於地而已矣. 奚以之九萬里而南爲? cf. 安炳周·田好根, 『譯註 莊子』1, 서울 : 傳統文化硏究會, 2002), pp. 26-32.

제2장

중국철학의 정신과 배경

The Spirit and Background of Chinese Philosophy

2.1 중국철학의 정신

중국철학은 중국 문명에 기반을 두고 성장 발전한 사유 체계이다. 앞에
서 소개한 것처럼, 토인비 교수의 진단에 의하면, 중국 문명은 꽃을 피
운 문명이며 또한 독립 문명에 속한다.[1]

  펑유란 교수는 중국철학은 실증적 지식(positive knowledge)의 증가
를 위한 사유 체계가 아니고, '정신을 드높이는 것'(elevation of the
mind)이라고 주장한다.[2] 정신을 드높인다는 것은 무엇을 말하는가?

---

1 토인비 교수의 문명론은 필자의 다른 저술에서 상세히 소개하였다. cf. 황준연, 『한
국사상과 종교 15강』 제1강 문명에 대한 이야기.
2 Yu-Lan Fung, *A Short History of Chinese Philosophy* (New York: The Macmil-
lan Company, 1948), p. 5. "According to the tradition of Chinese philosophy, its
function is not the increase of positive knowledge (by positive knowledge I mean
information regarding matters of fact), but the elevation of the mind." 펑유란 교수
는 철학의 기능은 '정신을 드높이는 것'(elevation of the mind)에 있다고 주장한다.
필자는 이에 찬성하지 않는다. 만일 철학의 기능이 정신을 드높이는 데에만 있다면,

그것은 인격을 닦음을 말하는 듯하다. 만일 그렇다면 서양철학과는 질적 차이가 존재한다.

중국철학은 과학적 특징보다는 종교적 성격이 강하다. 과학은 정신을 드높이는 기능을 수행하지 않는 반면,[3] 종교는 구구절절이 '인격 수양'을 목표로 내세운다. 하지만 종교적 성격이 강하다고 해서 중국철학이 종교와 일치한다고 말할 수는 없다.

1) 종교적 경향이 강함

중국철학은 서양철학에 비해 신비주의적 색채가 강하고 종교적이다. 멍커는 "나는 말[言]을 알고 나의 '호연지기'(浩然之氣)를 잘 기른다"[4]라고 하였는데, 여기서 신비주의적 경향을 엿볼 수 있다. 펑유란 교수 역시 멍커의 철학을 설명하면서 이를 '신비주의'(mysticism)라고 표현하였다. 왕서우르언의 '룽창에서 도를 깨침'에 관한 기록도 신비주의에 속한다. 츠언라이(陳來; 1952~) 교수도 이 점에 대하여 동의한다.[5]

북송의 사오융이 뤄양(洛陽)의 천진교에서 두견새 울음소리를 듣고, 왕안스(王安石; 1021~1086)가 출현하여 세상이 시끄러워질 것을 예언하였다고 한다. 이러한 신비주의는 철학의 영역으로 취급할 수 없다. 신비가 존재하지 않는다는 말도, 신비가 무의미하다는 뜻도 아니다. 비트겐슈타인은 "정말로 언어로 표현할 수 없는 것들이 있다. 그것들은

이는 종교와 다를 바가 없게 된다. 철학은 종교의 측면과 아울러 과학의 측면 또한 가지고 있다.

3 두뇌 연구자들이 인격을 향상시키는 약(藥)의 개발에 성공한다면, 이야기는 달라진다. 만일 그렇게 된다면, 좌선(坐禪)에 몰두하고 있는 승려들 혹은 그리스도교 성직자들이 그 약을 구하기 위하여 약국을 찾아 문전성시(門前成市)를 이룰 것이다.

4 『맹자』「공손추」上. "敢問, 夫子惡乎長? 曰, 我知言, 我善養吾浩然之氣."

5 진래, 『양명철학』, 전병욱 역, p. 22.

제 자신을 스스로 보여 준다. 그것들은 신비로운 것이다"라고 말하였
다.[6] 언어로 표현할 수 없는 세계는 철학의 영역이 아니라 종교의 영역
인 것이다.

　서양 문화의 전통에서는 신비주의를 철학에서 다루지 않고 종교의
영역으로 밀어낸다. 중국 문화에서는 철학과 종교가 뒤섞여 있다. 우리
는 두 영역을 구별할 필요가 있지만, 그 같은 전통에서 완전히 벗어날
수 없는 한계를 지닌다.

2) 윤리적 · 정치적 성향이 짙음

　중국철학은 윤리적이고 정치적 성격이 강하다. 철학의 영역을 놓고
보면, 중국철학은 '가치론' 분야에 비중이 높다. 사회 구성 원리와 윤
리적 규범을 강조하는 유교는 물론, 사회를 부정하고 자연으로 돌아가
자는 해체주의(解體主義) 성격이 강한 도교도 정치사상에 상당한 비중
을 둔다.[7] 중국철학의 이상(理想)은 '내성외왕'(內聖外王)의 경지를 달
성함이다. '내성외왕'이란 안으로 성인의 경지를 지향하고, 밖으로 제
왕의 통치를 달성한다는 뜻이다. 물론 철학자들이 이 경지를 성취하였
다는 실제적인 예는 별로 없다.

　중국철학에서는 수양론이 중요한 지위를 차지한다. 펑유란은 중국철
학이 '내성'(內聖)을 실현하기 위한 수양 방법에 비중을 두는데, 이는
서양철학사에서 플라톤이 주장한 '철인왕'(philosopher king)의 내용
과 닮았다고 기술하였다.[8] 중국의 전통에서는 제왕이 철학자 노릇을 한

6　L. 비트겐슈타인, 『논리철학론』 6.522, 곽강제 역, p. 116.
7　『도덕경』을 정치적 술수의 측면에서 고찰한 저술이 있다. cf. 강신주, 『노자(老子):
국가의 발견과 제국의 형이상학』(서울: 태학사, 2004).
8　Yu-Lan Fung, *A Short History of Chinese Philosophy*, p. 8.

경우가 종종 있었다.[9] 이들에게 철학이란 진리를 추구하는 태도라기보다는, 인민 대중을 지배하기 위한 권위로 작용하였다.

3) 현세적임

중국철학은 현세적이다. 여기서 '현세적'이라는 말은 현실 지향적이라는 뜻이며, 이론의 개발보다는 현실의 실천에 비중을 둔다는 뜻이다. 하지만 중국인들이 현세적이라고 해서 그것이 반드시 현실에 매몰됨을 말하는 것은 아니다.

세상에는 세상일에만 몰두하는 사람들이 있고, 세상일과 담을 쌓고 초월적 태도로 살아가는 사람이 있다. 전자를 세간적(世間的; this-worldly) 입장으로, 후자를 출세간적(出世間的; other-worldly)[10] 입장으로 표현할 수 있다. 펑유란 교수에 의하면, 중국철학은 세간적이면서 동시에 출세간적이다.[11] 여기서 '세간적'이라는 표현은 '현세적'으로

9　당(唐) 현종 리룽지(李隆基; 재위 712~756), 명(明) 태조 주위앤장(朱元璋; 재위 1368~1398), 청(淸) 세조 푸린(福臨; 재위 1644~1661) 등은 『도덕경』에 注를 달았다. 현대 중국의 지도자 마오쩌둥(毛澤東; 1893~1976)은 5편 철학 저작을 짓고, 철학자 행세를 하였다. 9cm×12.5cm의 붉은 소책자 『毛主席的五篇哲學著作』은 중국 인민에게 바이블처럼 여겨졌다. 문화대혁명 때 사람들은 이 책을 흔들며 열광하였다.

10　여기서 '出世間'이라는 용어는 세상에서의 성공을 뜻하는 '출세'(出世)와는 정반대의 의미이다. 조심할 필요가 있다.

11　Yu-Lan Fung, *A Short History of Chinese Philosophy*, p. 8. "So far as the main tenet of its tradition is concerned, if we understand it aright, it cannot be said to be wholly this-worldly, just as, of course, it cannot be said to be wholly other-worldly. It is both of this world *and* of the other world." 『중용中庸』 제12장에 "군자의 도는 구체적이면서 동시에 은밀하다"[君子之道, 費而隱]라고 하였다. 이 구절을 주시는 "군자의 도는 사용함이 넓고, 본체가 은미하다"[費, 用之廣也, 隱, 體之微也]라고 주해하였다. 주시의 의미를 알기 어렵다. 필자(황준연)는 이 구절의 '費'자는 세간의 구체적인 세계를 말하며, '隱'자는 출세간의 추상적인 세계를 말한다고 풀이한다. 중국철학은 이처럼 세간적 성격과 출세간적 성격을 동시에 지녔다.

바꾸어 쓸 수 있다. 펑유란 교수의 이러한 표현은 중국철학을 좋게 보아서 한 이야기이고, 실제로 중국철학은 세간적인 데에 훨씬 비중이 놓여 있다.

종교적인 성격을 놓고 볼 때, 중국철학에는 영성(靈性; spirituality)이 희박하다는 주장이 있다. 칭(Julia Ching; 秦家懿; 1934~2001)은 중국철학의 수양론 중시는 서양철학의 유산에서는 보이지 않는다고 지적하였다. 동시에 그리스도교는 '영성' 방면에 비중이 놓여 있다고 말하였다.[12]

중국철학이 현세적이라고 함은 중국 철학자들이 '이론사유'(theoria)의 개발보다는 실천(praxis) 방면에 치중하였음을 말한다. 중국철학에 이론사유가 없었던 것은 아니다. 명가의 사유가 그렇고, 중세 성리학(性理學)의 발달도 이론사유의 전개로 볼 수 있다.

필자는 앞에서 이론사유를 설명할 때, 소크라테스를 예로 들어, "동일한 것(similars)은 동일한데(similar), 왜냐하면 그것들은 동질성(similarity)의 관념을 나누어 가지기 때문이다. 마찬가지로 위대한 사물(great things)은 위대한데(great), 왜냐하면 그것들은 위대함(greatness)을 나누어 가지기 때문이다"라고 설명한 바 있다.[13]

중국철학의 경우 명가를 제외하고, 이론사유를 전개한 사상가를 찾기가 쉽지 않다. 유사성(likeness), 정의(justice), 아름다움(beauty) 혹은 착함(goodness)의 관념 존재에 대하여 깊은 관심을 기울인 사람이 적다 — '美' 혹은 '善' 자체에 대한 개념 분석까지는 아니지만, 선한

---

12 Julia Ching, *Chinese Religions* (London: The Macmillan Press Ltd., 1993), p. 157.
13 중국 문화의 전통에 영향을 받은 한국인들도 이론사유를 이해하기 힘들다. '동질성' 혹은 '위대함'의 관념을 나누어 갖는다는 표현을 이해하려면, 유클리드 기하학과 같은 이론사유의 훈련을 받은 경우라야 가능하다.

사람 혹은 선한 대상에 대한 이야기는 아주 많다. 전자는 '테오리아'의
경우이고, 후자는 '프락시스'의 경우에 속한다 —

　　중국철학이 현세적인 실천에 비중이 놓여 있으므로, '지행합일'(知行
合一)의 사상이 강조되었다. 왕서우르언은 '행'(行) 자체가 동시에
'지'(知)의 과정이고, '행'을 떠난 독립적인 '지'의 과정이란 존재하지
않는다고 주장하였다.[14] 현세적 '행'을 떠난 '지'가 존재하지 않는다고
주장한 왕서우르언의 견해는 맹점(盲點)이다. '행'을 떠난 '지'는 존재
하며, 무가치하거나 소용없는 것이 아니고 만사의 근본이 되기도 한다
(앞에서 말한 마테오 리치 및 쉬꾸앙치의 이야기를 기억하자). 그러므
로 양명학에서 말하는 '사상마련'(事上磨練)[15]은 철학 이론이기보다는
하나의 실천이다. 중국철학의 이와 같은 현세 지향적 성격은 중국철학
에서 왜 인식론 분야가 결핍되어 있는지를 설명해 준다.[16]

2.2 중국철학의 배경

1) 풍토

　　인간은 시대와 환경(풍토)의 산물이다. 문명(문화)의 장치는 환경과

14　진래, 『양명철학』, 전병욱 역, pp. 186-187. 필자(황준연)는 왕서우르언의 견해
와 달리, '행'을 떠난 독립적인 '지'의 과정이 존재한다고 판단한다.

15　'사상마련'이란 양명학에서 강조하는 술어로, 현세적이고 실제적인 일[事]에서
닦고[磨] 단련한다[煉]는 뜻으로, 지행합일에 이르는 훈련 과정이다. 이 술어는 철학
적 내용을 담고 있지 않은 하나의 구호이다.

16　중국철학에서 인식론이 결핍되었다는 표현은 중국인에 의한 인식론 개발이 부족
하다는 뜻은 아니다. 불교철학에서 '유식론'(唯識論)이 정치(精緻)하게 발달되어 있
음을 본다. '유식종'(唯識宗)의 존재를 본다면, 이를 이해할 수 있다. 이 책에서는 불
교학 분야는 다루지 않는다.

관련이 깊다. 그리스의 철학자 겸 의사 히포크라테스(Hippocrates;
B.C.460?~B.C.370?)는 *Influences of Atmosphere, Water and Situa-
tion*이라는 저술에서 다음과 같이 말한다.

> 인간의 지상(地相; physiognomy)은 다음과 같이 분류될 수 있다. 숲이 우
> 거지고 수량(水量)이 풍부한 산악 지대, 토양이 가물고 물이 없는 건조 지
> 대, 풀밭이 많은 습지 지대, 그리고 맑고 건조한 저지대(低地帶)가 그것이
> 다 … 바위가 많고, 물 공급이 풍부하며, 계절적 변화의 차이가 폭넓은 고
> 지대에 사는 사람들은 체질적으로 용기와 인내에 적합한 거대한 체구
> (large-built bodies)를 갖는 경향이 있다 … 물이 많은 습지로 뒤덮인 분
> 지(盆地)에 사는 사람들은 차가운 바람보다는 뜨거운 바람에 노출되고 미
> 지근한 물을 마시는데, 호리호리하거나 거대한 체구가 아니라 뚱뚱하고
> 살덩어리가 많고 검은 머리에 살결이 까무잡잡하다(swarthy). 그들은 체
> 질적으로 냉담하기보다는 분노하는 타입이다. 용기와 인내심은 그들의 성
> 격에 내재되어 있지 아니하다. 그러나 단체의 공동 작업은 가능하다. 기복
> (起伏)이 많고 바람이 쓸고 지나가며 물이 잘 공급되는 높은 지역에 사는
> 사람들은 거대한 체구를 가지며 개별적이지 않다. 그들의 성격은 겁이 많
> 고 온순한 경향이 있다. 우리는 인간의 신체와 성격이 어떤 지역의 자연환
> 경과 일치함을 알 수 있다.[17]

히포크라테스는 이와 같이 자연환경이 인간의 성격 및 체질까지 영

17　Arnold Toynbee, *A Study of History*, pp. 55-56. 위 글은 토인비 교수의 저술에
영문으로 인용된 히포크라테스의 글 "*Influences of Atmosphere, Water and Situa-
tion*"의 필자의 번역이다. 토인비 교수는 히포크라테스의 글을 인용하고 있으나, 종
족과 환경이 긍정적 요소로 작용하지 않는다는 자신의 입장을 밝혔다. cf. 같은 책,
p. 59.

향을 주고 있다고 믿었다. 필자 역시 인간의 삶은 풍토(환경)와 관련이 있다고 생각한다. 여기서 '풍토'란 도쿄대학교 와쓰지 데쓰로(和辻哲郎; 1889~1960) 교수가 규정한 "토지의 기후·기상·지질·토질·지형·경관 등의 총칭"을 의미한다.[18]

필자는 중국 고대철학을 이해할 때에는 중국의 자연환경이 고려되어야 한다고 주장한다. 『논어』에 다음과 같은 기록이 있다.

> 콩치우는 냇가에서 말하였다. "가는 것이 이 물과 같구나! 밤낮으로 그치지 않는다."[19]

냇가는 원문에서 '천'(川)으로 표기되어 있는데, 필자는 이를 황하(黃河) 혹은 황하의 지류(支流)로 해석한다. 이 구절에 대한 현학적 해석이 있다.[20] 우리는 물 앞에서 서 있는 콩치우의 심정을 알 수 없다. 추측할 수 있는 점은 콩치우가 대면하고 있는 물이 완만하고 천천히 흐르며, 그 유체(流體)가 콩치우에게 두려움의 대상은 아니라는 사실이다. 라오딴은 물에 대하여 다음과 같이 말한다.

> 가장 좋은 것은 물과 같다[上善若水]. 물은 선하여 만물을 이롭게 하며 다

---

18 와쓰지 데쓰로, 『풍토와 인간』, 박건주 역(서울: 장승, 1993), p. 13.

19 『논어』「자한子罕」제16장. "子在川上曰, '逝者, 如斯夫! 不舍晝夜.'"

20 앞의 글, 朱熹 注. "천지의 조화는 가는 것은 지나가고 오는 것은 이어져서, 한순간도 멈추지 않으니, 도체(道體)의 본연이다."[天地之化, 往者過, 來者續, 無一息之停, 乃道體之本然也.] / 리쩌허우(李澤厚: 1930~)는 이 구절이 시간에 대한 콩치우의 인식을 보여 주며, 내감각(內感覺)인 정감(情感)의 표현이라고 하였다. cf. 李澤厚, 『華夏美學』, 權瑚 역(서울: 東文選, 1999), p. 82. 냇가에 서 있는 인간의 말 한마디를 놓고, '도체'의 본연이라거나, 내적 감각의 정감을 운운하며 미화하는 일이 현학적이라는 뜻이다.

투지 않고, 사람들이 꺼려하는 곳에 머무르니, 그러므로 도에 가깝다.[21]

　라오딴은 물을 선한 존재로만 인식한다. 그러나 관찰해 보라. 당신은 물이 만물을 이롭게 해 주는 존재만은 아니며, (어떤 대상과) 다투지 않는 것도 아니라는 점을 알 수 있다.[22] 부드럽고 천천히 흘러가는 황하의 물을 보고, 콩치우는 시간의 유장(悠長)함을 느꼈고, 라오딴은 선한 존재로 받아들였다.

　유럽의 그리스 혹은 이탈리아에는 황하처럼 질펀하게 흐르는 강물을 볼 수 없다. 유럽의 지붕이라는 알프스(The Alps)의 계곡은 급류이거나 만년설로 덮여 있어서 인간을 위협하는 무서움(공포)의 대상이었다.[23] 여기에서는 결코 '상선약수' (上善若水)와 같은 사고를 기대할 수 없다.

　그리스에는 넓은 평야가 없고, 산맥이 곧장 바다를 향하여 내달리고 있다. 이 나라는 처음부터 농업은 활발하지 못하였다. 사람들은 배를 타고 주변의 땅으로 나가야 했다. 로마제국 또한 마찬가지이다. 이탈리

21　『도덕경』제8장. "上善若水. 水善利萬物又不爭, 處衆人之所惡, 故幾於道." 이 구절의 한글 번역은 다양하다. 최진석은 "가장 훌륭한 덕은 물과 같다"라고 번역하였다. 이는 도덕적 견해를 반영한다. cf. 최진석, 『노자의 목소리로 듣는 도덕경』(서울: 소나무, 2001), p. 79.

22　그리스의 헤라클레이토스(Heraclitus: B.C.535?~B.C.475?)는 물을 다툼의 대상이라고 판단한다. 그는 "You cannot step twice into the same river: for fresh waters are ever flowing in upon you"라고 하였다. 여기서는 다툼(투쟁)이 보이지 않지만, "투쟁이야말로 만물의 아버지"(War is the father of everything.)라는 표현을 고려할 때, 그가 말한 물은 새 물(새로 흘러오는 물)과 헌 물(흘러서 사라지는 물)의 다툼이라고 본다. cf. Bertrand Russell, *History of Western Philosophy*, pp. 62-63.

23　18세기 관찰자에 의하면, "산(i.e. 알프스)들이 자연의 겉모습을 추하게 만드는 곳, 큰 폭포를 퍼붓는 곳, 분노하여 폭설을 일으키는 곳"이었다. 이는 알프스가 공포의 대상이었음을 말해 준다. cf. 리처드 포티, 『살아 있는 지구의 역사』, 이한음 역(서울: 까치, 2005), p. 123.

아 반도는 북부의 뽀(The Po)강 유역의 평야를 제외하고(중국과는 비교 자체가 무리이다) 대부분 산맥으로 구성되어 있다. 제국 로마는 남으로 아프리카 북부에서부터, 북으로 북유럽 전역, 동으로 터키를 포함한 광대한 땅을 정복하고 이를 경영함으로써 식량을 확보하였다.

　당신이 만일 그리스 아테네 지역 혹은 이탈리아 남부 나폴리만 일대를 여행한다면, 화산이 과거의 산물이 아니고 현재 진행형임을 알아차릴 것이다. 이와 같은 지리적 환경에서는 주민들이 대대로 정착할 수 없다. 땅도 수시로 변하는 마당에 어떻게 붙박이처럼 붙어 있을 수 있다는 말인가?[24] 이처럼 불안한 풍토에서는 '우공이산'(愚公移山)[25]과 같은 설화의 등장은 불가능하다. 그리스 및 이탈리아 사람들은 생래적으로 방랑자(nomad)의 운명을 타고났다고 말할 수 있다.

　이에 반하여 중국은 땅이 매우 넓다. 중국인은 애당초 바다로 나갈 필요성을 느끼지 않았다.[26] 좌우간 중국인들은 육지에서 씨를 뿌리고 몸을 부지런히 움직이면 먹을 것을 장만할 수 있었다.[27]

---

24   나폴리만의 베수비오(Vesuvio) 화산은 A.D.79 대폭발로 폼페이 및 헤르쿨라네움을 폐허화시켰다. 이 산은 1631년 폭발을 일으켰고, 1944년 또 폭발하였다. 만일 독자들이 분화구를 찾는다면, 몸으로 열기를 느끼며 연기가 솟아오르고 있음을 볼 수 있을 것이다.

25   우공(愚公)과 그의 가족이 자자손손 그치지 않고 삽질을 하면 산도 옮길 수 있다는 이야기로, 중국인의 장구한 시간 관념을 보여 준다.

26   『논어』에는 '부해지탄'(浮海之歎: 콩치우가 바다로 나가야 하겠다며 탄식함)이라고 부르는 구절과 '입어해'(入於海: 바다로 나아감)라는 구절이 있다. cf.『논어』「공야장公冶長」제6장. "道가 행하여지지 않는다. 뗏목을 타고 바다로 항해하겠다."[子曰. 道不行. 乘桴浮于海.] /『논어』「미자微子」제9장. "樂官의 보좌관 양(陽)과 경쇠를 치는 시앙(襄)은 섬으로 건너갔다."[少師陽, 擊磬襄, 入於海.] 상(商)나라가 망할 때, 악사들 가운데 부(副)지휘자 양이라는 사람과 박자를 맞추는 시앙이 바다로 나가 섬에 숨었다는 이야기이다.

27   황하 유역은 40여 만 평방킬로미터의 황토 고원으로 구성되어 있으며, 50~80미터의 두터운 황토층(풍적층의 토양으로 '뢰스' loess라고 부른다)으로 구성되어 있는

환경의 차이점을 고려할 때, 중국 내부도 문제가 된다. 중국은 대륙 국가이다. 지리적 여건은 북중국(北中國)과 남중국(南中國)으로 나눌 수 있는데,[28] 북중국은 춥고 건조한 데 비하여, 남중국은 덥고 습기가 많다. 고대 북중국 사람들은 주로 기장(수수)을 많이 먹었고, 남중국 사람들은 쌀을 주로 먹었다.[29]

이와 같은 풍토적 특징이 중국철학사상에도 영향을 주었다. 황하 유역의 북중국에는 합리적이고 참여 지향적인 유가 철학의 발달을 가져왔고, 남중국(楚나라)에는 초월적이고[30] 은둔 지향적인 도가 철학의 발전을 낳았다.

'진취적', '개방적' 혹은 '부지런하다' 라는 개념이 도덕적으로 바람직한 것[善]으로 자리 잡는 데에는 환경이 고려되어야 한다. 가령 무더운 기후의 인도에서 부지런히 달려가다가는 더위에 쓰러져서 죽음을 면하지 못할 수도 있다. 인도 문명의 산물인 불교가 왜 좌선(坐禪)을 강조하였는지 새겨 볼 필요가 있다. 나무 그늘에 앉아서 더위를 피하는 일은 게으름이 아니라 생존의 지혜이다. 여기에는 인도의 풍부한 농산

데, 세계 어느 곳도 이처럼 두터운 황토층을 형성하고 있는 곳은 없다. '뢰스' 는 입자가 부드러워 농사짓기에 적합한 흙이다.

28 황하 유역과 그 북방을 북중국으로, 장강(長江; 양자강) 일대와 이남을 남중국으로 구분할 수 있다. 전자는 밭[田]을 중심으로 하는 보리 농사[麥作] 지역이고, 후자는 논[畓]을 중심으로 하는 쌀농사[稻作] 지역이다. 오늘날에는 북중국에서도 쌀농사가 가능하다.

29 Jared Diamond, *Guns, Germs, and Steel* (New York and London: W. W. Norton & Company, 1999), p. 329. "I already mentioned the ecological differences between China's cool, dry north and warm, wet south. … In fact, the earliest identified crops were two drought-resistant species of millet in North China, but rice in South China."

30 여기서 '초월적'(超越的; transcendental)이라는 말의 뜻은 도가의 신선(神仙) 사상과 같은 부류를 말한다.

물 또한 전제되어 있다.

인도에서 채식 위주의 음식 문화가 나타난 점도 기후와 관계가 있다. 당신은 높은 온도에서 음식이 쉽게 부패하는 사실을 알 수 있다. 고타마 붓다(석가모니)는 '수카라 맛다바'를 먹은 후 중병(重病)에 걸려 입적(入寂)한 것으로 알려져 있다. 이 음식은 버섯의 일종으로 알려져 있으나, 돼지고기 요리라는 설도 있다.[31]

라오딴과 주앙저우의 철학 사상도 자연환경의 영향을 받았다. 이들은 남중국(楚나라)에서 활동하였는데, 먹이를 마련하기 위하여 사냥을 하거나 배를 띄워서 바다로 나갈 필요가 없었다. 다른 나라를 정복해야 하는 혹독한 환경도 아니었다. 그들은 온대 기후 4계절 순환의 고리에 자신들을 맡겼고, 이를 어기지 않고 잘 적응하는 것을 지혜로 삼았다.[32]

서양 학자들이 중국인의 성격을 진단할 때 체면 중시, 공공 정신 및 정확성의 결여, 보수성[守舊], 동정심이 없음, 상호 불신, 시기심 등으로 규정하고 비난한 것은 환경적 특성을 고려하지 않은 서구인의 자만심일 수 있다.[33]

---

31 빠알리어(Pali) 경전 『마하빠리닙바나 숫단타大般涅槃經』에 의하면, 고타마 붓다는 80세가 되어 라자그리하를 떠나 북쪽으로 여행한다(고향 카필라바스투로 향하였음). 쿠쉬나가라에 이르렀을 때, 대장장이 아들 쭌다가 버섯 요리를 제공한다. 붓다는 이 공양을 들고 병에 걸렸으며, 그곳에서 입적한다. '버섯'을 가리키는 '수카라 맛다바'(sukara-maddava)는 돼지고기 혹은 쇠고기라는 설이 있다. cf. 나카무라 하지메(中村元) 外, 『佛陀의 세계』, 김지견 역(서울: 김영사, 1984), p. 238. / 후지타 코오타츠 外, 『초기·부파불교의 역사』, 권오민 역(서울: 민족사, 1989), p. 50. / 『빠알리 경전』, 一雅 역(서울: 민족사, 2008), p. 101.
32 『주역周易』은 온대 기후의 순환 관념을 바탕으로 형성된 사상 체계이다. 봄[春]·여름[夏]·가을[秋]·겨울[冬]의 순환을 고려하지 않고서 『주역』을 이해할 수 없다.
33 미국인 목사 스미스(Arthur H. Smith; 1845~1932)는 *Chinese Characteristics* (Norwalk: EastBridge, 2002 Reprint edition)에서 중국인의 (장점도 인정하였지만) 부정적인 성격을 많이 언급하였다. 일종 '오리엔탈리즘'(Orientalism; 힘센 서양이 자기 이익을 위하여 힘없는 동양을 정의하고 구성한 담론)의 논리라고 판단한다. cf.

평유란 교수는 그리스에서는 상업 활동이 활발하였는데, 그로 인해 숫자가 발달할 수 있었고, 이것은 수학적 추리의 개발로 이어졌다고 지적한다. 이에 대하여 중국은 농업 국가였고, 중국인의 대부분이 농민이었으므로 근대화의 매개체인 '산업혁명'을 할 수 없었다고 진단하였다.[34]

한국의 법철학자 이항녕(李恒寧; 1915~2008)은 와쓰지 데쓰로 교수의 영향을 받고 법의 풍토성에 주의하였다. 와쓰지 교수는 세계의 기후를 몬순(monsoon), 사막(沙漠), 목장(牧場)의 셋으로 크게 나누고 인간 생활이 여기에 영향을 받는다고 분석하였다.[35] 이항녕은 그의 견해를 수용하여, 계절풍 풍토 지대를 동방(東方; 중국·인도), 대륙성 풍토 지대를 중방(中方; 몽골·이란·아라비아), 해양성 풍토 지대를 서방(西方; 서유럽)으로 나누었다. 동방을 농경 사회, 중방을 유목 사회, 서방을 상역(商易) 사회로 분류한 그는 법의 존재 형태가 이와 같은 풍토의 영향을 받는다고 주장하였다.[36]

윤리와 도덕 감정 또한 풍토와 밀접한 관련을 맺는다. '시짱(西藏) 자치구'(自治區)[37]의 풍속에서 예를 찾아보자. 이곳의 장례식은 세계에

에드워드 사이드, 『오리엔탈리즘』, 박홍규 역(서울: 교보문고, 2003 증보판), pp. 610-676. / 이옥순, 『우리 안의 오리엔탈리즘』(서울: 푸른역사, 2003).

34 Yu-Lan Fung, *A Short History of Chinese Philosophy*, pp. 16-19.

35 와쓰지 데쓰로, 『풍토와 인간』, 박건주 역, p. 31 이하.

36 이항녕은 여타 민족의 다양한 존재를 무시하고 3방설(三方說)을 밀고 나갔다. 3방설의 부분적 타당성은 인정할 수 있으나, 보편성을 지닌다고 말하기는 어렵다. 그러나 법 사상이 풍토와 관련이 있다는 주장은 탁월한 통찰이라고 판단한다. cf. 이항녕, 『법철학개론』(서울: 博英社, 2004).

37 중국의 '시짱 자치구'는 국제 사회에서 '티베트'라고 호칭된다. 현실적 지배를 놓고 볼 때 티베트는 온당한 이름이 아니다. 이것은 독도를 포함한 한국의 '동해'(東海)를 국제 사회에서는 '일본해'(日本海)라고 부르고 있는 것과 같다. 이는 한국의 입장에서 용납할 수 없는 일이다. 필자는 티베트를 '시짱 자치구' 혹은 '시짱'으로 호칭한다.

서 유례를 보기 힘든 독특한 방식이다. 그들은 사람이 죽으면 시신을 갈기갈기 찢고, 뼈는 돌절구로 빻아서 '짬빠'(시짱인이 먹는 음식)를 섞어 돌 위에 올려놓는다. 새들이 쪼아 먹기 편하게 하는 어진(?) 마음 인데, 이러한 방식을 천장(天葬) 혹은 조장(鳥葬)이라고 부른다. 시짱 인은 이처럼 시신을 찢고 뼈를 부수는 일을 자선(慈善)이요, 고귀한 행위로 느낀다고 한다.[38]

중국의 '시짱 자치구'는 평균 고도 3,000미터 이상의 산악 지대로 나무와 흙이 귀한 지질(地質) 구조이다. 그들의 장례 방식은 이와 같은 험한 환경(풍토) 속에서 '천장'으로 치러졌다. 다른 문화권에서 시신 의 훼손이 부도덕으로 간주되고 있는데, 시짱에서는 시신을 찢고 뼈를 부수는 일이 도덕적인 행위로 여겨지는 것이다. 이와 같은 사실은 환경 이 인간 도덕(윤리)의 형성 및 발달에 영향을 주는 요소라는 점을 여실 하게 증명한다.

2) 농업 사회 및 가족 제도

중국은 전통적으로 농업 국가였다. 중국 고대철학은 농민의 사고를 대변한다. 농민은 농사를 위하여 기후, 물 관리, 별자리 등에 신경을 썼 다. 그들은 먼 지방으로 여행을 가거나 집을 옮기는 경우가 드물었고, 붙박이처럼 한곳에 붙어서 살았다. 『도덕경』에는 다음과 같은 구절이 보인다.

---

38 김한규, 『티베트와 중국의 역사적 관계』(서울: 혜안, 2003), pp. 237~240. 시짱 지역의 천장(天葬) 혹은 지장(地葬; 시체를 기둥에 묶어 놓고 개 먹이로 주는 방법)은 중국 정부의 금지 정책에 따라서 현재 실시되지 않는다. 1960년대에까지 이러한 장례 식이 있었다. 이탈리아 '일 조르노'(Il Giorno)의 기자 띠찌아노 떼르짜니는 이 장례 식에 참여하였음을 증언한다. cf. Tiziano Terzani, *Behind the Forbidden Door* (London: Allen and Unwin, 1985), pp. 148~149.

나라를 작게 하고 백성의 수를 적게 하라. 10배 혹은 100배 효용을 주는 도구가 있더라도 쓸 일이 없게 하고, 백성으로 하여금 죽음을 중하게 여겨 멀리 옮겨 다니지 않도록 한다 … 이웃 나라가 서로 바라보이고 닭 울고 개 짓는 소리가 들릴 정도로 가까워도, 백성들은 늙어 죽을 때까지 서로 왕래하지 않는다.[39]

이는 부락 단위 원시 사회의 모습을 이상화하는 구절이다. 도가에 의하면 농민은 어린아이처럼 순진한 삶을 살아간다. 농업 사회는 곧 전원 사회이다. 뤼뿌웨이(呂不韋, ?~B.C.235)와 식객(食客)의 편저, 『여씨춘추呂氏春秋』 제26권 「상농上農」에 다음과 같은 구절이 있다.

옛적의 선왕은 백성을 인도함에서 농업에 힘쓰도록 하였다. 농부들이 농사를 지음에는 땅에서 얻는 이익(농산물)만이 아니고, 농사짓는 뜻을 귀중하게 여겼다. 농부들은 순박하였고, 순박하므로 다스리기 쉬웠다. 다스리기 쉬웠기 때문에 국경이 안전하였고, 지배자는 존중받았다 … 농부들의 수입이 늘어나면 옮겨 다님(이사)을 큰일로 생각하였다. 그러므로 이사를 즐겨하지 않았다. 그들은 평생을 한 마을에서 살았고, 다른 직업을 생각하지 않았다. 그들이 근본인 농업[本]을 버리고 여타 직업[末]을 추구하면, 그들은 명령에 잘 복종하지 않았다. 명령에 복종하지 않으면, 그들을 부리기 어렵고, 방어도 어렵고, 전쟁에 동원할 수 없었다.[40]

---

39 『도덕경』 제80장. "小國寡民. 使有十伯之器而不用, 使民重死而不遠徙 … 隣國相望, 鷄犬之聲相聞, 民至老死不相往來."

40 John Knoblock · Jeffrey Riegal, *The Annals of Lü Buwei* 『呂氏春秋』 (Stanford: Stanford University Press, 2000), pp. 650-651. "古先聖王之所以導其民者, 先務於農. 民農非徒爲地利也, 貴其志也. 民農則樸, 樸則易用, 易用則邊境安, 主位尊 … 民農則其産復, 其産復則重徙, 重徙則死其處而無二慮. 民舍(捨)本而事末則不令, 不令則不

위의 기록에 의하면, 농업이야말로 근본적인 직업[本]이다. 기록에서는 여타 직업[末]이 무엇인지 밝히지 않았으나, 이는 상업을 말한다.[41] 『여씨춘추呂氏春秋』의 기록에 의하여 유추하건데, 정권 담당자들은 백성들을 농업에 묶어 놓으려고 하였다. 다스리기 쉬웠고 전쟁에 동원하기 편하였기 때문이다. 부리기 쉬운 백성이야말로 위정자의 소망이었을 것이다.

농업 사회와 관련하여 고대 중국의 가족 제도를 꼽을 수 있다. 일정한 토지에 붙박이처럼 살아가는 농민에게 가족은 중요한 경제 단위였다. 인구가 많을수록 노동력의 확보가 가능하였다. 또한 육체적 노동에 효과적인 남아를 선호하는 현상이 자연스럽게 받아들여졌다. 남성의 노동 강도가 여성의 노동 강도에 비하여 강하고, 그에 따른 생산력 — 경제학 용어로 '효용성'의 극대화 — 또한 더 컸기 때문이다.[42]

유교의 철학 사상은 가족 제도를 유지하는 방향으로 틀이 짜였다. 효(孝)의 윤리를 강조함은 가족의 응집력을 높이며 생산력의 증가를 가져온다. 가령 사업(장사)을 위하여 자식들이 흩어지면 늙은 부모는 농

可以守, 不可以戰." 필자(황준연)는 이와 같은 사회를 토인비 교수가 지적한 '정태적'(靜態的; static) 사회라고 판단한다. "어떤 사회에서 모방이 과거를 향하여 회고적 방향으로 진행한다면, 그 사회는 관습이 지배하고 정태적靜態的인 모습으로 남는다."(In a society where mimesis is thus directed backward towards the past, custom rules and society remains static.) cf. Arnold Toynbee, *A Study of History : Abridgement by D. C. Somervell*, p. 49.

41 중국 고대의 상업의 발달 정도 및 상업 인구의 존재 비율은 잘 알 수 없다. 다만 근본[本]과 지엽[末]에 관한 기록으로 미루어, 상업에 종사하는 인구가 있었음은 확실하다.

42 농업 사회에서 남성의 완력은 덕목으로 작용한다. 지금도 한국 농촌에서 '놉'(노동력)을 살 때, 여성보다 남성의 일당이 많다. 남성은 노동 강도가 높은 일에 배치되며, 여성은 덜 힘든 노동에 배치된다. 일급(日給)에 차이가 있어도 남녀 차별로 받아들이지 않는다. 남아 선호 현상은 늙은이의 자기 보존 수단으로도 이해할 수 있다. 늙어서 아들의 보살핌[扶養]을 받을 수 있기 때문이다.

사일을 할 수 없다. '효'를 강조하여 자식을 부모 옆에 묶어 두는 것은 노부모의 편안함을 확보하기 위한 장치이자, 동시에 생산력을 증가시키려는 의도가 들어 있다.[43]

가족의 유지에서 중요한 요소 중의 하나는 조상 숭배 사상이다. 조상이 마련한 땅에서 경제적 산물을 생산하고 공급받아 살아가고 있음을 강조하고, 그에 따라 그 조상을 존경해야 한다는 논리이다.[44] 윤리적 측면에서 볼 때, 효의 사상과 조상 숭배는 젊은이들의 진취적인 기질을 북돋우지 못하였다. 그들은 붙박이처럼 한 고장에서만 살아야 했고, 먼 지방으로의 여행도 권장되지 못하였다. 『논어』「리인」에 다음과 같은 구절이 있다.

부모가 생존하여 계시거든 멀리 유람(여행)하여 가지 말며, 유람하더라도 반드시 장소를 알려야 한다.[45]

---

43 필자는 '효'에 대한 한국인의 감각이 윤리를 넘어서 종교적으로 변질되었다고 판단한다. 사회가 틀을 바꾼 지금, '효'를 강조하여 자식을 부모 옆에 묶어 둘 수 없는 일이다. '효' 윤리는 공적 보험이 없던 시대, 일종 '사적 보험' 역할을 하였다는 지적이 있다. cf. 송호근, 『그들은 소리내 울지 않는다』(고양: 이와우, 2013), pp. 211-212.

44 조상신의 존재는 후손의 응집력을 강화한다. 조상신이 없다면, 강한 응집력이 나올 수 없으며 국가를 위해 목숨을 바치는 신념조차 기대하기 어려웠을 것이다. cf. 위앤양, 『중국의 종교문화』, 박미라 역(서울: 길, 2000), p. 44.

45 『논어』「리인」제19장. "子曰. 父母在, 不遠遊, 遊必有方." '遊' 자 해석에 문제가 있다. 이를 '놀다'라고 새기는 경우가 대부분이다. '遊' 자는 '놀다' 이외에, '여행하다' 혹은 '유람하다'라는 의미가 강하다. 츠엉수더(程樹德; 1877~1944)는 "옛적에 나라는 정치가 달랐고 가족은 풍속이 달라서, 유람하는 자는 공경대부 및 사(士)로부터 서민에 이르기까지 신분증[節]이 있어야 통하였고, 신임장[傳]이 있어야 왕래할 수 있었다"라고 하였다. 양버쥔(楊伯峻; 1909~1992)은 "부모가 살아 있을 때, 문 밖으로 멀리 나서지 않는다"[父母在世, 不出遠門]라고 새겼다. cf. 程樹德, 『論語集釋』一(北京: 中華書局, 1990), pp. 272-274. / 楊伯峻, 『論語譯注』(北京: 中華書局, 1980), p. 40.

이상은 유교 사상이 젊은이의 여행 혹은 유람에 대하여 부정적 입장을 취하고 있음을 보여 준다. 늙은이는 일정한 장소를 유지하고 살아감이 건강에 좋다. 그러나 젊은이는 먹이를 찾아 부지런히 움직여야 한다. 현대 사회에서는 움직이는 공간 범위가 지구적 차원으로 확대되고 있다. '효'의 윤리 규범이 청소년의 발을 묶고, 모험을 거부하는 정체적(停滯的)인 사회로 만들어서는 곤란하다.

인간은 동물이다. 동물은 부지런히 움직여야 먹이를 확보한다. 중국인은 한(漢)·당(唐) 시대를 자랑한다. 그 시기 중국인은 활발하게 움직였고, 유동성이 높은 수준에 이르렀다('실크로드'는 그 증거의 하나이다). 그러나 이후 중국의 사회적 유동성은 감소하고 정체에 빠졌다. 필자는 중국이 1860년대 산업혁명 이후 영국, 프랑스 혹은 일본 등 작은 나라에 수모를 당한 원인(遠因) 가운데 하나를, 유교 윤리에서 파생된 진취성의 결여에서 찾는다.

제3장

콩치우 이전

Before Confucius

고대의 일은 알기 어렵다. 문자가 없던 시기는 물론이고, 문자 탄생 초
기도 마찬가지이다. 문자의 주요 전달 수단인 종이가 발명된 것은 한
(漢)나라 때이다. 우리는 종이가 없었던 시절을 거슬러 올라가야 한다.
이 시기는 인문(人文)이 진보하지 못하였고, 제도가 미흡하였으며, 인
간의 사유 체계가 엉성했다. 프랑스 철학자 겸 사회학자 꽁트(Auguste
Comte ; 1798~1857)의 '지식 3단계론'에 의하면, 이 시기는 '신학적
단계'(Theological stage)에 해당한다.[1] 이 단계에서는 주술(呪術)이 지
배하며, 이성적 사유를 바탕으로 한 철학 활동을 기대할 수 없다. 그러
나 이 시기는 철학의 태동을 위한 에너지가 잠복해 있었다는 점에서 의
미가 있다.

---

1 꽁트의 '지식의 3단계론'은 일종의 사회 진화 이론이다. 사회는 ① 신학적(Theo-
logical) 단계 ② 형이상학적(Metaphysical) 단계 ③ 실증적(Positive ; 과학적) 단계로
진화한다는 주장이다. 그의 저술 *Le Cours de philosophie positive*에서 드러났다. cf.
『철학대사전』, p. 66.

위구르 족 출신의 지앤버짠(翦伯贊; 1898~1968)은 진(秦) 제국 이전의 중국 고대 사회를 ① 前씨족 사회 ② 씨족 사회 ③ 노예제 사회 ④ 초기 봉건 사회로 구분하였다.[2] 여기서 중심은 씨족 사회와 노예제 사회인데, 이는 상(商)·주(周) 시대를 가리킨다.[3] 당신은 고대 중국인의 철학적 사유가 '춘추·전국 시대'에 이르러 전개되었음을 기억할 필요가 있다. 콩치우(孔丘; 기원전 500년대) 이전의 시기를 개괄적으로 들여다보자.

3.1 문자의 탄생 — 갑골문 이야기[4]

태초에 말씀이 있었다. 말씀이야말로 생명의 근원이었다.[5] 그러나 음성 언어인 말씀은 순간에 사라지고 만다. 이를 기록하려는 욕망이 문자를 탄생시켰다. 문자는 인류의 축복이며 인간이 여타 동물과 구분되는 결정적 수단이다. 어떤 문명의 발생, 성장은 언어의 창조 및 진보 과정이라고 말해도 통한다.

중국 고대인들은 생활 속에서 발생하는 문제를 놓고, 거북 등뼈 혹은 소 어깨뼈 등을 불로 지져서 갈라지는 모양을 보고 점을 치는 습관

---

2 翦伯贊, 『先秦史』(北京: 北京大學出版社, 2001), 목록 참조.
3 고대 중국은 '하 → 상 → 주(동주·서주) → 춘추·전국 → 진(秦)'의 순서로 정리된다. 여기서 화살표(→)는 기억의 편리를 위한 수단이다. 이들 왕국은 직선상으로 존재하였던 것이 아니고, '중첩적으로' 존재하였다(앞에서 설명함). cf. Benjamin I. Schwartz, *The World of Thought in Ancient China* (Cambridge: Harvard University Press, 1985), p. 16.
4 갑골문에 대한 자세한 이야기는 필자의 다른 저술을 참조하기 바란다. cf. 황준연, 『실사구시로 읽는 주역』(파주: 서광사, 2009), p. 23.
5 『성경』「요한 복음서」, 1:1 참조.

이 있었다. 지금으로부터 3,000년 전 상(商) 왕조 후기(B.C.1,400~B.
C.1,100)의 일이다. 엉성하지만 그들은 한 걸음 더 나아가 부호를 만들
어 동물 뼈에 새기는 일을 계속하였다. 이렇게 동물 뼈에 새겨진 문자
를 '갑골문'(甲骨文)이라 부른다.[6] 이 문자는 형태가 투박하고 고졸(古
拙)하다. 문자라기보다 일종의 부호처럼 느껴질 수 있지만, 한어처럼
기본 문법을 구비하였고, 문장 형태를 갖추고 있다.[7]

고문헌에는 갑골문에 대한 이야기가 없다. 기원전 500년대 인물 콩
치우는 갑골문을 접하지 못하였고, 12세기 송대(宋代)의 학자 츠엉이
(程頤; 1033~1107)·주시(朱熹; 1130~1200) 등도 이를 만나지 못하
였다. 문자가 새겨진 갑골(甲骨)은 오랜 세월 땅 속에 잠들어 있다가,
1899년 홀연 지상에 나타났다. 이후 100년의 연구를 통하여 우리는 고
대에 대하여 이전보다는 많은 것을 알게 되었다.[8] 갑골문의 발견으로
중국 고대의 상당 부분이 새롭게 기술되어야 할 필요가 있다.

갑골문 발견 과정에서는 현대의 전설이 된 이야기가 전한다. 1890년
대 베이징에 '용골'(龍骨)이라고 부르는 동물 뼈가 유통되었다.[9] 주민
들은 이 뼈를 갈아서 탕약으로 복용하였다. 금석학자 왕이르옹(王懿榮;
1845~1900)도 몸이 불편했는지는 알 수 없다. 그는 1899년 시중에 떠
돌던 용골 조각의 문자를 최초로 감정한 인물이다. 그는 용골의 기호를

---

6 갑골문은 일반 명칭이고, 전문 용어로 '복사'(卜辭)라고 한다.
7 이하 왕위신(王宇信)의 『갑골학통론』 및 기타 자료를 종합하여 정리함.
8 갑골문 발견으로 등장한 '갑골학'은 100년의 역사에 불과하다. 이는 완성된 학문
체계가 아니고 현재 진행형이다. 王宇信·楊升南 主編, 『甲骨學一百年』(北京: 社會科
學文獻出版社, 1999)은 그 발전에 관한 자료이다. 참고로 1999년 9월 허난 성 안양에
서 "갑골문 발견 100주년 기념 학술회의"가 열린 바 있다.
9 용골(龍骨)은 '용의 뼈 조각'으로 표현되지만, 거북 껍질 혹은 소뼈[牛骨]를 말한다. 사
람들이 용골을 찾은 까닭은 1899년 베이징을 강타한 전염병(말라리아) 때문이라고 한다.
cf. 발레리 한센, 『열린 제국: 중국, 고대─1600』, 신성곤 역(서울: 까치, 2005), p. 37.

고대 은상(殷商) 시대의 문자로 진단하였다.[10]

왕이르웡이 세상을 떠난 뒤[11], 루어전위(羅振玉; 1866~1940)[12]는 갑골의 출토 장소를 허난(河南) 성 안양(安陽)으로 밝혀냈다. 그리고 왕구어웨이(王國維; 1877~1927)[13]는 안양 인쉬(殷墟) 지역이 상(商) 왕조의 옛 수도였음을 고증해 냈다. 이로써 전설상의 상 왕조가 역사 속으로 편입되었다.

이후 동쭈어삔(董作賓; 1895~1963)[14], 꾸어머루어(郭沫若; 1892~1978)[15]의 연구가 이어졌고, 츠언멍지아(陳夢家; 1911~1966)[16], 위성우(于省吾; 1896~1984)[17], 꾸지에깡(顧詰剛; 1893~1981)[18], 위용리앙

---

10 왕이르웡은 갑골의 파편에 새겨진 문자를 감정하였으나, 갑골을 수집하는 단계에 그쳤다.

11 왕이르웡은 1900년 여름 8개국 연합군이 베이징을 점령하자, 관료로서 치욕을 느끼고 자살하였다. cf.『淸史稿』券468,「列傳」(北京: 中華書局 点校本, 1996), p. 12778.

12 루어전위는 1911년 일본으로 건너가『은허서계 殷墟書契』,『은허서계고석 殷墟書契考釋』을 편찬하여 갑골학의 수준을 한 단계 끌어올렸다. 그는 갑골의 출토 장소를 허난 성 안양 시아오뚠 촌(小屯村)으로 밝혔다.

13 왕구어웨이는 1911년 루어전위를 따라 일본으로 건너갔다. 일본에서 칸트, 쇼펜하우어, 니체 등 서양철학자의 저술을 탐독하였다. 1927년 베이징 이화원(頤和園)의 연못에 빠져 죽음으로써 자신의 몸을 물고기에게 바쳤다. 그의「은복사중소견선공선왕고 殷卜辭中所見先公先王考」는 갑골학의 학술 가치를 드높였으며,『주역』연구에도 공헌하였다. cf. 황준연,『실사구시로 읽는 주역』, pp. 417-420, pp. 610-612.

14 동쭈어삔은 1928년부터 10년간 허난 성 인쉬 지역을 조사하였다.『은허문자갑편 殷墟文字甲編』,『은허문자을편 殷墟文字乙編』을 발표하였다.

15 꾸어머루어는 1914년 일본으로 건너가 의학을 전공하다가, 중국 고대사로 전공을 바꾸었다. 저술에는『갑골문자연구 甲骨文字研究』,『중국고대사회연구 中國古代社會研究』,『노예제시대 奴隸制時代』및『복사통찬 卜辭通纂』,『은계수편 殷契粹編』등이 있다.

16 츠언멍지아는 종교 분야 연구에 박차를 가하였다. 저술에는『은허복사종술 殷墟卜辭綜述』이 있다. 그는 1960년대 '문화대혁명' 중에 자살하였다.

17 위성우는 갑골학자 겸『주역』연구의 대가이다.『갑골문자석림 甲骨文字釋林』,『역경신증 易經新證』등의 저술을 남겼다.

18 꾸지에깡은 '의고파'(疑古派)의 중심인물이다.『삼황고 三皇考』,『고사변 古史辨』등을 발표하여 전설 시대의 우상 타파에 힘을 기울였으며,『주역』연구에도 공헌하였다

(余永梁)[19] 등이 연이어 등장하여, '갑골학' 연구에 불을 지폈다.

갑골 문자는 현대 한어와 마찬가지로 일종 로고그램(logogram)이다. '로고그램'이란 글자 한 자가 세계를 대표하는 경우로서, 고대 이집트 상형 문자, 마야 문자, 수메리아 쐐기 문자 등이 포함된다.[20] 갑골의 유물은 1899년 이후 약 10만 점에 달하지만, 글자의 해독은 1,000여 자 정도만이 합의가 이루어졌고, 3,000여 자는 연구자들 사이에 견해 차이가 있다.

갑골문 연구에 의하면, 상 왕조는 수도를 자주 옮겼다. 왕조의 중기 판껑(盤庚)이 은(殷) 땅으로 천도를 한 뒤부터 수도가 고정되었다. 상 왕조는 이 때문에 은(殷) 혹은 은상(殷商)으로도 부른다. 상 왕조는 '씨족제'를 기초로 삼고 있다. 이는 갑골문뿐만 아니라 종정문(鐘鼎文)[21] 등을 통하여도 알 수 있다.

상 왕조는 기원전 12세기에서 기원전 11세기 사이, 현재의 산~시(陝西) 성에 있던 서주(西周; B.C.1046~B.C.771)의 공격을 받고 멸망한다. 서주 사회는 씨족을 바탕으로 형성된 '노예제' 사회였다.[22] 서주는 상을 멸망시킨 뒤 상 왕조의 씨족을 노예로 삼고 자제(子弟)와 공신(功臣)들에게 나누어 주었다.

---

19 위용리앙의 생몰년은 알 수 없다. 갑골학자로서 갑골과 『주역』의 관계를 밝혔다. 「역괘효사적시대급기작자易卦爻辭的時代及其作者」라는 글에서, 『주역』이 거북점에서 출발하였고, 괘사 및 효사는 상 왕조의 갑골 복사와 닮았다고 주장하였다.

20 Jared Diamond, *Guns, Germs, and Steel*, p. 217. cf. 제레드 다이아몬드, 『총, 균, 쇠』, 김진준 역(서울: 문학사상사, 2005).

21 갑골문이 동물의 뼈 조각에 새겨진 문자라면, 종정문은 금속으로 만들어진 종(鐘) 혹은 솥[鼎]에 새겨진 글자이다. 보통 '금문'(金文)이라 칭한다.

22 꾸어머루어의 연구에 의하여, 서주 시대가 '노예제 사회'라는 점은 흔들 수 없는 정설(定說)이 되었다. cf. 郭沫若, 『中國古代社會研究』(北京: 三聯書店, 1976) / 황준연, 『실사구시로 읽는 주역』, p. 63.

3.2 상(商) 왕조의 종교 관념

1) 무(巫)

상 왕조의 인민들이 생활에서 발생하는 문제를 해결하고자, 동물 뼈
를 불로 지져서 갈라지는 모양을 보고 점을 치는 습관이 있었다고 앞에
서 언급하였다. 그들의 문제는 종교, 정치, 전쟁, 사냥 그리고 날씨에
관한 일이었다.[23] 점을 치는 행위는 신명(神明)[24]의 존재를 가정하고 어
떤 회답을 기대하는 행위이다.

신명은 지극히 존경스러운 존재[至尊]로 신앙 대상으로 받아들여졌
다. 갑골문에 의하면, 신명은 '제'(帝) 혹은 '상제'(上帝)로 표현된다.
상 왕조의 인민은 '제'를 믿었고, '제'는 최고의 지배자로서 간주되었
다. 그렇다면 '제'는 어떤 권능을 가졌을까? 카이틀리(D. Keightley;
1932~) 교수는 이를 간명하게 정리하였다.

'제'(帝)는 비, 바람, 기타 기상(氣象) 현상들, 곡식의 추수(秋收), 도시
주거지를 정착하는 일, 전쟁, 질병 그리고 왕의 신하들을 지배하였다. 그
는 자신의 일부 기능들을 조상신 및 자연의 힘과 나누어 가질 수 있었지
만, 그는 여전히 최고의 종교적 신(神)이었다.[25]

---

23   David N. Keightley, *Sources of Shang History* (Berkely: University of Califor-
nia Press, 1978), pp. 179-182.

24   천지간의 신령한 존재를 말한다. '신명'은 초기에는 '帝' 혹은 '上帝'로 표기되
었고, 콩치우의 시대에 이르러 윤리적 개념인 '天'으로 해석되었다. '神'은 고대에는
'번개' 혹은 '귀신'을 가리키는 것이었다.

25   David N. Keightley, *Sources of Shang History*, p. 33 각주 24. "Ti[帝] had
dominion over rain, wind, other atmospheric phenomena, harvests, the fate of
urban settlements, warfare, sickness, and the king's person. He shared some of
these jurisdictions with the ancestors and nature powers, but he was the supreme

이렇게 절대적 권위를 소유한 '제'의 의견을 묻는 일은 인민들에게
이상한 일이 아니었다. 그들은 주로 사냥 혹은 부족 간의 전쟁에 관한
일로 점[卜]을 쳤다. 예를 들어 보자.

신사일(辛巳日)에 점을 쳤는데, 펑(豊)이 묻습니다. 세 마리 개를 바칠까
요? 다섯 마리 개와 다섯 마리 돼지를 불로 태울까요? 네 마리 소를 죽일
까요? 1월에.[26]

위 기록은 1월 신사일에 점을 쳤다는 내용이다. 펑(豊)은 점을 묻는
관리의 이름이며, 복인(卜人) 혹은 정인(貞人)이라고 칭한다. 갑골학자
의 연구에 의하면 상 왕조 우띵(武丁) 때부터 마지막 띠신(帝辛)까지의
정인의 수는 128명 내외로 알려져 있다.[27] 점의 다른 예를 들어 보자.

'제'가 비가 내리도록 명하겠습니까?[28]
'제'가 비가 내리지 않도록 명하겠습니까?[29]
다음날 계묘일(癸卯日)에 '제'가 아마도 바람을 불도록 명하겠습니까? 다
음날 계묘일에 '제'가 바람을 불지 않도록 명하겠습니까?[30]

위 갑골문은 점을 쳐서 '제'(혹은 '상제')가 비를 내리게 할 것인지

religious deity." 원문 서두(序頭) Ti에 붙은 '[帝]'는 독자의 이해를 위하여 필자(황
준연)이 첨가한 것임.
26 羅振玉, 『殷墟書契』(1911 石印本) VI, 3, 3.
27 왕우신, 『갑골학통론』, 이재석 역(서울: 동문선, 2004), p. 216.
28 董作賓, 『殷墟文字乙編』(1948 墨拓影印本), p. 1894, 6256, 6666.
29 董作賓, 같은 책, p. 2740, 5497, 6406.
30 董作賓, 같은 책, p. 2452, 3094.

혹은 바람을 불게 할 것인지 여부를 묻고 있다. 바람과 비는 수렵 활동에서 중요한 사항이었다. 이는 상 왕조가 농경과 수렵을 중시하였음을 말해 주는 증표이다.

상 왕조의 점치는 방식은 특이하였다. 점치는 자가 '제'를 향하여 기도한 후 거북 껍질 혹은 돼지, 소의 어깨 뼈를 불에 구워서, 무당[巫]으로 하여금 껍질에 나타난 균열 현상을 판독하게 하고, 그 뜻을 해석하게 한다. 이들은 정(正)과 반(反)의 질문 방식을 사용하였는데, 말하자면 "비가 올까요?"(正), 아니면 "비가 오지 않을까요?"(反) 하고 묻는 방식이다.

점을 치는 일로 미루어 본다면, 상 왕조의 종교는 원시적 단계에 머물러 있었다. 그들의 '상제' 숭배는 체계적이지도, 형식을 갖추지도 못하였다. 나중에 '상제' 숭배와 조상 숭배가 접근하여 혼합되는 형태를 취하였다. 상 왕조의 신앙 체계는 갑골학자 츠언멍지아[31]의 연구에 의하여 많이 밝혀졌다.

인간의 일을 점에 의존하는 방식은 미신이다. 점의 과정에서 동물 뼈나 껍질에 나타난 균열을 보고 길흉을 판독하는 일은 무(巫)의 업무였다. 그러므로 무(巫)의 해석에 따라 왕의 행동마저 제약을 받았다. 이러한 점들을 미루어 보아 우리는 무당이 권력자가 되었음을 알 수 있다.

---

31 츠언멍지아의 『은허복사종술殷墟卜辭綜述』은 갑골학 불후의 거작(巨作)이다. 상(商)과 서주(西周) 사회를 이해하는 데 도움이 된다. 그에 의하면 은대(殷代)의 '上帝'는 인간으로서 임금을 말하며, 숭배 대상으로서 '天'의 개념은 주대(周代)에 발달한 개념이다. '天命' 혹은 '天子' 등은 서주 시대 용어이다. cf. 陳夢家, 『殷墟卜辭綜述』(北京:中華書局, 2004 重印本), pp. 561-581.

2) 제사

1899년 갑골문의 발견으로 인하여, 상대(商代) 후기 사회의 모습이 드러났다. 학자들은 씨족사회 인민들의 의식(意識) 형태를 연구하여, 고대인들이 토템(totem)[32] 숭배로부터 조상 숭배로 변화하고 있음을 밝혀냈다.[33] 이를 정리하면 다음과 같다.

토템 숭배 → 동물과 식물에 대한 숭배 관념
조상 숭배 → 자기 조상에 대한 숭배 관념

인문의 발달이 미흡한 시절, 자연 현상은 인간에게 불안과 공포의 대상이었다. 이를 극복하기 위해 인간은 생물(주로 동물)의 영혼을 숭배하는 경향이 있었다. 이 경우 동물은 인격화의 과정을 밟게 되는데, 고대 전설적 인물들이 동물의 모습으로 묘사된다.[34]

토템 숭배에서 인간 숭배로 전환하는 과정에서 제사가 등장하였다. 상대(商代)의 제사[35]에서는 소, 양, 개, 돼지 등을 바쳐졌고, 술[鬱鬯酒]이 등장하였다. 제사는 제단(祭壇)을 쌓고 진행되었으며, 제주(祭主)는 무당이 담당하였다. 또한 춤과 음악이 등장하였다.[36]

왕실의 제사는 상당히 복잡한 과정을 겪었다. 『사기史記』「봉선서封

---

32 토템이란 어떤 동물 혹은 식물을 신성시하여 자신의 집단과 관계가 있다고 믿고, 숭배의 대상을 삼는 것을 말한다. 토테미즘(totemism)이란 토템과 인간 집단과의 관계를 둘러싼 신념 · 의례 · 풍습 등의 제도화된 체계를 가리킨다.

33 翦伯贊, 『先秦史』, p. 114.

34 푸시(伏犧)는 용의 몸체에 소의 머리로 묘사되고, 선농(神農)은 소의 머리로 등장한다. 이것은 토템 신앙에서 인간 숭배로 전환하는 과정으로 이해할 수 있다.

35 상대(商代)의 제사에는 여러 명칭이 있는데, 팽(祊), 의(衣), 약(禴), 증(烝), 어(御) 등이 그것이다. cf. 翦伯贊, 『先秦史』, p. 211.

36 陳夢家, 『殷墟卜辭綜述』, p. 599.

禪書」[37]에서 이르기를, "주공(周公)이 성왕(成王)을 보좌하게 되자, 교사(郊祀)의 예를 후직(后稷)[38]에게 베풀어 하늘에 배향(配享)하였고, 명당에 문왕을 종사(宗祀)함으로써 상제에게 배향하였다"[39]라고 하였다. 또한 『국어國語』[40] 「주어周語」 上에서 말하기를, "옛적 하(夏)나라가 홍할 때, 쭈롱(祝融)이 숭산(嵩山)에 강림하였다"[41]라고 하였다.

이는 일종 산악(山嶽) 숭배의 사상을 반영한다.[42] 숭산의 최고봉을 '태실'(太室)이라고 칭하는데, 이곳에서 하늘로 통하는 길이 열린다고 믿었다. 상제에게 제사 지내는 장소로 '태실'이 적합하다는 의미이다. 숭산의 신화는 서주 초기에도 유행하였다. 『사기』 「주본기周本紀」에 의하면, 숭산은 무왕(武王)이 상제에게 제사 지낸 곳이다. 그는 숭산을 천신이 모이는 지점으로 믿었다. 『산해경山海經』에서도 화산(華山)과 숭산을 천신이 회합하는 지점으로 언급한다.

---

37 산동(山東)에 있는 태산(泰山)에 제단을 쌓고 천신(天神)에게 제사 지냄을 '봉'(封)이라 하며, 산 아래에서 지신(地神)에게 제사 지냄을 '선'(禪)이라고 한다. 「봉선서」는 야오(堯) 임금에서부터 (쓰마치앤이 생존한) 한(漢) 무제(武帝)까지의 기록이다.

38 주족(周族)의 시조로 여기는 전설적인 인물. 농사짓는 법[耕種法]을 가르친 것으로 알려져 있다.

39 "周公旣相成王, 郊祀后稷以配天, 宗祀文王於明堂以配上帝." cf. 『사기』 권28, 「봉선서」, p. 1357. / 『史記 2: 史記表序·書』, 丁範鎭 외 역(서울: 까치, 1996), p. 184.

40 책 이름이 『국어國語』이지만, 언어에 관한 책이 아니라 고대 중국의 역사책이다. 쭈어치우밍(左丘明: B.C502?~B.C.422?)의 작품으로 알려져 있고, 全書 21권으로 구성되어 있다. 주(周), 노(魯), 제(齊), 진(晉), 정(鄭), 초(楚), 오(吳), 월(越) 등 8국의 국별사(國別史)이다. 서주 말년부터 춘추 시대에 이르는 B.C.967~B.C.453까지를 취급하였다.

41 "昔夏之興也, 融降于崇山." cf. 『국어國語』 上(上海: 上海古籍出版社, 1988), p. 30. 여기서 '融'은 고대 전설상의 임금 쭈롱(祝融)을 의미한다. 그는 불[火]을 가져왔다 하여 '적제'(赤帝)라고 부른다. 쭈롱을 삼황오제(三皇五帝) 가운데 3황의 한 사람으로 포함시키는 학자도 있다.

42 산악 이외에 황하와 같은 강하(江河) 또한 숭배하였다.

중국 고대인에게 '제사'란 국가의 중요한 행사였으며, 이를 통하여 국가의 정치를 완성하고자 하였다. 제사는 해[祀]마다 계절[類]마다 달[享]마다 날[祭]마다 진행되었으나 그 과정이 생략되기도 하였다. 신령과 만물에게 지내던 제사가 일반인에게는 자기 조상에게 제사를 지내는 방식으로 전환된다.

제사 지낼 때에는 신령 혹은 조상에게 희생물[犧牲; 동물]을 바쳤으며, 반드시 술과 음식이 뒤따랐다. 종묘사직에는 제사를 주관하는 관직이 있었고, 그들은 축문(祝文)을 읽어서 공경심을 더하였다. 이는 신령이 옆에 있는 것처럼 엄숙하고 경건하게 진행되어야 했다. 위정자는 제사를 통하여 인민을 단속하는 수단으로 활용하였음을 기억할 필요가 있다.[43] 상 왕조의 제사는 귀족층이 독점하였고, 노예는 인격이 부여된 존재가 아니었으므로 (조상 제사마저도) 인정되지 않았다.

3.3 서주 시대의 사상

서주는 대략 기원전 1066년에서 기원전 771년까지 존속했던 왕조이다. 전술한 갑골문은 서주가 자리 잡았던 주원(周原; 현재 산~시 성 기산 岐山 지역) 일대에서도 발견되었는데,[44] 이에 의하면 서주는 상의 속국(屬國)이었다. 서주의 중심인물 문왕(文王)이 저우(紂; 상 왕조의 마지막 임금)로부터 수천 리 땅을 하사받은 후, 서백(西伯)이라고 불리운 까닭이 여기에 있다.

---

43 『국어』「초어楚語」下에 기록된 꾸안야푸(觀射父)의 이야기를 참조하였다. cf. 上海古籍出版社本, p. 567.

44 안양 지역과 구별하여, '서주 갑골' 혹은 '주원 갑골'이라고 호칭한다.

세상일이란 알 수 없어서, 국가들 사이에는 한 번 속국이 영원히 속 국이라는 법은 없다. 무왕(武王)이 정벌 전쟁을 일으켜, 상 왕조를 뒤집 어엎는 바람에 상 왕조는 망하고, 서주가 강자로 군림하게 되었다.[45]

유쾌한 일은 아니지만 잠시 이 전쟁의 장면으로 들어가 보자. 무왕은 '난신'(亂臣)[46] 10인의 도움을 입어서 상 정벌 전쟁을 시작한다. 이들은 멍진(盟津; 孟津; 현 허난 성 맹현 남쪽 10리)에서 모였다. 이 회맹(會 盟)의 규모를 놓고 『상서尙書』(즉 『서경』) 「태서泰誓」에서는 800여 명 의 제후가 모였다고 하였는데, 과장이 아닌 듯하다. 『사기』 「주본기」에 서는 "9년 무왕이 필(畢) 땅에서 약(禴)[47] 제사를 지내고, 동쪽으로 나 아가 멍진에서 군대를 사열한 뒤, 문왕을 목주(木主)로 삼아 수레에 싣 고 행군을 계속하였다"라고 기록되었다.

당시 상 왕조는 혼란에 처하였다. 웨이쯔(微子)는 주(周)나라로 도망 쳤고, 치쯔(箕子)는 노예가 되었으며, 충신 비깐(比干)은 죽었다.[48] 무

---

45 서주 시대에 대한 일반적 모습은 필자의 다른 저서를 참고하기를 권장한다. cf. 황준연, 『실사구시로 읽는 주역』, p. 63 이하.

46 '亂臣'의 원래 의미는 '난리를 일으키는 신하'이다. 여기서는 정반대로 '천하를 다스리는 신하'(治臣)로 사용되었다. 어원을 본다면, '亂' 자는 오자(誤字)이다. 이 글 자의 원래 모양은 '𤔔'(다스리다: 治의 古字)라야 한다. 고전에서 '亂' 자를 '다스리 다'는 뜻으로 사용하는 경우가 있으니, 어지러운 일이다. 중국은 혼란스러운 일이 많 은데 문자까지 사람을 애먹이니, 독한 사람이 아니고는 '중국학'(Sinology)을 전공할 일이 아니다. 마롱(馬融)과 정쉬앤(鄭玄)의 연구에 의하면, '난신' 10인은 주공 딴 (周公 旦), 소공 스(召公 奭), 태공 왕(太公 望), 필공(畢公), 영공(榮公), 타이띠앤 (太顚), 홍야오(閎夭), 싼이성(散宜生), 난꽁쿠어(南宮适), 무왕의 모친 타이쓰(文王 妃 太姒) 등이다. 『논어』 「태백泰伯」에도 "무왕에게 난신 10인이 있었다"라는 기록이 있다.

47 약제(禴祭)는 천신에 대한 제사이다. 무왕이 '약' 제사를 지낸 것은 민심을 얻기 위함이었다. 『주역』 「기제旣濟」(63괘) 구5에 "은(殷) 왕조 때 소를 잡아 귀신에 제사 지냄은, 주 왕조의 약제(禴祭)를 지낸 일보다 못하다"라고 하였다.

48 『논어』 「미자」. "微子去之, 箕子爲之奴, 比干諫而死."

왕은 상 왕조의 붕괴 조짐을 간파하고, 전차 300대와 전차병[虎賁][49] 3,000명, 무장병사[甲士] 45,000명을 이끌고 정벌 전쟁을 단행한다. 전투에는 결정적인 순간이 있기 마련이다. 무애(牧野) 전투는 상·주 교체기를 가름하는 '건곤일척'의 장면이었다. 『여씨춘추』의 기록에 의하면, 무왕의 병사 3,000명은 단숨에 무애로 뛰어들었고, 단 하루의 전투에서 저우는 패배하고 자살하였다고 한다(녹대鹿臺에 올라가 불을 질러 타죽었다고 함). 때는 무왕 즉위 후 4년 기원전 1066년 겨울이었다.

이 정복 전쟁이 고대 역사를 바꾸어 놓은 사실(史實)이라는 점을 인정해야 하겠다. 그러나 이 전쟁은 '살육을 감행함으로써, 살육을 막았다'[50]라는 모순에 부딪친다. 명분을 제외하고 결과만 놓고 본다면, 이는 일대 살육전(殺戮戰)이었을 가능성이 크다.[51] 스페인의 삐사로(Francisco Pizarro)가 남미 잉카 문명의 요충지를 점령하기 위하여 무참하게 잉카의 후예를 학살하였듯이, 그렇게 무왕은 상(商)의 인민들을 도륙하였을 것이다.

1) 천명

서주 시대에도 '天'을 '지존'(至尊; 지극히 귀한 존재; 帝)이라고 칭

---

49 '호분'은 전차에 배치된 날렵한 정예 병사로, 4마리 말이 끄는 전차 한 대당 10명씩 승거(承車)하였다.

50 『시경』주송(周頌)「민여소자閔予小子」. "於皇武王, 無競維烈. 允文文王, 克開厥後. 嗣武受之, 勝殷遏劉(승은알류), 耆(지)定爾功." 여기서 '遏'자는 저지하다[止]의 뜻이요, '劉'자는 죽이다[殺]의 뜻이다.

51 쇼니시 교수는 "'*New' Evidence on the Zhou Conquest*"(周 武王의 商 정벌에 대한 '새로운' 증거)에서, 이 전쟁이 참혹한 '살육전'이었음을 주장한다. cf. Edward L. Shaughnessy, *Before Confucius* (Albany: State University of New York Press, 1997), p. 31.

하였다.[52] 여기에 '上'자 혹은 '大'자를 붙여서 초월적 의미로 '상제'(上帝)라고 호칭하였다. '상제'와 같은 의미로 호천(昊天), 황천(皇天), 창천(蒼天) 등의 용어가 사용되었다. '天'은 자연을 주재하는 존재였지만, 서주 인민에게 '상제' 숭배 사상이 생기면서 제사가 강조되었고 하늘에 제사를 지내는 제천(祭天) 행사가 많아졌다. 앞에서 언급한 숭산의 최고봉(해발 1,440미터) 태실에서 왕이 제사를 지냈다는 기록은 그 본보기이다.

무왕이 상 왕조를 공격할 때, '천명'(天命; Mandate of Heaven)[53]을 받았다고 전한다. 『시경』 주송에도 다음과 같은 구절이 있다: "오호라! 훌륭하신 무왕이여! 그 공로를 다툴 수 없도다. 문왕은 문덕(文德)으로 나라를 창업하셨고, 무왕이 이를 물려받아 은(殷)을 멸망시켜 살육을 막았도다. 그렇게 이룬 공로를 어디에 비할 바 없으리."[54]

『시경』 이외에도 무왕이 천명을 받아 상 왕조를 멸망시켰다는 기록은 매우 많아서, 오늘날 그와 같은 주장을 모은다면 기차 몇 량에도 실을 수 없을 정도이다. 『상서』 「목서牧誓」, 『일주서逸周書』 「극은해克殷解」는 이와 같은 자료의 일부이다.[55]

---

52 꾸어머루어에 의하면, 은대(殷代) 말엽 '天'이 사용되었으나, '神'(귀신)의 뜻은 아니다. 츠언명지아에 의하면, '天'의 관념에 종교적 의미가 부여된 것은 주대(周代)의 일이다. 후대에 용어가 뒤섞여 사용되어 사람을 혼란시키고 있다. cf. 朱天順, 『中國古代宗教初探』(上海: 上海人民出版社, 1992), p. 253.

53 '天命', 즉 '하늘의 명령'에 관한 개념은 『서경』 곳곳에서 보인다. 상(商) 왕 저우(紂; 受)가 '上天'을 공경하지 않은 점, '上帝'를 섬기지 않은 점, 하늘이 명하여 토벌하게 하라는 것[天命誅之] 등 폭군 저우를 정벌해야만 하는 정당성을 부여하는 구실로 쓰이고 있다. 영문은 마셜의 번역이다. cf. S. J. Marshall, *The Mandate of Heaven* (New York: Columbia University Press, 2001).

54 『시경』 주송 「민여소자」. 앞의 원문 참조.

55 『일주서』 「극은해」(은나라를 친 일에 대하여 해명함)의 예는 필자의 다른 저서, 『실사구시로 읽는 주역』, p. 68을 참조할 것.

　문제는 상 왕조를 멸망시킨 무왕이 '천명'을 받았다는 점이다. 왜 '천명'을 강조한 것일까? 만사는 명분을 얻어야 한다. 버이(伯夷)·수치(叔齊)가 무왕의 정벌 전쟁을 반대하고, 수양산에 들어가 굶어죽었다는 전설은 명분에 관한 것이다. 버이와 수치는 이 전쟁을 명분 없는 것(도덕적이지 않은 전쟁)으로 판단한 것이다.

　세상에 알려진 바는 무왕이 상제로부터 '천명'을 받고, 상 왕조의 '한 지아비'[一夫; 마지막 임금 紂를 가리킴]의 토벌에 나섰다고 한다. 이는 일종의 '도덕적 전쟁'(현대 용어로 '聖戰')을 치룬 것을 말한다. 이와 같은 사실적 묘사 뒤에 감추어진 진실이 있을 법하다. 만일 무왕이 사람을 죽이는 구실로 '천명'을 이용하였다면 어떻게 되었을까?[56]

2) 덕(德)의 관념

　철학사의 관점에서 본다면, 서주 사람들이 언급한 '덕'(德)의 관념은 중요한 관심사가 된다. 『시경』에 다음과 같은 내용이 전한다.

천생증민(天生蒸民)	하늘이 여러 백성을 내시니
유물유칙(有物有則)	사물이 있음에 법(法)이 있도다
민지병이(民之秉彝)	백성이 떳떳한 성품을 갖고 있는지라
호시의덕(好是懿德)	아름다운 덕을 좋아하도다[57]

56　필자는 오랫동안 무왕의 사적(史蹟)에 대하여 의문을 품었다. 필자보다 훨씬 오래 전, 무왕의 '천명'에 대하여 의심을 품은 사람이 있었다. 그는 쓰마탄(司馬談)의 스승이었던 한대(漢代) 인물 후앙성(黃生)이다. 후앙성은 "탕왕과 무왕은 천명을 받은 것이 아니고, (그냥) 살육을 하였다"[湯武非受命, 乃弑也]라고 말하였다. cf. 『사기』 권121, 「유림열전儒林列傳」. cf. 中華書局 点校本, p. 3122. / 班固, 『한서漢書』 권88, 「유림전儒林傳」(北京: 中華書局 点校本, 1985), p. 3612.

57　『詩經集傳』 下, 대아(大雅) 「증민蒸民」.

주나라 사람의 '덕'의 개념은 '명덕'(明德) 혹은 '경덕'(敬德)이라는 용어로 표현된다. 전자는 '덕행을 밝혀라'라는 의미로 새겨지고, 후자는 '근신하여 덕을 행하라'라는 뜻으로 해석된다.[58] 이때의 '덕'은 정치적 선행과 관계가 있는데, 주 왕조 초기 업적을 쌓은 문왕을 칭송하는 글에 다음과 같은 내용이 보인다.

> 너의 크게 드러나신 아버지 문왕께서 능히 '덕'(德)을 밝히고, 형벌을 삼가셨다[明德愼罰].[59]

위의 구절 이외에도 여러 곳에서 '명덕'의 개념이 사용되고 있다. 그 뜻은 은혜를 많이 베풀어서 선정(善政)을 하라는 것이다. 문왕이 그렇게 정치를 하였으므로, '하늘'[上天]이 이를 인정하였다고 한다. '경덕'에 대하여는 무왕이 '근신하여 덕을 행함'으로써 민심을 얻어 상을 멸망시키고 국가와 인민을 다스리는 권력을 주었다는 것으로 설명되고 있다.[60]

> 왕은 공경을 처소로 삼아야 하니 '덕'을 공경하지 않으면 안 됩니다.[61]
> (夏와 殷의 지도자들이) 오직 '덕'을 공경하지 않아서 일찍 '천명'을 잃은 것입니다.[62]

---

58 문법적으로 본다면, '명덕'(明德)과 '경덕'(敬德)에서 '明'자와 '敬'자는 동사로, '德'자는 명사로 사용된다. cf. 陳來, 『古代宗教與倫理』(北京: 三聯書店, 1996), pp. 294–296.

59 『書經集傳』下, 주서(周書)「강고康誥」.

60 문왕이 '명덕신벌'(明德愼罰)하고, 무왕이 '경덕'(敬德)을 실천하여 민심을 얻고 상(商)을 정벌한 일[克商]은 세상에 잘 알려져 있다. 전설은 무왕이 '경덕'함으로써 이른바 '천명'을 받고 '도덕적 전쟁'[聖戰]을 치룬 것으로 포장되어 있다.

61 『書經集傳』下, 주서「소고召誥」. "王敬所所, 不可不敬德."

62 앞의 책, 같은 곳. "惟不敬厥德, 乃早墜厥命."

'덕'의 발현 의미는 무엇인가? 이는 서주 인민이 통치 권력의 도덕
적 정당성에 대하여 생각하게 하고 그 근거를 마련하게 하였다는 점이
다. 서주의 지배층은 자신들의 '명덕' 혹은 '경덕'으로써 하늘의 은혜
를 얻고 탈취한 권력이 획득된다고 믿었다.

그러나 주대(周代)의 '명덕' 혹은 '경덕'의 관념은 소박하고 소략함
을 면하지 못한다.[63] '명덕' 혹은 '경덕' 관념의 도덕적 해석은 무왕이
'천명'을 받아 상을 무력으로 정벌하였다는 사실을 정당화시키는 데에
사용되었다. 무왕이 상제로부터 천명을 받았는지는 알 수 없고, 또한
그가 진정한 덕을 갖추었는지도 의심스럽다.

---

[63] 김충렬 교수는 '敬'의 개념이 송명 리학(理學)의 술어 '주일무적'(主一無適; 정
신을 하나로 집중하여 흩어지지 않게 함)의 의미를 가지고 있다고 말하였다. 필자(황
준연)는 이를 지나친 표현으로 생각하며, '敬'을 '조심하다' 정도로 이해한다. 김충렬
교수는 '敬'의 관념을 『周易』 坤卦 「文言」에 보이는 '경이직내'(敬以直內: 敬으로써
마음을 바로 세운다)에 해당한다고 해석하였다. 필자는 이 또한 지나친 표현으로 생
각한다. cf. 김충열, 『중국철학사1: 중국철학의 원류』(서울: 예문서원, 1994), p. 152.

제 4 장

『주역』이야기
Story of the I-Ching

4.1 『주역』이란 어떤 책인가?

중국 고대의 상황을 파악하는 자료에는 『서경書經』, 『시경詩經』, 『좌전左傳』, 『국어國語』, 『주역周易』 등이 대표적이다. 여기서 『주역』만이 철학서에 속한다. 따라서 고대철학을 이해하려면 『주역』을 들여다볼 필요가 있다.

　필자는 『주역』[1]을 읽을 때마다 중국 고대인의 창조적 능력에 놀란다. 여기에는 고대인의 원초적 사유 체계가 담겨 있다. 『주역』을 말하면 사람들은 그림처럼 보이는 '8괘'의 모습을 연상할 것이다. 8괘는 자연 현상을 묘사한 것으로 다음과 같다.

1　이른바 '통행본' 『주역』을 말한다. 삼국 시대 위(魏)나라 인물 왕삐(王弼; 226~249)가 주석한 『주역』이다. 러우위리에(樓宇烈)의 교석본이 참고할 만하며, 한글 번역본이 있다. cf. 樓宇烈, 『王弼集校釋』 上·下(北京: 中華書局, 1987). / 王弼, 『주역 왕필주』, 임채우 역(서울: 길, 2006 개정판).

☰(건乾; 하늘), ☱(태兌; 연못), ☲(리離; 불), ☳(진震; 우뢰),

☴(손巽; 바람), ☵(감坎; 물), ☶(간艮; 산), ☷(곤坤; 땅)

『주역』은 이와 같은 '8괘'를 기본 바탕으로 형성된 경전이다. 이는 '역易', '역경易經' 혹은 '역전易傳' 등의 용어가 함께 사용된다. 『주역』이란 주대(周代)의 '역'을 말하며, 경문(經文)만을 가리키는 경우와 경문에 『역전』을 보태서 말하는 경우로 나뉜다. 두 가지 이해 방식이 존재한다.

　① 『주역』 = 『주역』 경문
　② 『주역』 = 『주역』 경문 + 『역전』

　전자는 『주역』의 경문을, 후자는 경문에 『역전』을 보탠 『주역』을 가리킨다. 텍스트로서의 '경문'(經文)은 서주 시대에 탄생하였고, 해설서 '전문'(傳文)은 춘추·전국 시대 및 한대(漢代) 이후에 탄생하였다.
　다음과 같은 예를 들어 보자. 『논어』와 『논어집주』는 다르다. 전자는 콩치우의 언행록으로, 콩치우가 세상을 떠나고 100년 후 제자들이 편집한 책이다. 후자는 12세기 주시가 『논어』를 놓고 주해(註解)한 책이다. 주해를 하였으므로 『논어』 원문이 전제된다. 『논어집주』[2]는 시절을 잘 만나서 오랫동안 과거 시험의 정본(定本)으로 작용하였다. 그러나 『논어』를 읽는 데에 반드시 집주본을 고집할 필요는 없다.
　마찬가지로 『주역』 경문과 『역전』은 다르다. 『역전』은 『주역』 경문을

2　조선 시대는 '『논어』를 읽는다'고 함은 '『논어집주』를 읽는 것'으로 굳어졌다. 중독이 심하면 판단을 제대로 할 수 없다. 주시의 『논어집주』를 놓고 비판조차 할 수 없었던 풍토에 '학문의 자유'란 몽상(夢想)에 불과하였다.

주해한 책이다. 이를 『십익十翼』이라고도 칭한다. '십익'이란 '열 개의 날개'라는 뜻으로, 『주역』경문에 날개를 붙였다는 의미이다. 그 종류를 나열하면 다음과 같다.

①「단전彖傳」上 ②「단전彖傳」下 ③「상전象傳」上 ④「상전象傳」下 ⑤「문언전文言傳」⑥「계사전繫辭傳」上 ⑦「계사전繫辭傳」下 ⑧「서괘전序卦傳」⑨「설괘전說卦傳」⑩「잡괘전雜卦傳」

『주역』경전은 B.C.771 이전 서주 시대에 제작되었고, 주해본 『역전』은 B.C.221 이후 진(秦)·한(漢) 시대에 저술되었다. 즉 『역전』은 『주역』경문에 이어서 탄생한 작품이다. 그러므로 『주역』연구는 마땅히 경문으로부터 시작되어야 한다.[3]

『주역』은 오랫동안 전설적으로 다루어졌다. 호랑이 담배 피우던 시절 푸시(伏羲)가 8괘를 그렸고, 서주의 문왕(文王)이 64괘 괘사(卦辭)를 지었으며, 주공(周公)이 효사(爻辭)를 지었다고 전한다. 이들 3인이 『주역』의 저자들이며, 저술 시기는 푸시의 경우 그 시간을 알 수 없고, 문왕의 경우는 B.C.1099까지 3,100년을 거슬러 올라간다. 콩치우는 『주역』의 해설서 『십익』의 저자로 인정받았다. 그러나 이러한 주장은 쓰마치앤의 『사기』와 빤꾸(班固: 32~92)의 『한서』를 신봉하여 굳어진 학설로 실증적 근거가 약하다.[4]

사람들은 오래된 것에 권위를 부여하는 경향이 있다. 푸시, 문왕, 콩치우의 작역설(作易說)에 대해서 의심하지 않고 믿었다. 진(秦)·한(漢)

3　李鏡池, 『周易探源』(北京: 中華書局, 1978), p. 13.
4　예를 들어 리징츠(李鏡池)는 『역전』이 콩치우의 저작이 아니라고 주장한다. cf. 李鏡池, 『周易探源』, p. 2.

시대 유생(儒生)들에 의하여 굳어졌고, 송대(宋代) 이후 츠엉이[5], 주시[6]
와 같은 대학자도 『십익』을 콩치우의 저술로 믿었다. 그러나 사람이 많
다 보면 누군가는 의심을 품고 질문을 제기하는 사람이 있기 마련이다.
송대(宋代) 인물 어우양시우(歐陽修; 1007~1072)는 『역동자문易童子
問』에서 『역전』이 콩치우의 저술이 아니라는 의문을 제기하였다. 콩치
우로부터 1,500여 년의 세월이 흐른 뒤의 일이다. 결론을 말하면 콩치
우를 『십익』의 저자라고 말할 수 없다. 이는 콩치우가 『주역』을 읽지
않았다는 말은 아니다.[7]

갑골문과 청동기 유물의 출현 이후 과학적·실사구시적 방법을 응용
한 학자들은 『주역』에 대하여 지금까지 알려진 지식과는 다른 결론에
도달하였다. 이를 정리하면 다음과 같다.

『주역』의 텍스트, 즉 경문은 서주 시대 만기(晩期; B.C.900~ B.C.771)에 저
　　술되었다.
『주역』 경문의 편저자는 서주 시대 점복(占卜)에 종사하였던 공무원, 즉
　　복사(卜史)들이다. 그들은 귀족 계층의 승려 혹은 정치 고문(顧問)을 맡
　　은 지식인이었다. 『주역』은 한두 사람의 작품이 아니다.
『주역』의 텍스트는 점을 칠 때 활용하였던 공구서(工具書)로 일종의 '매뉴
　　얼' 이었다. 그러나 이는 단순한 점서(占書)가 아니고, 당대 지식인들의
　　세계관이 담긴 철학서이다.
『주역』의 점법(占法)은 상 왕조의 거북점에 영향을 받았다. 점의 방법은

5　츠엉이는 『주역』에 관한 해설서로 『역전易傳』을 지었다. 전술하는 『십익』과 이름
이 같지만, 다른 저술이다.
6　주시는 『주역』에 관한 해설서로 『주역본의周易本義』를 남겼다.
7　황준연, 「공자는 『周易』의 「十翼」을 스스로 지었는가?」, 한국중앙연구원, 『정신문
화연구』(2008 여름호).

거북점보다는 시초점(蓍草占)에 의존하였다.

이상에서 말한 바와 같이, 『주역』은 서주 시대 후기 B.C.900부터 B.C.771 사이에 창조되었다. 이 작품은 몇 사람의 천재가 영감에 의하여 제작한 것이 아니라 많은 인물이 참가한 가운데에 꾸준히 편찬되고 전승되었다.[8]

4.2 이항 대립(二項對立)의 구조

『주역』 경문의 '8괘'를 보면, 하나의 '괘' (卦)는 이어진 선(─) 혹은 끊어진 선(--)으로 구성된다. 학자들은 전자를 '양' (陽; *yang*)이라고 이름 짓고, 후자를 '음' (陰; *yin*)이라고 표현하였다. 이는 두 개의 대립되는 힘을 의미한다. 여기서 '대립' (對立)이라는 말을 '대대' (對待) 혹은 '대립쌍' (對立雙) 등으로 표현할 수 있다. 그 이름이 무엇이던 『주역』의 '괘'에 나타난 이어진 선(─)과 끊어진 선(--)은 자연 속에 존재하는 서로 대립하는 힘을 가리킨다.[9]

자연 현상의 상호 대립하는 힘은 인간관계에도 적용된다. 남자와 여자의 존재는 대표적이다. 강함과 부드러움[剛柔], 높음과 낮음[高低],

---

8 『주역』에 대하여 전문적인 지식을 얻고자 하는 독자는 필자의 다른 저서를 참조하기 바란다. cf. 황준연, 『실사구시로 읽는 주역』.

9 '음양'의 관계를 '대대' (對待) 혹은 '대립' (對立)으로 받아들이지 않고, '상호 의존' (相互依存)으로 보는 견해도 가능하다. 그러나 음양을 서로 대립한다고 말할 때, 그 의미가 선명하게 드러난다. cf. 廖名春, 『《周易》經傳十五講』(北京: 北京大學出版社, 2005), p. 2. "《周易》的這一特點, 反映在思想上就是 '對待' 觀. 這種 '對待' 觀不能簡單地看做 '對立', 更包括對立面的相互依存, 互爲條件的思想."

길고 짧음[長短] 등 헤아릴 수 없이 많은 현상이 '대대' 관계로 존재한다. 이 두 가지 힘은 서로 반대되는 점도 있고, 동시에 보완해 주는 측면도 있다. 중요한 점은 어느 한쪽도 없어서는 안 되는 '관계성'(relationship)에 대한 인식이다.

프랑스의 철학자 겸 문화인류학자 레비-스트로스는 인간 사회의 문화 현상을 전체적인 구조의 틀을 가지고 해석함으로써 인류 사회를 설명하였다. 그의 문화인류학적 방법을 '구조주의'(Structuralism)라고 부른다.[10] 그에 의하면 문화는 인간 두뇌의 산물이고 그 표면 아래에 공통되는 특징이 있는데, 그것은 '관계성에 대한 인식'이다. 구조는 관계의 조직(organization of relationships)이고, 이항 대립(二項對立; binary opposition)과 매개(媒介; mediation)는 관계를 조직하는 기본 단위이다.

이와 같은 레비-스트로스의 구조주의 철학을 『주역』에 도입하면, 『주역』의 구조는 이항 대립의 전형이다. '음'과 '양'의 이항 대립에 의

---

10 구조주의는 사물을 이해하는 데 있어, 개별 존재가 아니라 전체 체계 안에서 다른 사물과의 관계에 따라 이해하는 방식이다. 이는 철학, 언어학, 인류학, 정신분석학, 사회학, 미학과 정치 이론 등의 발달에 영향을 미쳤다. 선구자는 언어학자 소쉬르(Ferdinand de Saussure; 1857~1913)이다. 그는 언어 현상에서 '랑그'(langue)와 '빠롤'(parole)을 구분한다. 전체적 시스템으로서의 '랑그'는 부분적인 말 즉, '빠롤'을 통해서 구체적으로 나타나지만, '빠롤'의 전제가 되며, 그것을 뛰어넘어 존재한다. 촘스키에 의하면, '빠롤'은 개개 언어수행(performance), '랑그'는 그에 앞서서 존재하며 그것을 생성시키는 언어능력(competence)에 해당한다. 레비-스트로스는 인류학에 구조주의 방법을 적용하였다. 그는 그 방법을 원용하여 신화와 상징, 친족 관계를 탐구함으로써, 인간의 보편적이고 불변하는 구조를 밝혀내려 하였다. 라캉(Jacques Lacan; 1901~1981)은 소쉬르의 언어학 모델을 프로이트(Sigmund Freud; 1856~1939)의 정신분석학에 적용하여 구조주의의 영역을 확장시켰다. 푸코(Michel Paul Foucault; 1926~1984)도 구조주의 이론 발전에 기여하였다. 구조주의는 언어학에서 출발하여 1960년대에 문학, 인류학, 철학, 정신분석학 등 인문사회학 분야에 폭넓게 확산되며 큰 영향을 끼쳤다.

하여 세계는 구성되고, 변화하며, 소멸한다. 우리는 레비-스트로스가
언급한 이와 같은 '구조주의적' 사고를 2,000년 전 고대 중국인이 가지
고 있었다고 말할 수 있다.[11]

　『주역』은 어떤 사실을 놓고, 직접적인 표현보다는 은유적인 방식으
로 설명한다. 8괘는 중첩하여 하나의 온전한 괘를 이룬다. 중첩의 모양
을 예로 들어 보자. '진' 괘(☳)가 아래편에, 감' 괘(☵)는 위편에 자리
잡는다. 이 중첩된 괘를 '수뢰둔' (水雷屯; ☵상 ☳하)이라고 부른다.
우레[震; 구름]와 물[坎]이 교감 작용을 하는 이 '괘' 는 구름과 물 두 이
항이 밀고 당기는 힘[대립]을 나타낸다. 남녀의 성 행위는 밀고 당기는
동작의 반복으로, '수뢰둔' 괘는 남녀의 혼인을 상징한다.[12] 이 괘가 결
혼 행진곡을 가리킴은 결코 이상한 일이 아니다.[13] 이와 같은 중첩의 방
법(The method of doubling)에 의하여 『주역』 전체는 64괘(8×8=64)
로 구성된다. 각 괘는 고유의 이름을 가지며, 기호 이외에 괘사(卦辭)가
있다.

　비트겐슈타인은 "세계는 사실들(facts)의 총체"[14]이며, 사실은 각 사
례로 이루어지는데, "사례는 원자사실들(atom facts)의 존재이다"[15]라
고 하였다. 이것은 대체 무슨 말인가? 저자는 이 말을 『주역』과 관련하

11　음과 양으로 표현되는 '이항 대립' 에 대한 인식은 마니교(Manichaeism)에서도
드러난다. 페르시아인 마니(Mani; 216?~276?)는 신(神)을 어두움[黑暗; darkness]
과 밝음[光明; light]이 상호 대치(對峙)하는 두 종류로 파악하였다. cf. Rosemary
Goring · Frank Whaling, *Larousse Dictionary of Beliefs and Religions* (Edinburgh:
Larousse, 1994), p. 319.
12　중국인들은 남녀간의 성 행위를 '운우지정' (雲雨之情)이라고 표현한다.
13　황준연, 『실사구시로 읽는 주역』, p. 155.
14　Ludwig Wittgenstein, *Tractatus logico-philosophicus* 1.1. "The world is the
totality of facts, ⋯."
15　Ludwig Wittgenstein, *Tractatus logico-philosophicus* 2. "What is the case, the
fact, is the existence of atomic facts."

여 다음과 같이 이해한다. 『주역』의 기록은 개개 '원자사실'을 기초로
한 사실과 상징의 집합체이다. 중국 고대인의 경험 세계였던 '원자사
실'은 『주역』 경전에 기록되어 있다. 현대인의 '원자사실'이 고대인과
별로 차이가 없다는 점에서, 『주역』 텍스트는 통시성(通時性)을 지닌
다. 경전에 담긴 이야기는 공간과 시간의 차이에도 불구하고, 인류에게
보편성을 제공한다.

4.3 『주역』의 철학화

『주역』이 여러 가지 이름으로 호칭됨은 앞에서 말하였다. 그 가운데 철
학과 관련하여 『역전』은 주목할 만한 가치를 지닌다. 『역전』은 B.C.221
이후 진(秦), 한(漢) 시대에 저술된 것이다. 『주역』이 한순간에 제작된
것이 아닌 것처럼, 『역전』도 한 시대, 한 인간에 의하여 저술된 것이 아
니다.[16] 그런데 해설서인 이 책이 『주역』 경문을 제치고 권위를 갖게 된
것은 그만한 까닭이 있다.

쿤스트(Richard A. Kunst) 박사는 『주역』을 "The Original *Yijing*"
이라고 표현하여 『역전』과 구분하였다. 비유하자면, 『주역』 경문은 '조
강지처', 『역전』은 '세컨드'이다. 속언(俗言)에 '조강지처불하당'(糟糠
之妻不下堂)[17]이라고 하였다. 그런데 이 '세컨드'가 사고를 쳐서 큰일을
내고 말았다. 세컨드'로 등장한 『역전』이 본처를 밀어내고 안방을 차지
한 것이다.

---

16 廖名春, 『《周易》經傳十五講』, p. 218.
17 '조강지처불하당'이란 본처(本妻)를 박대해서는 안 된다는 의미이다. 본처와 후
처(後妻) 혹은 소실(小室)을 구별하는 봉건 시대 성 윤리의 표현으로 보아야 하겠다.

『역전』은『주역』을 매우 높은 단계의 지적(知的) 세계로 끌어올리는 결과를 낳았다. 해설서로서의『역전』이 새로운 창작물이 되어서『주역』의 철학화(哲學化)에 공헌한 것이다. 경문이 점서(占書)의 기능에 그친 데 비해, 『역전』은 고대인의 철학적 욕구를 충족시켜 준 것이다. 이처럼『역전』이 없었다면,『주역』은 한갓 점치는 책에 불과하였을 것이다. 그중에서도 특히 「계사전」[18]에 나타난 철학 사상은 중국 고대인의 세계관을 연구하는 데에 귀중한 자료이다. 철학 개념의 발전을 놓고 볼 때, 필자는『역전』「계사전」上 제11장의 구절을 가장 주목한다.

> 이런 까닭으로 '역易'에는 태극(太極)이 있으니, 이것이 양의(兩儀)를 낳고, 양의는 사상(四象)을 낳으며, 사상은 팔괘(八卦)를 낳는다[是故, 易有太極, 是生兩儀, 兩儀生四象, 四象生八卦].[19]

이 구절은 중국철학에서 매우 중요한 내용을 담고 있다. 즉 '태극'(太極) 개념의 탄생이다.[20] 필자는『역전』은 제11장의 탄생으로 불멸의 가치를 획득하였다고 주장한다.

'태극' 개념은 무슨 의미를 지니고 있을까? 먼저 지적할 내용은 여기서 사용된 '역'이란 책 이름으로서의『주역』이 아니라는 점이다.[21]

---

18 「계사전」을 영어로 'The Great Treatise'라고 하는데, 의미 있는 번역이다.
19 『역전』「계사전」上.
20 '태극'은 「계사전」 이외에『장자』「대종사大宗師」에도 등장한다. "도(道)는 … 태극보다 앞서 존재하면서 높은 체하지 않고, 6극보다 아래에 머물면서 깊은 체하지 않는다."[夫道 … 在太極之先而不爲高, 在六極之下而不爲深] 여기서 '태극'은 문맥상으로 '6극'(六極: 上下와 四方의 공간을 의미함)에 대비되는 공간 개념, 즉 방위(方位)를 가리키는 명사로 본다. 철학 개념의 발전을 놓고 본다면 「계사전」의 '태극'에 비하여 중요성이 떨어진다.
21 이 구절의 '易'을 책 이름으로 해석하는 학자들도 있다. 무리한 해석이다. 본문에

"역(易)에 태극(太極)이 있다"라는 말은 " '존재' [22]의 근저에 존재 일반으로서 '태극'이라는 존재가 있다"라고 풀이해야 한다. 그렇다면 '역'과 '태극'의 상관관계가 문제인데, 두 개념은 추상 명사이기 때문에 구체적 표현이 불가능하다(그럼에도 언어로 표현해야 한다). 필자는 「계사전」上 제11장의 원문을 다시 이렇게 풀이한다.

> 그러므로 '존재' [易]의 근저에 '존재 일반'인 '태극' (太極)이라고 이름할 수 있는 '그 무엇'이 있다. 이 '그 무엇'이 '두 가지 틀' [兩儀]을 낳고, 두 가지 틀은 '네 가지 모양' [四象]을 낳고, 네 가지 모양은 '여덟 가지 괘' [八卦]를 낳는다.

여기서 '역'과 '태극'은 일종의 동어 반복(同語反覆; tautology)이다. 그것은 그리스어 '로고스' (logos)에 비유된다. 이는 철학 이론상 우주론 혹은 본체론(존재론)의 의미를 지니는 말이다. "모든 존재의 근거에 존재 일반으로서의 '태극'이 있다"라는 표현은 중국 고대인의 철학적 사고의 극치이다. 필자는 그 까닭에 이를 '태극의 탄생'이라고 부른다.

'태극' 개념에 대해서는 다양한 해석이 존재하였다. 현대 중국의 학자 떵치우버(鄧球栢; 1953~) 교수는 31종의 해석을 나열하고 있는데, 그중 대표적인 몇 가지만을 소개한다.[23]

서 설명하지만, 이는 '로고스'에 해당하는 술어이다. 이견이 없는 것은 아니다. '易有太極' 구절에서 '태극'이란 〈대항大恒〉 괘를 가리킨다는 주장이 있다. 이 견해를 받아들이면, '易有大恒'이 되고, 이는 "『易』에는 〈대항〉 괘가 있다"라는 해석이 가능하다. cf. 鄧球栢, 『周易的智慧』(上海: 上海辭書社出版社, 2009), pp. 41-44.

22 필자는 '존재' 혹은 '존재 일반'의 개념을 칸트의 용어를 빌려서 '물자체' (Ding an sich)라고 표현해도 무방하리라고 생각한다.

23 鄧球栢, 『周易的智慧』, p. 47 이하 참조.

① 태극은 괘(卦)를 이룰 때, 사용하지 않는 한 묶음의 시초(蓍草)이
   다[一不用者, 太極也].[24]

② 태극은 북극성[北辰]이다.

③ 태극은 혼륜(渾淪; 混沌)을 가리킨다.(太易, 太始, 太初)[25]

④ 태극은 아무것도 없다[無]는 것의 이름이다[太極者, 無稱之稱].

⑤ 태극은 상(象), 수(數), 형(形), 기(氣)의 리(理)의 이름이다.

⑥ 태극은 다만 리(理)일 뿐이다.[26]

⑦ 태극은 음양이다.[27]

⑧ '도'(道)가 '태극'이다.[28]

이상 태극의 개념은 11세기 이후 송학(성리학)의 발달에 큰 영향을
주었다. 저우뚠이(周敦頤), 츠엉하오(程顥), 츠엉이, 주시 그리고 사오
용 등이 한결같이 『주역』, 즉 『역전』을 들고 나와서 그들의 사상을 체
계적으로 정립하였다.[29]

---

24 점칠 때, 시초(蓍草; 엉거싯과의 풀이름)를 사용한다. 그중 사용하지 않고 제쳐
놓는 시초를 말한다.「계사전」점서법(占筮法)에 "大衍之數五十, 其用四十九"(점치는
데 필요한 시초의 수는 50개다. 그런데 사용하는 시초의 수는 49개이다)라고 하였다.
cf. 등구백, 『역주 백서주역교석』①, 황준연 역(서울: 학고방, 2015), p. 15.
25 太易, 太始, 太初와 같은 말이다. 『성경』「창세기」의 첫 구절을, 어떤 판본에서는
"태초에 하느님이 천지를 창조하셨다"라고 하였고, 어떤 판본에서는 "한 처음에 하느
님께서 하늘과 땅을 지어내셨다"라고 하였다. 영문본에 '태초'를 'In the beginning'
이라 표현한 책이 있다. 혼륜(渾淪)의 의미와 통한다. 혼륜은 혼돈, 즉 카오스(chaos)
상태이다. 태극을 '카오스'의 개념으로 보고 있다는 뜻이다.
26 주시의 말이다. 『주자어류朱子語類』권94에 '太極只是個理'라고 하였다.
27 저우뚠이의 말이다. 『태극도설』에 "五行, 一陰陽也. 陰陽, 一太極也"라고 하였다.
28 사오용의 말이다. 『황극경세서』권7에 "道爲太極"이라고 하였다.
29 누군가 중국철학사에서 가장 대표적 논문이 무엇인가 묻는다면, 필자는 저우뚠이
의 『태극도설』을 들 것이다. 비록 작은 분량이지만 이 글은 중국철학사에서 불멸의 저
술이다.

태극은 인간의 오감 능력으로 감지되는 개념이 아니다. 우리는 선험적 능력으로 태극을 상상한다. 그것은 '그 무엇'이라고 말할 수밖에 없지만 분명히 모든 존재의 근거가 된다. 여기서 '두 가지 틀', 즉 양의(兩儀)는 음과 양으로 표현되는 두 종류의 질서를 말한다. 이들은 앞에서 말한 바와 같이, '대대적' 관계로서 '이항'의 '대립쌍'을 의미한다.[30] 이것이 레비-스트로스의 인류학적 방법인 '구조주의'와 일치함은 앞에서 말한 바와 같다.

---

30 중국의 학자들은 『주역』의 음양 질서를 '대대적' 관계로 인정하면서도 '대립'보다는 '상호 의존' 즉 조화(harmony)를 강조한다. 필자는 이것은 존재의 현실(sein)보다는 존재가 마땅히 그래야 한다는 요청(sollen)에 의한 해석이라고 본다. 세계관의 차이가 있다. 필자는 그리스 철학자 헤라클레이토스의 견해를 쫓아서 '대립'으로 해석한다. cf. "We must know that war is common to all, and strife is justice." cf. Bertrand Russell, *History of Western Philosophy*, p. 62.

인터메쪼(Intermezzo) 1:

마왕뚜이 백서(帛書) 『주역』

하늘 아래 놀라운 일이 많이 일어나지만, 중국철학사와 관련하여 1973
년 겨울 중국 후난(湖南) 성 창사(長沙)에서 놀라운 일이 벌어졌다. 창
사 교외의 마왕뚜이(馬王堆)[31] 언덕에서 키가 작은 '여자 시체'가 발굴
되었다. 부장품이 함께 나왔는데, 비단에 자잘하게 적힌 『주역』이 있었
다. 학자들은 이 『주역』을 '백서(帛書) 『주역』'이라고 부르고 흥분을 감
추지 않았다.

　이 자료가 공식적으로 세상에 드러난 것은 1992년의 일이다. 그 결
과 기존의 통행본 『주역』[32]과는 체제가 다른 것임이 밝혀졌다. 이후 한
종민(韓仲民, 1992년), 리아오밍춘(廖名春, 1993), 츠언구잉(陳鼓應,
1993), 싱원(邢文, 1995), 떵치우버(鄧球柏, 1995) 등의 연구로 인하여
내용이 밝혀졌다. 이 자료를 입수한 시카고대학의 쇼니시(Edward L.
Shaughnessy)는 *I Ching*(1997)을 발표하였다. 이는 마왕뚜이 백서 『주
역』에 대하여 서양 언어로 번역된 최초의 자료이다.[33]

　마왕뚜이 백서 『주역』은 『육십사괘』, 『이삼자문二三子問』, 『계사繫
辭』, 『역지의易之義』, 『요要』, 『무화繆和』, 『소력昭力』을 포함한다. 백서
『주역』의 편성 시기는 대략 B.C.180~B.C.170 사이로 추정한다. 백서
『주역』은 현재 통용되고 있는 『주역』 경문과 편제가 크게 다르다. 백서

31　마왕뚜이 현장은 이제 교외(郊外)가 아니다. 이곳은 2000년 현재 창사 시내의 일
부로 편입되었고, 퇴직자를 위한 요양 병원이 자리 잡고 있다.
32　왕삐가 주석한 『주역』을 가리킨다. 앞에서 나왔다.
33　쇼니시 교수는 미국 스탠포드대학에서 "*The Composition of the Zhouyi*"(1983)
라는 논문으로 박사 학위를 받은 바 있다. 그의 학위 논문에서는 시기적으로 마왕뚜이
자료를 소개할 수 없었다.

『계사』 또한 통행본 『계사』와 다르다. 『계사』의 조성 시기는 동시설과 통행본 『계사』가 백서보다 앞선다는 설이 공존한다.

편제에서 많은 차이가 있지만, 백서 『주역』의 사상은 통행본의 그것과 큰 차이가 드러나지 않는다. 츠언구잉은 백서 『계사』의 내용이 노·장 사상의 영향을 받았다고 주장한다. 찬성과 반대 의견이 함께 존재한다. 떵치우버 교수는 2002년 수정본 『백서주역교석帛書周易校釋』(長沙: 湖南人民出版社)을 세상에 내놓았다. 마왕뚸이 백서 『주역』에 관하여 가장 참고할 만한 자료이다. 필자가 몇 년 동안 진한 땀을 흘려 가며 이 책을 한글로 번역하여 세상에 선보였다.[34] 향후 『주역』 연구자들은 통행본 『주역』과 함께 마왕뚸이 출토본(出土本) '백서 『주역』'을 같이 연구해야 마땅하다고 생각한다.

34　등구백, 『역주 백서주역교석』 ① · ②, 황준연 역.

제5장

유가의 형성

The Formation of Confucianism

5.1 제자백가

중국 고대는 역사와 전설이 혼합되어 혼란스럽다. 픽션이 논픽션을 무력화시킨 시대이다. 사람들은 푸시(伏犧), 선농(神農), 황티(黃帝), 야오(堯), 순(舜), 위(禹) 등을 읊어 대지만, 이들은 모두 전설상의 인물이다.[1]

    1899년 갑골에 새겨진 글자(갑골문)의 발견으로 인하여 전설로만 전해지던 상대(商代) 후기의 모습이 드러났다. 이후 서주(西周; B.C.1066~B.C.771)와 동주(東周; B.C.770~B.C.221)가 등장하는데, 후자는 춘추·전국 시대와 겹친다. 중국 고대의 통일 국가가 처음 나타난 것은 기원전 221년 진시황에 의한 일이고, 콩치우는 기원전 500년

---

[1] 푸시(伏犧)는 구석기 시대 인물로 추정하며, 이 시기를 '몽매(蒙昧) 시대'라고 호칭한다. 선농(神農), 황티(黃帝), 야오(堯), 순(舜), 위(禹)는 신석기 시대 인물로 추정하며, 이 시기를 '야만(野蠻) 시대'라고 부른다. cf. 翦伯贊, 『先秦史』, 목록.

경의 인물이므로 이 시기 전반 분위기를 살펴볼 필요가 있다.

춘추·전국 시기 중국에는 많은 사상가가 나타난다. 왜 이 시기에 특별하게 많은 사상가가 출현하였는지는 알 수 없다.[2] 중국철학사에서는 이 시기를 '제자백가'(諸子百家)의 시대라고 부른다. '제자백가'의 '제'(諸)는 복수의 뜻이고, '子'는 일가(一家)를 이룬 사람을 말하며, 그들이 100여 가(家; school)에 달한다는 말이다. 필자는 100여 가를 훑어볼 여유가 없고, 6가만을 대표적으로 살펴본다. 『사기』 권130에 다음과 같은 기록이 전한다.

태사공(太史公)[3]은 탕뚜(唐都)로부터 『천관서天官書』를 배웠다. 양허(楊何)로부터 『주역』을 전수받았고, (황로학에 밝은) 후앙성(黃生)으로부터 도가의 이론을 익혔다. 태사공이 벼슬한 것은 건원(建元; B.C.140~B.C.135)과 원봉(元封; B.C.110~B.C.105) 사이인데, 배우는 자들이 (학파의) 뜻을 알지 못하고 스승의 뜻에 위배될 것을 근심하여, 이에 6가의 요지를 밝혔다. 『주역』 「대전大傳」[4]은 말한다. "천하의 진리는 하나인데 사고방법은 가지각색이며, 목적지는 모두 같으면서 가는 길은 서로 다르다"라고 하였다. 음양가, 유가, 묵가, 명가, 법가, 도가는 모두 세상을 잘

---

2 독일 철학자 야스퍼스는 B.C.800~B.C.200 사이, 동양과 서양을 막론하고 위대한 인물들이 한꺼번에 쏟아져 나온 사실을 놓고, 그 시기를 'Axial Age'라고 이름 붙였다. 이는 '기축(基軸) 시대' 혹은 '축심(軸心) 시대'라고 번역되는데, 이 시기는 개인들이 높은 초월성(transcendence)과 깊은 주관적 인식(subjectivity)을 경험한 시대라고 평가된다. cf. David L. Hall · Roger T. Ames, *Anticipating China* (Albany: State University of New York Press, 1995), p. Xiii. / James Miller, *Daoism: A Short Introduction* (Oxford: Oneworld, 2003), p. 36. / 陳來, 『古代宗敎與倫理』, p. 1.
3 원문의 태사공은 쓰마치앤의 부친 쓰마탄을 말한다.
4 여기에서 말하는 『주역』 「대전」은 경문이 아니고, 『십익』의 하나인 「계사전」을 말한다. 양자의 구별은 앞에서 설명하였다. 관심 있는 독자는 황준연, 『실사구시로 읽는 주역』 제1부를 읽기를 권장한다.

다스리려는 것들이다. 그들의 입장이 다르기 때문에, 살펴볼 만한 것이 있거나 혹은 그렇지 않은 것이 있다.[5]

1) 음양가(陰陽家)[6]의 학술을 살펴보건데, 월령(月令) 혹은 별자리[星官]는 지엽적인 것이지만 꺼리는 것이 많다. 사람들로 하여금 구애받고 날짜와 시간에 구속되어 두려워하게 한다. 그렇지만 춘하추동 4계절을 배치한 순서는 놓쳐서는 안 되겠다.

2) 유가(儒家)는 넓은 것을 추구하면서 요점을 파악하지 못한다. 힘은 들이지만 공로[功]는 적다. 그들의 학설을 추종하기 곤란하다. 그러나 군주와 신하, 아버지와 아들의 예절[禮], 그리고 남편과 아내, 어른과 어린이를 구별하였다. 이것은 바꿀 수 없다.

3) 묵가(墨家)는 지나치게 검소한 생활을 주장하여 (사람들이) 좇을 수 없다. 그들이 하는 일을 두루 따라갈 수는 없으나, 근본(산업)을 강조하고 절약을 실천하였다. 비용을 절약[節用]하자는 이야기는 폐기할 수 없다.

4) 법가(法家)는 가혹할 정도로 엄격하고 은정(恩情)이 없다. 군주와 신하 그리고 윗사람과 아랫사람의 직분을 바로잡았다. 이것은 고칠 수 없다.

5) 명가(名家)는 사람들로 하여금 예(禮)를 알게 하고 또한 명칭에 구속되어 진실성[眞]을 잃게 한다. 그러나 그들은 명(名)과 실(實)의 관계를 바로잡았으니, 살펴볼 필요가 있다.

6) 도가(道家)는 사람으로 하여금 정기[精]와 정신[神]을 전일(專一)하게 하고, 행동을 무형의 도(道)에 합치하게 하였다. 또한 만물을 풍성하게

---

5 이하 쓰마치앤의 인용문이 계속되지만, 설명의 편의를 위하여 줄을 달리하고 서술한다.

6 학파 이름의 글자 '기울기'는 필자(황준연)의 표시이다. 이하 동일함.

한다. 그들의 학술은 음양가의 사시(四時) 운행의 순서에 의거하고, 유
가와 묵가의 장점을 선택하며, 명가와 법가의 요점을 취하였다. 시대와
더불어 발전하고, 사물에 응하여 변화한다. 풍속을 세우고 일을 처리함
에 마땅하지 않음이 없다. 요지(要旨)가 간단하여 시행하기 쉽다. 힘은
덜 들이고 공로는 크다. 유가는 그렇지 않으니 군주를 세상의 의표(儀
表; 법도)로 생각한다. 군주가 위에서 제창[倡]하면 신하는 화답하고,
군주가 앞서가면 신하는 뒤따른다. 이렇게 하면 군주는 수고스럽지만
신하는 편안하다. 도가에서 말하는 대도(大道)는 수컷을 알고 암컷을
지키라는 것과[7] 현명함(혹은 보물)을 숭상하지 말라는 것이다.[8] 유가는
이러한 것에 유의하지 않고 다만 지혜에 의지하여 세상을 다스리고자
한다. 대저 인간의 정신은 지나치게 사용하면 쇠하여 다하고, 육체는
크게 피로하면 피폐해진다. 몸과 정신이 모두 망가지면서 천지와 더불
어 장구(長久)하기를 바란다는 말을 나는 들어 본 적이 없다.

　이상은 쓰마치앤『사기』의 인용문이다. 6가 중에서 도가에 대한 설
명이 가장 길다는 점에 주의해야 하겠다. 쓰마치앤이 개인적으로 도가
에 대하여 가장 관심이 깊었음을 유추할 수 있다. 그가 황로학(黃老學)[9]
을 배웠다는 점과, 도가의 영향력이 소멸되지 않고 있음을 말해 준다.

---

7 『도덕경』 제28장에 "知其雄, 守其雌, 爲天下谿. 爲天下谿, 常德不離, 復歸於嬰兒"
라고 있다. 이는 "수컷을 알고 암컷을 지키면 세상의 골짜기가 된다. 세상의 골짜기가
됨은 영원한 덕(德)이 떠나지 않으니, 영아의 상태로 되돌아간다"라고 해석한다.
8 『도덕경』 제3장에 "不尙賢, 使民不爭"이라고 있다. 이 구절은 보통 "현명함(세속에
서 말하는 현명함)을 숭상하지 않음으로써 백성들이 다투지 않게 한다"라고 풀이한
다. 그러나 논자에 따라서는 '賢' 자를 '寶' 자로 보아서 "보배를 숭상하지 않음으로써
백성들이 다투지 않게 한다"라고도 해석이 된다.
9 황로는 후앙띠(黃帝) + 라오딴(老聃)을 말하며, 학문적 체계를 갖춘 것을 '황로
학'(黃老學)이라 부른다.

도가를 설명하면서 유가를 빗대어 설명한 것은 그의 시대가 유가가 득세하던 때임을 암시한다.

　이상의 6가 중에서 오직 '유가' 만이 정통을 확보하고, 홀로 존중받게 된 까닭은 한(漢) 무제(武帝; 재위 B.C.140~B.C.87) 때 동종수(董仲舒; B.C.179~B.C.104)에 의한 것으로 알려져 있다.

5.2 콩치우의 생애와 사상

1) 생애

　세간에서 콩쯔(孔子)[10]라고 부르는 인물 콩치우(孔丘; B.C.551~B.C.479)는 노(魯)나라의 조그만 마을, 취푸(曲阜)에서 태어났다. 서양인들은 그를 가리켜 'Confucius' 라고 호칭한다. 중국인들이 그를 존경하여 부르는 콩푸쯔(孔夫子; Kǒngfūzǐ)에, 라틴어 어미 'cius' 가 합성된 것이다.[11] 콩치우가 라오딴을 찾아가서 예를 물었다는 기록을 미루어 보면, 라오딴이 콩치우보다 선배이다.[12]

　콩치우에 대한 평가는 극과 극을 달린다. 어떤 사람은 그를 전통을 지키려는 보수주의자로 보고, 어떤 사람은 그를 전통에서 벗어나려는

10　콩치우(孔丘; Kǒngqiū)는 콩쯔(孔子; Kǒngzǐ)와 동일 인물이다. 우리는 오랫동안 그를 '공자' 라고 불렀다. 김용옥은 콩치우 혹은 콩쯔로 불러야 마땅하다고 주장한다. cf. 김용옥,『한글 논어역주』1, p. 69, p. 97.

11　콩치우의 영문 이름은 'Confucius' 로, 그가 창시한 '유가' 혹은 '유교' 는 'Confucianism' 으로 불린다. 직역하면 '공자주의' (孔子主義)이다.

12　이 점이 중국철학사 기술에서 라오딴을 먼저 언급하는 기준이 될 수 있다. 후스(胡適; 1891~1962), 까오링인(高令印; 1935~), 잔스추앙(詹石窗; 1954~) 등은 그 기준을 적용하여 라오딴을 콩치우보다 앞서 서술하였다. 필자(황준연)는 관례를 따라서 콩치우를 먼저 배치한다.

개혁가로 판단한다.[13] 한 인간이 이토록 다른 평가를 받을 수 있는 점에 대하여 신기하기만 하다. 어떻게 이해하든 콩치우는 중국 고대의 인문주의자였고, 그가 이룩한 업적은 중국 문명의 중요한 부분을 차지한다. 그를 오늘의 개념으로 '철학자'라고 부르는 데에는 주저할 수밖에 없지만,[14] 그가 없었으면 중국 고대철학은 성립되지 않았을 것이다. 그를 중국 고대 인문주의(Humanism)의 창시자라고 불러도 좋을 것이다.

콩치우의 젊은 날은 잘 알 수 없다. 다만 그가 일찍이 배움(학문)에 뜻을 두었음을 『논어』를 통하여 알 수 있다.[15] 그는 인생 중반기에 고향을 떠나서 제자들과 함께 천하를 주유(周遊)하였다.[16] 그의 여행은 오늘날 현대인의 관광은 아닌 듯하고, 일종 취직 운동이었다. 그는 일시 높은 직책을 맡기도 하였지만,[17] 지방 유지들의 텃세(territoriality) 때문에 걸려서 자리를 오래 지키지 못하였다.

만년에 고향으로 돌아온 콩치우는 교육 사업에 종사하며 세월을 보냈다. 그를 따르는 무리가 많았기 때문에 그는 독거(獨居) 노인은 아니

---

13 1960년대 '문화대혁명' 시기 '비림비공'(批林批孔)의 구호가 난무하였다. 이는 린삐아오(林彪)와 콩치우를 비판하자는 뜻인데, 콩치우가 보수주의 원흉이라는 점에 의견이 모아졌다. 2010년 2월 상영된 중국 영화 「孔子」(周潤發 주연, 胡玫 감독)는 콩치우를 개혁가 내지 위대한 전략가, 지략가(智略家)로 묘사한다.

14 콩치우의 인생을 고려할 때, 그가 세상에서 말하는 '時流'를 쫓은 것은 아니라고 판단한다. 그러나 제1장에서 말한 '철학적 정신'의 기준을 놓고 본다면, 그의 정신이 '비적시적'(非適時的; unzeitgemäß)인 것이었다고 말할 수 없다. 그러므로 필자는 콩치우를 '철학자'의 반열(班列)에 집어넣는 데 주저할 수밖에 없다.

15 『논어』 「위정爲政」. "吾十有五而志于學".

16 표현상 '천하'이지만 오늘의 지리적 개념으로는 중국의 산뚱 성에서 허난 성 일대에 해당한다. 교통이 불편한 고대를 생각하면, 대단한 여행이었을 것으로 판단한다. 콩치우의 여로(旅路)를 추적하면 다음과 같다. 노(魯; 취푸曲阜) → 위(衛; 푸양濮陽) → 조(曹; 띵타오定陶) → 정(鄭; 신쩡新鄭) → 진(陳; 화이양淮陽) → 채(蔡; 상차이上蔡) → 위(衛) → 노(魯).

17 기원전 500년 콩치우는 노(魯)나라에서 사구(司寇) 벼슬을 하였다.

었을 것이다. 그를 중심으로 형성된 학단(學團; school)은 중국 최초의
체계적 사설(私設) 교육 기관으로 이해해도 좋다.[18] 훗날 많은 학자가
먹물을 튀기며, 그를 피도 눈물도 없는 성인(聖人)의 반열 위에 올려놓
았다. 그러나 그도 눈물을 흘리는 인간이었다.[19]

중국 문화의 형성 과정에서 콩치우가 미친 영향이 지대하였음을 우
리는 여러 가지 경로를 통하여 알 수 있다. 당대(唐代) 황제 현종 리룽
지는 콩치우의 고향 취푸를 방문하고, 다음과 같은 시(詩)를 남겼다.

공부자(孔夫子)는 무엇하는 사람이기에[夫子何爲者]
일생 동안 허둥지둥 바쁘기만 하였나 …[栖栖一代中 …]
봉황새 오지 않음을 탄식하며[20] 자신의 불우(不遇) 한숨짓고[歎鳳嗟身否]
기린이 잡혀죽음을 슬퍼하며[21] 도(道)가 끝남을 원망하였네[傷麟怨道窮][22]

----

18 이 학단은 한(漢) 무제(武帝) 시절, 동종수의 건의에 의하여, 정통 학파(the
orthodox school)로 자리 잡는다. 이로 인해 콩치우는 유가의 창시자가 된다.

19 콩치우의 후계자로 여겨지는 인물 얜후에이(顏回)가 죽자, 콩치우는 "하늘[天]이
나를 망쳤다!"라고 땅을 치며, 울었다. 이 울음은 예수 그리스도가 죽음에 임박하여,
"아버지, 아버지, 왜 저를 버리시나이까!"(*Eli, Eli, lema sabachthani*;『성경』「마태오
복음서」27 : 46)라고 외치는 심정과 닮았다.

20 '탄봉'(歎鳳)은 『논어』「자한」의 "봉황새가 오지 않으며, 황하가 하도(河圖)를
뱉어 내지 않으니, 나는 이제 끝장이다!"[子曰. 鳳鳥不至, 河不出圖, 吾已矣夫!]라는
구절에서 연유한다.

21 『춘추공양전春秋公羊傳』에 의하면, "노(魯) 애공(哀公) 14년 봄, (어떤 사람이)
서쪽에서 기린을 잡았다 … 콩치우는 '나의 도는 끝이 났다'라고 말하였다"[十有四年
春, 西狩獲麟 … 孔子曰. 吾道窮矣]라고 하였다. cf.『十三經』下(北京: 北京燕山出版
社, 1995), pp. 1845-1846. /『사기』권47, 「공자세가」(中華書局 點校本), p. 1942. /
『史記世家』下, 丁範鎭 외 공역, p. 450.

22 당(唐) 현종(玄宗), 「경로제공자이탄지經魯祭孔子而歎之」(노나라를 지나가다 콩
치우에게 제사 지내고 읊음) cf. 金達鎭 역해, 『唐詩全書』(서울: 民音社, 1989), p. 63.

콩치우의 인생을 들여다볼 수 있는 자료는 『논어』이다. 『논어』는 콩치우가 생전에 직접 저술한 책이 아니고, 그가 세상을 떠난 뒤 제자들에 의하여 작성되었다. 신빙성이 매우 높은 자료이다. 이제 『논어』를 중심으로 콩치우의 철학, 종교 사상을 들여다보자.

중국 문화에 콩치우가 미친 주파수(周波數; 진동수)는 그의 생전에는 KHz(=10³Hz)에도 못 미친 것이었다. 그러나 한대(漢代)에 이르러 MHz(=10⁶Hz)정도로 늘어났고, 이후 시간이 흐를수록 증폭되어 후대에는 거의 GHz(=10⁹Hz)의 영향력(i.e 주파수)을 동아시아 전반에 걸쳐서 미쳤다. 다른 비유를 하자면, 콩치우 생전에 그가 AM 라디오 수준이었다면, 한대(漢代)에 이르러 FM 라디오 정도로 진화하였고, 이후에는 레이다 혹은 전자 오븐(oven)의 수준에 이른 것이다.[23]

2) 철학 · 종교

① 천, 천명

상 · 주 시대는 인간의 목숨이 개의 목숨과 다를 바 없었다. 전쟁을 통해서 획득한 노예는 '인격'이 인정되지 않았다. 그들은 제사 때 '희생물'로 바쳐졌을 뿐 아니라, 권력자가 죽으면 살아 있는 사람을 함께 죽이는 순장(殉葬)의 풍습에 의해 희생되었다.

미국의 중국학자 크릴(H. G. Creel; 1905~1994) 교수는 콩치우가 제사 때 사람을 제물로 바치는 관습을 배격하였기 때문에 인민들에게

23　헤르츠(Hz)는 주파수의 단위이다. 헤르츠(Heinrich Hertz; 1857~ 1894)의 이름에서 유래하였다. 만일 AM 라디오 방송국이 960kHz로 방송을 내보낸다면, 이는 1초에 960,000번 진동함을 말한다. 101MHz FM 방송이라면, 1초에 101,000,000 Hz의 라디오파를 내보냄을 말한다.

호응(呼應)을 받았다고 주장한다.[24] 콩치우가 '인신(人身) 희생'에 대하여 분노한 사실은 『논어』에는 기록이 없고, 『맹자』에 전한다.[25] 『예기禮記』의 구절을 통하여 콩치우의 시대에 남아 있었던 순장의 악습(惡習)을 그가 싫어하고 있음을 알 수 있다.

> 츠언쯔쮜(陳子車)가 위(衛)나라에서 죽었다. 그의 아내와 가신(家臣)의 우두머리가 상의하여 누군가를 순장하기로 하였다. (죽일) 사람이 내정된 뒤, (츠언쯔쮜의 동생) 츠언쯔캉(陳子亢)이 왔다. (츠언쯔쮜의 아내와 가신이) 말하기를, "부자(夫子; 츠언쯔쮜)가 병들었을 때 그 밑에서 부양하지를 못하였으니, 청컨대 순장을 하고자 합니다"라고 하였다. 츠언쯔캉은, "순장은 예(禮)가 아니요. 죽은 뒷일을 꼭 돌보아야 하겠다면 당신들(아내 혹은 가신의 우두머리)만한 사람이 어디 있겠소? 가능하다면 (순장을) 그만두는 것이 좋겠소. 부득이하다면 나는 당신들을 순장해야 한다고 생각하오"라고 말하였다. 그리하여 순장을 그만두게 되었다.[26]

---

24 H. G. 크릴, 『孔子; 인간과 신화』, 이성규 역(서울: 지식산업사, 1994), p. 137.
25 『맹자』「양혜왕」上에, "쫑니(仲尼: 콩치우의 字)가 말하기를, '처음으로 용(俑)을 만든 놈은 그 후손이 없을 것이다'라고 하였다." '용'은 장례에 쓰이는 나무(혹은 진흙)로 만든 사람 모양의 허수아비이다. 이는 순장의 풍습이 콩치우 시대까지 전해지고 있었음을 말한다. '후손이 없을 놈!'[無後乎]은 고대의 지독한 욕으로 쓰였다. 이것은 현대 작가 루쉰(魯迅; 1881~1936)의 시대까지 살아남았다. 「아Q정전」에는 여승(女僧; 비구니)이 아Q를 향하여 '씨도 못 받을 놈!'[無後乎]이라는 욕설을 내뱉는 대목이 등장한다.
26 『예기집설대전禮記集說大全』권4, 「단궁檀弓」下. "陳子車, 死於衛. 其妻, 與其家大夫, 謀以殉葬. 定而后, 陳子亢至. 以告曰, 夫子疾, 莫養於下, 請以殉葬. 子亢曰, 以殉葬, 非禮也. 雖然, 則 彼疾當養者, 孰若妻與宰. 得已則, 吾欲已. 不得已則, 吾欲以二子之爲之也. 於是弗果用." cf. 『예기집설대전』권4, 「단궁」下, 학민문화사 영인본 『예기』元, pp. 492~493.

여기 등장한 츠언쯔캉(陳子亢; B.C.511~?)은 츠언쯔쥐(陳子車)의 동생인데, 콩치우의 제자였다. 츠언쯔캉은 콩치우의 문하에서 산 사람을 함께 묻는 순장이 예가 아니라고 배웠다. 콩치우는 순장을 반대함은 물론 (사람 대신 사용하는) 허수아비[俑]까지도 사용을 금해야 한다고 주장하였다. 콩치우가 이처럼 순장을 반대하고 인간의 '생명'을 존중해야 한다고 주장하는 이면에는 '天'의 관념이 있었다.

필자는 상·주 시대에 '천'은 상제(上帝; 帝)와 동일시되며, 비를 내리고 바람을 불게 하며 인간에게 화(禍)와 복(福)을 내리는 주재(主宰) 능력을 지닌 인격적 존재라는 점을 밝혔다. 또한 무(巫)는 상제[天神]와 유일하게 교류하는 존재로, '천명'을 해석하는 권력자가 되었음을 언급하였다. 그렇다면 콩치우가 생각한 '천' 혹은 '천명'은 어떠한 개념일까? 『논어』를 중심으로 그의 '천' 혹은 '천명'에 대한 언급을 살펴보자.

하늘을 원망하지 않고, 남을 탓하지 않는다[不怨天, 不尤人]. (「헌문憲問」)

하늘에 죄를 얻으면, 빌 곳이 없다[獲罪於天, 無所禱也]. (「팔일八佾」)

하늘이 나에게 덕을 주었다[天生德於予]. (「술이」)

하늘이 무엇을 말하는가? 사시(四時)가 운행되고 있다[天何言哉. 四時行焉]. (「양화陽貨」)

나이 50에 천명(天命)을 알았다[五十而知天命]. (「위정」)

군자는 세 가지 두려할 점이 있다. 천명을 두려워해야 한다[君子有三畏. 畏天命]. (「계씨季氏」)

소인은 천명을 알지 못하면서도 두려워하지 않는다[小人不知天命而不畏也]. (「계씨」)

이상의 내용을 보면, 콩치우가 말한 '천'은 비를 내리고 바람을 불러 일으키는 인격을 지닌 주재적(主宰的) 의미의 '천'은 아닌 듯하다. 콩치우 시대에 와서 '천'은 인격화(人格化)의 요소가 점점 사라지고 있었음이 분명하다. 하여 이를 '주재적 의미의 천'이 아닌 일종 우주적 생명력이라고 주장하는 학자가 있다.[27]

위에서 언급한 『논어』의 구절을 놓고 볼 때, '생명력'만으로 '천' 혹은 '천명'의 개념이 설명되지 못한다. 필자는 콩치우가 '천'을 생명을 가져다주는 바탕으로 생각한 점은 인정한다. 그러나 '천' 혹은 '천명'에는 일종의 '도덕 질서'가 내포된 것으로 파악한다. 콩치우의 '천'과 인간의 '도덕 질서'의 상관관계는 정합적(整合的)이지 못하고 불투명하다.

어떤 학자는 콩치우의 '천'은 철학적 의의가 있는 것이 아니라 종교적 의의가 있을 뿐이라고 주장한다.[28] '천'이 종교적 의의를 지닌다는 말은 '천'이 인격적 존재이자 숭배의 대상이 된다는 뜻이다. 그러므로 이는 잘못된 해석이다. 필자는 중국철학사에서 '천'에 관한 이론이 정합성을 지닌 개념으로 정리된 것은 콩치우 시기로부터 1,500여 년의 시간이 지난 시기라고 주장한다.[29]

---

27 펑유란 교수는 이를 '우주적(宇宙的) 신비역량(神秘力量)'으로 '생생불식(生生不息)하는 생명력'이라고 말한다. cf. 程帆,『我聽馮友蘭講中國哲學』, p. 51.

28 가노 나오키,『中國哲學史』, 吳二煥 역, pp. 130-134.

29 학자들의 '天'에 대한 설명은 갈래가 복잡하다. 여기서 눈으로 볼 수 있는 자연지천(自然之天; sky)은 논외로 한다. 그렇다면 '천'에 대한 설명은 크게 두 가지로 나뉜다. ① 주재지천(主宰之天; 有意志的天; 人格的天) — 서양 속담에는 "하늘은 스스로 돕는 자를 돕는다"(Heaven helps those who help themselves)가 있다 — ② 의리지천(義理之天; 道德的天). 상·주 시대는 ①의 '천'이다. 콩치우의 경우는 ②의 '천'에 해당한다(다만 콩치우의 경우 '천'의 성격이 불투명하다). 철학사의 이론 전개 과정을 검토할 때, '천'에 관한 이론이 정합성을 지니는 시기는 북송(北宋) 저우뚠이, 장짜이(張載), 츠엉하오 등을 만나면서부터이다. 이 시기 '天人合一說'은 하늘과 인간

② 정명(正名)

생전에 콩치우는 '이론사유'를 주장한 일이 별로 없었다.[30] 그럼에도
그를 철학자의 반열에 포함시킬 수 있는 것은 그가 '명'(名)을 바로잡
아야 한다고 주장한 점이다(그는 '名'의 실체에 대하여 이론 전개를 하
지는 않았다). 콩치우는 춘추·전국의 혼란기에 살았으므로, 그가 주장
한 '명'은 질서 있는 사회를 위한 '명분' 정도의 개념으로 새겨야 하겠
다. 그는 질서가 잡힌 사회란 명분[名]이 바로잡힌 사회라고 보았다.
『논어』에 다음과 같은 대화가 보인다.

쯔루(子路)가 말하였다. "위(衛)나라 군주가 선생님을 기다려 정치를 하
려고 합니다. 선생님은 무엇을 먼저 하시렵니까?" 콩치우가 말하였다.
"반드시 명분을 바로잡아야 하겠다!"[必也正名乎!] 쯔루가 말하였다. "답
답하십니다. 어떻게 (명분을) 바로잡겠단 말씀이십니까?" 콩치우가 말하
였다. "촌스럽다. 쯔루야! 모르면 가만히 있을 일이야. 명분이 바로잡히지
못하면 언어가 순(順)하지 못하고, 언어가 순하지 못하면 되는 일이 없는
법이다. 그러면 예악(禮樂)이 일어나지 못하고, 예악이 일어나지 못하면
형벌로 해도 안 되는 것이다. 형벌로 해도 안 되면 인민은 손발[手足]조차
둘 곳이 없어진다."[31]

위의 이야기는 콩치우의 정명(正名)에 대한 강렬한 욕망을 보여 준

이 도덕적 차원에서 합일하는 경지를 가리킨다.
30 H. G. 크릴, 『孔子; 인간과 신화』, 이성규 역, p. 164.
31 『논어』「자로子路」. "子路曰. 衛君待子而爲政, 子將奚先? 子曰. 必也正名乎! 子
路曰. 有是哉! 子之迂也. 奚其正? 子曰. 野哉! 由也. 君子於其所不知, 蓋闕如也. 名不
正則言不順, 言不順則事不成, 事不成則禮樂不興, 禮樂不興則刑罰不中, 刑罰不中則民
無所措手足."

다. 제자백가 중의 명가 철학에 의하면, 실제 사물에 붙인 이름[名]은 그 내부의 실(實)과 일치되어야 한다. 사슴은 사슴이어야 하고, 사슴을 말이라고 불러서는 안 되는 법이다.[32] 콩치우에 의하면, 명(名)과 실(實)이 흐트러진 사회가 곧 난세이다.

콩치우의 시대는 인간관계가 무너져서 군신, 부자의 질서가 흐트러진 상태였다. 그는 "임금은 임금답고, 신하는 신하답고, 아버지는 아버지답고, 아들은 아들다워야 한다"[33]라고 주장한다. 이는 명분을 세워야 함을 의미한다.

콩치우가 남긴 저술에 노(魯)나라 역사책 『춘추春秋』가 있다. 이 책을 저술한 까닭이 '정명'을 실천하고자 하는 욕망에 있었다고 한다. 『맹자』에도 "콩치우가 『춘추』를 완성하자 난신적자(亂臣賊子)들이 두려워하였다"[34]라는 기록이 있다. 이 기록의 그 사실 여부는 알 수 없다.

3) 윤리 · 정치

① 인(仁)

콩치우의 사상은 한 글자 '인'(仁)으로 표현된다. 이 개념은 한글로 '어질다'라고 풀이하지만, 의미 전달이 충분하지 않다. 영어로는 'humanity', 'benevolence', 'goodness' 등으로 번역되고 있다. '인'을 한어(중국어) 발음대로 'Rén'으로 표기하고, '권위 있는 행위' 혹은 '신뢰할 만한 행위'라는 뜻의 'authoritative conduct'라고 번역하는 서양

---

32 사슴을 가리켜 말이라고 한 '지록위마'(指鹿爲馬)의 고사가 있다. cf.『사기』권 6,「진시황본기秦始皇本紀」./『史記本紀』, 丁範鎭 외 공역, p. 188.
33 『논어』「안연顏淵」. "君君, 臣臣, 父父, 子子."
34 『맹자』「등문공」下. "孔子成春秋, 而亂臣賊子懼."

학자도 있다.[35] 필자는 '인'을 일종의 '감화력'(感化力)으로 새겨야 한 다는 주장에 동의한다.[36]

'인'은 '덕'(德)의 한 표현이다. 그것은 콩치우가 생각하였던 완전한 덕목을 총괄한다. 『논어』에 셀 수 없이 등장하는 이 개념은 추상 명사 이다. 현대 학자 양버쥔(楊伯峻)의 조사에 의하면, '仁'자는 『논어』 전 편을 통하여 109차례 등장한다.

콩치우는 '인'을 인간 최상의 미덕으로 삼고, 학문의 목적까지도 '인'을 구현하는 데 두었다. '인'은 멍커에 의하여 인의(仁義)로 표현 되기도 한다. 그러나 '의'(義)는 '인'에 붙어 있는 종속 개념이고, 중 요한 것은 '인'한 글자이다. '인'에 관한 이해는 사례를 종합하여 판 단할 수밖에 없다. 『논어』에 등장하는 대표적인 구절을 들면 다음과 같다.

'인'(仁)에 처하는 것은 아름다운 일이다. 만일 '인'에 머물지 않는다면, 어떻게 지혜롭다고 하겠느냐?[里仁爲美, 擇不處仁, 焉得知?] (「리인」)

오직 어진 사람만이 능히 사람을 좋아하며, 사람을 미워할 수 있다[惟仁 者, 能好人, 能惡人]. (「리인」)

지혜로운 사람은 물을 좋아하고, 어진 사람은 산을 좋아한다. 지혜로운 사 람은 부지런하고, 어진 사람은 조용하다. 지혜로운 사람은 낙천적이고, 어진 사람은 장수(長壽)한다[知者樂水, 仁者樂山. 知者動, 仁者靜. 知者 樂, 仁者壽]. (「옹야雍也」)

어진 사람은 자기가 서고자 할 때 남을 내세우고, 자기가 이루고자 할 때

35　Roger T. Ames · Henry Rosemont, Jr., *The Analects of Confucius* (New York : Ballantine Books, 1998).

36　翦伯贊, 『先秦史』, p. 338. "所謂 '仁'者, 就是一種 '感化政策'."

남을 이루게 해 준다[夫仁者, 己欲立而立人, 己欲達而達人]. (「옹야」)

콩치우는 평소 이익에 대해서 별로 말하지 않았다. 천명(天命)과 어진 일
[仁]에 대하여 찬성하였다[罕言利. 與命與仁]. (「자한」)

앤위앤(顏淵)이 '어짐'[仁]에 대하여 물었다. 콩치우가 말하였다. "자기의
사욕을 극복하고 예로 돌아감이 '어짐'을 실천하는 것이다."[顏淵問仁.
子曰. 克己復禮爲仁.] (「안연」)

쭝꿍(仲弓)이 '어짐'[仁]에 대하여 물었다. 콩치우가 말하였다. "문을 나갈
때 귀한 손님을 만난 듯이 하고, 백성에게 일을 시킬 때 큰 제사를 받들
듯이 하며, 자기가 하고 싶지 않은 일을 남에게 시키지 말라."[仲弓問
仁. 子曰. 出門如見大賓, 使民如承大祭. 己所不欲, 勿施於人.] (「안연」)

콩치우의 '인'은 포괄적 개념이다. '인'은 내면적 규범(Norm)에 속
하며, 명령의 형식을 취하지 않는다. 또한 이 규범은 자율적 성격을 지
니기 때문에, 필연도, 당위도 아니다. 그 점에서 타율적 명령 형식을 빌
리는 법률과 구별된다. 넓은 의미에서 '인'의 개념은 효도[孝], 충성
[忠],[37] 공손[悌], 지혜[智], 믿음[信] 등의 카테고리를 포괄한다.

② 군자 ─ 바람직한 인간의 모습
콩치우는 '인'을 실천하는 사람을 '군자'(君子)라는 개념으로 정리

---

[37] '仁'이 내면적 규범에 속하며, 명령 형식을 취하지 않는다고 하였다. 또한 자율적
성격으로 인하여, 타율적 형식을 빌리지 않는다고 하였다. 그러나 '忠'과 '孝'의 가치
개념은 봉건 전통 사회에서 타율화한 점이 있다. 콩치우의 잘못은 아니겠지만, 그 부
작용은 심각한 수준이다. 한국 사회를 놓고 진단하면, '충'의 개념은 퇴색하였다. 큰
문제는 '효' 개념의 강제성 내지 타율성이다. '효'의 본질은 사라지고, 변질된 감이
있다. 예를 들어 '효'의 이름 아래 조상 묘를 조성하려 삼림을 훼손하는 행위, '효도
관광', '효도 상품' 등 '효'의 상품화 등이 있다.

하였다.[38] 어떠한 인간이 군자인가? 콩치우에 의하면, '덕'을 쌓는 인간이라야 한다. 군자는 "먹음에 배부름만 구하지 않고, 거처함에 편안함만을 찾는 자가 아니다."[39] 그는 널리 교양을 갖춘 자이며, 한 방면에 쓰이는 "그릇처럼 국한된 자가 아니다."[40] 그는 언제나 "덕을 생각하는 자"[41]이며, 동시에 "의리에 밝은 자이다."[42]

군자는 "한 그릇의 밥과 한 표주박의 마실 것으로 누추한 곳에 살아도 즐거운 모습에 변화가 없는 자이다."[43] 군자는 "화합을 찾으며 부화뇌동(附和雷同)하는 자가 아니다."[44] 그는 "일의 잘못을 자신에게서 찾는 자이다."[45] 위와 같이 행동하는 자가 콩치우가 생각한 바람직한 인간의 모습일 것이다. 군자는 '감화력'을 지닌 어진 사람, 곧 '인자'(仁者)[46]이다.

'인'을 실천할 능력을 지닌 자가 군자라면, 이는 개인적 차원의 도덕성을 넘어서 사회에서도 필요한 인재이다. 군자에 의한 정치, 그것은 콩치우가 생각한 이상적인 정치였다.

38　문자의 측면에서 볼 때, '君子'는 원래 귀족 계층 '士大夫'를 가리키는 말이었다. 콩치우 시대에 이르러 이 단어의 의미는 '도덕적인 인간'으로 바뀌었다. 그렇지만 『논어』에는 이 글자가 '도덕적인 인간'을 의미하는 것이 아니라, 귀족 계층(사대부)으로 새겨야 마땅한 곳이 남아 있다.

39　『논어』「학이學而」. "子曰. 君子食無求飽, 居無求安."

40　『논어』「위정」. "子曰. 君子不器." 이 구절은 『논어』 전편을 통하여 가장 짧은 구절이다. cf. 황준연, 『중국 철학의 문제들』(서울: 학고방, 2013), p. 188.

41　『논어』「리인」. "子曰. 君子懷德, 小人懷土."

42　『논어』「리인」. "子曰. 君子喩於義, 小人喩於利."

43　『논어』「옹야」. "子曰. 賢哉, 回也. 一簞食(사), 一瓢飮, 在陋巷, 人不堪其憂. 回也, 不改其樂. 賢哉, 回也."

44　『논어』「자로」. "子曰. 君子和而不同, 小人同而不和."

45　『논어』「위령공衛靈公」. "君子求諸己, 小人求諸人."

46　언어의 감각은 시대에 따라 변한다. 한동안 『성경』의 한글 번역본에는 예수 그리스도를 '인자'(仁者)라고 번역하였다.

콩치우는 행정 조직(시스템)보다는 정치를 담당하는 관리의 인격이 올바른 경우에 나라에 공헌하는 점이 많다고 생각하였다. 그는 품행이 올바른 군자가 정치를 맡아야 바른 정치의 실현이 가능하다고 믿었다. 콩치우에 의하면, 정치란 '올바름'[正]의 실현이며, 이것은 덕에 의한 정치를 의미한다. 『논어』에 다음과 같은 구절이 보인다.

> 지캉쯔(季康子)가 콩치우에게 정치에 대하여 물었다. 콩치우는 대답하였다. "정치란 '바로잡는다'[政者, 正也]라는 뜻입니다. 그대가 솔선수범하여 바로잡으면 누가 바르지 않겠습니까?"[47]
> 제경공(齊景公)이 콩치우에게 정치에 대하여 물었다. 콩치우는 대답하였다. "임금은 임금답고, 신하는 신하답고, 아버지는 아버지답고, 아들은 아들다워야 한다는 것입니다."[48]
> 정치를 덕으로써 함은, 비유하자면, 북극성이 제자리에 있는데 많은 별이 북극성을 감싸고 도는 것과 같다.[49]

지캉쯔의 물음에 대한 콩치우의 답변은 낙관적이지만, 비현실적이다. 현실 세계에서 위정자가 바르다고 해서 사람들이 (자동적으로) 따르는 것은 아니다. 바꾸어 말하자면, 자연계가 아닌 인간의 세계에는 윗물이 맑다고, 아랫물이 반드시 맑은 것이 아니다. 정치의 요체에서 또 중요한 일은 위정자에 대한 신뢰의 확보이다. 『논어』에 다음과 같은 이야기가 전한다.

47　『논어』「안연」. "季康子問政於孔子. 孔子對曰. 政者正也. 子帥以正, 孰敢不正?"
48　『논어』「안연」. "齊景公問政於孔子. 孔子對曰. 君君, 臣臣, 父父, 子子."
49　『논어』「위정」. "子曰. 爲政以德, 譬如北辰, 居其所, 而衆星共(拱)之."

쯔꽁(子貢)이 정치에 대하여 물었다. 콩치우가 대답하였다. "양식을 풍족하게 하고[足食], 군대를 기르며[足兵], 인민으로 하여금 믿음을 갖게 할 것이다[民信之矣]." 쯔꽁이 말하였다. "만일 부득이해서 버려야 한다면, 이 세 가지 중에 무엇을 먼저 버려야 합니까?" "군대를 버려야 한다." "만일 부득이 또 버려야 한다면, 두 가지 중에 무엇을 먼저 버려야 합니까?" "양식을 버려야 한다. 차라리 죽을지언정, 인민의 믿음이 없으면 국가가 존립할 수 없다[民無信不立]."[50]

콩치우가 인간의 믿음을 먹는 일보다 중시한 점은 실용(實用)의 정치보다는 도덕에 의한 정치를 해야 함을 말한다. 그러나 그는 기능주의적 성격을 완전히 배제하지는 않는다. 덕이 조금 부족한 인물이라 할지라도, 몇 가지 기능을 소지하고 있으면 정치를 할 수 있다고 믿었다.

지캉쯔가 물었다. "쫑여우(仲由; 子路)를 정치에 종사하게 할 만합니까?" 콩치우가 대답하였다. "쫑여우는 과단성이 있어서 정치를 하는 데에 어려움은 없을 것입니다." "츠(賜; 子貢)를 정치에 종사하게 할 만합니까?" "츠(賜)는 사리(事理)에 통달하였으니, 정치를 하는 데에 어려움은 없을 것입니다." "르안치우(冉求; 冉有)를 정치에 종사하게 할 만합니까?" "르

---

50 『논어』「안연」. "子貢問政. 子曰. 足食足兵, 民信之矣. 子貢曰. 必不得已而去, 於斯三者, 何先? 曰去兵. 子貢曰. 必不得已而去, 於斯二者, 何先? 曰去食. 自古皆有死, 民無信不立." 차라리 죽더라도 인민의 믿음을 버릴 수 없다는 콩치우의 말은 도덕적 성격을 지닌다. 그러나 정치의 세계는 '부득이'(不得已)한 일의 연속이다. 동서고금 이래 인민에게 의식(衣食)을 제공하고, 공동체를 보존하는 일[安保]은 정치 담당자의 제일의(第一義)의 사업이다. 오늘날 국가는 이와 같은 기능 때문에 정보 기관을 많이 운영하고 있다. 지도자는 도덕의 실천에 힘을 쏟아야 하지만, 동시에 국익을 위한 권도(權道)의 실천이 있을 수 있다고 믿는다.

안치우는 재주가 많아서, 정치를 하는 데에 어려움은 없을 것입니다."[51]

위의 내용은 권력자 지캉쯔에게 취직 자리를 부탁하는 스승 콩치우의 입장을 대변한다. 오늘날 제자의 취업을 위하여 추천서를 작성하는 교수들처럼, 콩치우는 제자들의 장점을 들어서 지캉쯔에게 간곡하게 취업을 부탁하고 있는 것이다.

5.3 콩치우의 행복론

모든 이성적 존재는 행복을 추구한다. 행복은 존재의 기본 욕구이며, 몸과 마음의 만족과 관련한다. 그렇다면 행복이란 어떻게 정의할 수 있는가? 독일 철학자 칸트는 『실천이성비판』에서 말한다.

행복이란 세상에 살고 있는 이성적(理性的) 존재자(i.e. 인간)가 자기 생존의 전체에서 모든 것을 소망과 뜻대로 할 수 있는 상태이다.[52]

한편 스피노자는 행복은 인간이 자신의 존재[有]를 유지할 수 있는 능력에 있다고 주장한다.[53] 이성적 존재자가 아닌 동물이나 식물에게도

---

51 『논어』 「옹야」. "季康子問. 仲由, 可使從政也與? 子曰. 由也, 果, 於從政乎何有. 曰賜也, 可使從政也與? 曰賜也, 達, 於從政乎何有. 曰求也, 可使從政也與? 曰求也, 藝, 於從政乎何有.

52 I. Kant, *Kritik der praktischen Vernunft* (Hamburg: Felix Meiner Verlag, 1967), s. 224. "Glückseligkeit ist der Zustand eines vernünftigen Wesens in der Welt, dem es im Ganzen seiner Existenz alles nach Wunsch und Willen geht."

53 "*felicitatem in eo consistere, quad homo suum esse conservare potest.*" cf. B. 스피노자, 『에티카』, 강영계 역, p. 262.

만족의 관념이 없지 않겠지만, 우리는 행복이라고 부르지 않는다. 이는 가치 개념이고 윤리적 의미를 담고 있으므로, 동식물에게는 적용하지 않는 것이다.

춘추·전국의 동탕(動蕩)의 시대를 살았지만, 콩치우는 이맛살을 찌푸리고 비관하기는커녕, 그는 인생을 즐기면서 살았다. 우리는 콩치우의 인생에서 행복 관념을 찾을 수 있다. 이 경우 '행복'이란 감각적 쾌락과 구별된다.

콩치우 교단의 '하디스'(Hadith ; 언행록) 『논어』는 "배우고 때때로 익히니, 기쁘지 아니하냐?"[學而時習之, 不亦說乎?]라는 말로 시작한다. 학문은 콩치우에게 행복을 가져다주었다. 그는 동네에서 자기보다 학문을 좋아하는 사람이 있으면 나오라[54]고 큰소리까지 친 사람이다. 다른 분야는 양보해도 학문에 대해서는 양보하지 않는 자부심을 볼 수 있다. 그는 이렇게 말한다.

돈독하게 믿고 배움을 좋아하며, 죽기를 각오하고 도(道)를 잘 지킨다.[55]

콩치우는 즐거움이 없는 학문은 공허하고, 학문이 없는 즐거움은 맹목적이라고 믿었다. 그에게 학문이란 모든 것을 걸어 놓고 단행하는 인생 사업이었다. 그러므로 먹고 자는 일도 잊어버릴 때도 있었다.[56] 그는 또한 시(詩)와 음악으로 대변되는 예술의 세계에서도 행복감을 가졌다. 『논어』에는 콩치우가 시(詩)를 강조하는 구절이 몇 차례 나온다.

---

54 『논어』「공야장」. "子曰. 十室之邑, 必有忠信, 如丘者焉, 不如丘之好學也."
55 『논어』「태백」. "子曰. 篤信好學, 守死善道."
56 『논어』「위령공」. 콩치우는 "내가 종일 먹지도 않고, 온 밤을 지새워 가며 생각해도 유익함이 없었으니, 배움만 같지 않았다"[吾嘗終日不食, 終夜不寢, 以思無益, 不如學也]라고 말한다.

『시경』「관저關雎」는 즐겁되 음란하지 않고, 슬프되 상심(傷心)에 흐르지 않는다.[57]

시(詩)로써 감흥을 일깨우고, 예(禮)로써 행동을 바로잡으며, 음악[樂]으로써 인격을 완성한다.[58]

중국 고대의 시(詩)는 음악을 동반한 경우가 많았는데,[59] 위의 인용에서 우리는 예술에서 행복 관념을 찾는 콩치우의 모습을 그려 볼 수 있다. 그는 음악을 매우 즐겼는데, 아마추어를 넘어서 프로 수준이었다고 판단한다.

콩치우가 소(韶) 음악에 대하여 말하였다. "아름답고 또한 지극히 선하다." 무(武) 음악에 대하여 말하였다. "아름답기는 하지만, 선하지는 못하다."[60]

---

57 『논어』「팔일」. "子曰. 關雎, 樂而不淫, 哀而不傷." '관저' (關雎)는 『시경 詩經』 국풍 주남(周南)의 첫머리에 나오는 시(詩)이다. 원문은 다음과 같다. "關關雎鳩 在河之洲 窈窕淑女 君子好逑" ('관관' 하고 울음하는 물수리 황하의 물가에 있네 아름다운 아가씨는 군자의 좋은 짝)

58 『논어』「태백」. "子曰. 興於詩, 立於禮, 成於樂(악)." 리쩌허우는 '성어악' (成於樂)이 개체 인격의 완성으로서, 생사·불후와 관련이 있다고 주장한다. 그는 이 구절이 시간의 문제를 담고 있다고 말한다. cf. 李澤厚, 『華夏美學』, 權瑚 譯, p. 78.

59 고대의 시(詩) 모음 집인 『시경』은 프랑스어로 '송가집' (Le Livre de Odes) 혹은 '시집' (Le Livre de Vers)으로 번역된다. 콩치우가 『시경』의 노래와 가요를 편집하였다고 전한다. cf. 마르셀 그라네, 『중국의 고대 축제와 가요』, 신하령·김태완 공역(서울: 살림, 2005), p. 20.

60 『논어』「팔일」. "子謂韶, 盡美矣, 又盡善也. 謂武, 盡美矣, 未盡善也." 소(韶)는 순(舜) 임금의 음악을 말하고, 무(武)는 무왕(武王)의 음악을 가리킨다.

콩치우가 제(齊)나라에 머물 때, 소(韶) 음악을 듣고, 석 달 동안 고기 맛을 잊었다. 말하기를, "이 음악이 이 나라에까지 이를 줄은 미처 생각하지 못하였다"라고 하였다.[61]

콩치우는 음악에 심취하였을 뿐 아니라, 이를 배우기까지 하였다.[62] "음악으로써 인격을 완성한다"[成於樂]라고 하는 점에서, 그가 음악을 행복의 높은 단계로 인식하였음을 알 수 있다. '모짜르트 효과(Mozart effect)'라는 말에서 알 수 있듯이 현대에는 음악 치료 행위가 개발되고 있다. 음악에는 인간 정신의 독소를 정화시키는 기능이 있는 것이다 (최근의 용어로 '힐링' healing 기능). 콩치우는 이 점에 착안하였고, 음악을 예술의 장르를 넘어서 '도덕 교육'의 하나로서 인식하였다.[63]

콩치우는 학문과 예술에서 자기 생존 전체에 걸친 소망과 뜻을 달성할 수 있었다. 이렇게 얻은 행복 관념은 쾌락 지향적으로 흐르지 않았고, 도를 추구하는 데에서 인생의 보람을 느끼는 가치 지향적·윤리적 방향으로 전개되었다.

---

61 『논어』「술이」. "子在齊, 聞韶. 三月, 不知肉味. 曰: 不圖爲樂之至於斯也." 이 구절의 후반은 "(韶) 음악이 이러한 경지에 이른 줄은 생각지 못하였다"라는 번역도 가능하다.

62 「술이」의 위 구절에는 '배우다'[學之]라는 글자가 없다. 그러나 『사기』「공자세가」에서는 "子在齊, 聞韶. 學之三月, 不知肉味"라고 하였다. 이는 "음악을 석 달 동안 배웠다"라고 풀이된다. 이 구절에서 콩치우가 음악을 학습하였음을 알 수 있다.

63 『예기』에 다음 구절이 있다. "음(音)이란 사람의 마음에서 생긴다. 악(樂)이란 윤리와 통한다. 그러므로 성(聲: 음향)만 알고, 음(音: 가락)을 모르는 자는 동물과 같다. '음'을 알고 '악'을 모르는 사람이 대부분이다. 군자라야 능히 '악'을 알 수 있다."[凡音者, 生於人心者也. 樂者, 通倫理者也 … 唯君子爲能知樂] cf. 『예기집설대전』 권16,「악기樂記」, 학민문화사 영인본, 『예기』利, p. 342. 음악은 유가의 도덕 교육과 연결되었다. 모짜이는 음악을 생산성 없는 쓸모없는 일로 간주하여 배척하였다.

제6장

유가의 발전
The Development of Confucianism

6.1 멍커의 철학 사상

멍커(孟軻; B.C.371?~B.C.289?)는 현재의 산뚱 성 저우시앤(鄒縣)에서 태어났다. 세상에서는 멍쯔(孟子)라고 부른다. 서양인들은 그를 가리켜 'Mencius'라고 호칭한다. 중국인들이 멍커를 부르는 '멍쯔'에, 라틴어 'cius'가 합성된 것이다.

『사기』에 의하면, 그는 콩치우의 손자 콩지(孔伋; 子思)에게서 배웠다. 그러므로 그의 학문은 콩치우의 라인을 잇는 것으로 해석된다. 멍커는 여러 나라를 순방하며 국왕에게 자신의 이상을 설명하였으나, 받아들여지지 아니하였다. 그의 견해는 당시 현실에 알맞지 않은 지나치게 이상적인 것이었다. 학자들은 멍커를 가리켜 '우활(迂闊)하다'는 표현을 사용하였다.

멍커는 뜻을 접고 고향으로 돌아와 제자 완짱(萬章)과 더불어 『맹자』를 저술하였다. 이 저서는 훗날 주시에 의하여 〈사서四書〉 중의 하나로

편입되고, 관료 선발을 위한 고시 과목이 됨으로써 만인이 읽어야 하는 필독서가 되었다.[1]

멍커는 콩치우와 마찬가지로 생전에 '이론사유'를 주장한 일이 별로 없었다. 그가 '天'의 개념에 대하여 말하지 않은 것은 아니다. 그는 "마음[心]을 다하는 자는 본성[性]을 안다. 본성을 알면 하늘을 안다[知天]. 마음을 보존하고 본성을 기르는 것은 하늘을 섬기는[事天] 까닭이다"[2]라고 말하였다. 이 구절은 '心', '性', '天'의 개념에 대하여 단서를 제공하였지만, 더 이상 이론이 전개되지 못하였다. 멍커는 콩치우의 사상을 물려받고 제자들을 양성하여, '콩치우 학단'[儒家]의 발전에 기여한 공로가 있다.

1) 성선설

철학자들이 '선'(善; bonum)과 '악'(惡; malum)에 대하여 '이론사유'를 전개한 사례는 많다. 스피노자는 "자체로서 선하거나 악한 것은 없지만, 자기보존에 도움이 되는 것은 선하고, 피해가 되는 것은 악하다"고 보았다.[3] 니체도 "그 자체로서의 선악은 없다. 다만 인간의 해석이 있을 뿐이다"[4]라고 말한다. 필자도 선과 악은 그 자체로서는 존재하지 않는다고 판단한다. 여기서는 선악에 대한 문제를 일종의 '감정을 자극하는'(emotive) 문제로 보고, 이를 소개하고자 한다.

---

1 사서의 하나로 편입된 『맹자』는 현실을 신랄하게 비판하는 점이 있어서, 역대 황제들이 좋아하지 않았다. 시안의 '뻬이린'은 중국 고전을 돌에 새겨 전시하는 곳인데, 『맹자』를 새긴 비석은 맨 마지막으로 세워졌다.

2 『맹자』「진심盡心」上. "盡其心者, 知其性也. 知其性, 則知天矣. 存其心, 養其性, 所以事天也."

3 B. 스피노자, 『에티카』, 강영계 역, p. 246, p. 377.

4 박해용 · 심옥숙, 『철학 용어 용례 사전』, p. 118.

콩치우는 '仁'이라는 추상 명사에 의미를 부여하였지만, 이를 왜 실천해야 하는지에 대해서는 설명하지 못했다. 멍커는 이와 같은 질문에 해답을 찾기 위하여 '성선설'(性善說)을 들고 나왔다. 그가 성선설을 주장한 바탕에는 인간의 본성이 선(善)함을 아는 것이 '지천'(知天)이며, 타고난 덕성(德性)을 받드는 일이 '사천'(事天)이라는 의식이 있었다.[5] 멍커는 말한다.

사람은 누구나 '남의 고통을 그냥 지나치지 못하는 마음'[不忍人之心]이 있다 … 어떤 사람이 어린아이가 우물가로 기어가 빠지려는 것을 보았다고 하자. 누구나 깜짝 놀라서 측은(惻隱)한 마음을 가질 것이다. 이 마음은 어린아이의 부모와 교제를 트기 위한 것도 아니요, (어린아이를 구하여) 동네에서 이름을 얻고자 하는 것도 아니요, 또 (가만히 있어서 당하는) 소문을 싫어해서도 아니다. 이렇게 본다면, 측은하게 여기는 마음이 없으면 사람도 아니다. (또) 부끄럽고 미워하는[羞惡] 마음이 없으면 사람도 아니다. 사양(辭讓)하는 마음이 없으면 사람도 아니다. 시비(是非)를 가리는 마음이 없으면 사람도 아니다. '측은지심'은 어짊[仁]의 단서(端緒)이다. '수오지심'은 의로움[義]의 단서이다. '사양지심'은 예(禮)의 단서이다. '시비지심'은 지혜[智]의 단서이다. 사람이 사단(四端)을 가지는 것은 사지(四肢)가 있는 것과 같으니 … 무릇 나에게 있는 사단을 넓혀서 채울 줄 알면, 마치 불이 타오르듯이 혹은 샘물이 솟아오르는 것과 같을 것이다. 만일 이것을 능히 채운다면 세상을 보호할 수 있고, 만일 채우지 못한다면 자기 부모도 모시지 못할 것이다.[6]

---

5 馮達文·郭齊勇, 『新編中國哲學史』上(北京: 人民出版社, 2004), p. 95.

6 『맹자』「공손추」上. "孟子曰 人皆有不忍人之心. 先王有不忍人之心, 斯(사)有不忍人之政矣. 以不忍人之心, 行不忍人之政, 治天下可運之掌上. 所以謂人皆有不忍人之心

멍커는 어린아이가 우물에 빠지는 것을 보고 구하지 않을 사람이 없다는 사례를 전제로,[7] 인간의 본성은 본래 착한 것이라고 주장한다. 그리고 인간 행동 이면에 누구나 '인'·'의'·'예'·'지'라는 네 가지 덕(德)이 자리 잡고 있다고 본다. 인용문 가운데 '교제를 트기 위한 것' 혹은 '이름을 얻고자 하는 것'은 윤리학 이론에서는 '호혜적 이타주의'(互惠的利他主義; Reciprocal Altruism)에 해당한다. 멍커의 경우 이타적 행위로부터 발생할 수 있는 '보상 심리'가 배제되어 있다.[8] 이와 같은 멍커의 이야기는 그리스도교 『성경』의 '착한 사마리아 사람'(the Good Samaritan)을 생각하게 한다.

그 율법 교사는 자기가 정당함을 드러내고 싶어서 예수님께, "그러면 누가

者, 今人乍(사)見孺子將入於井, 皆有怵惕(출척)惻隱之心, 非所以內(납=納)交於孺子之父母也, 非所以要譽於鄉黨朋友也, 非惡(오)其聲而然也. 由是觀之, 無惻隱之心, 非人也, 無羞惡之心, 非人也, 無辭讓之心, 非人也, 無是非之心, 非人也. 惻隱之心, 仁之端也, 羞惡之心, 義之端也, 辭讓之心, 禮之端也, 是非之心, 智之端也. 人之有是四端, 猶其有四體 … 凡有四端於我者, 知皆擴(확)而充之矣, 若火之始然, 泉之始達, 苟能充之, 足以保四海, 苟不充之, 不足以事父母."

7 논리학에서는 이와 같은 추리 방법을 '귀납적 추리'(歸納的 推理; inductive inference)라고 부른다. 즉 어떤 사례를 놓고 거기에서 일반적 원리를 도출하는 방법이다. cf. 『철학대사전』, p. 113.

8 '호혜적 이타주의'는 개인들이 서로 다른 시기에 행하는 이타적 거래 행위를 말한다. 예를 들면, 어떤 이타적 행위가 상황이 바뀌면 보상을 받을 것이라는 약속(혹은 기대감)하에 물에 빠진 사람을 구조하는 행위이다. cf. 에드워드 윌슨, 『인간 본성에 대하여』, 이한음 역(서울: 사이언스 북스, 2002), p. 301. 멍커가 주장하는 바는, 어린아이를 구함으로써 부모와 교제를 트거나 혹은 동네에서 명성을 얻고자 함이 아니다. 즉 그로 인하여 발생할 수 있는 이익을 바라는 것이 아니다. 이것은 멍커의 사유 속에 '호혜적 이타주의'를 배제하는 의사가 있음을 뜻한다. 예수 그리스도가 "자선을 베풀 때는 오른손이 하는 일을 왼손이 모르게 하라" 혹은 "기도할 때에 골방에 들어가 문을 닫고 보이지 않는 네 아버지께 기도하라"라고 하는 정신과 통한다. cf. 『성경』「마태오복음서」 6:3-6.

저의 이웃입니까?" 하고 물었다. 예수님께서 응답하셨다. "어떤 사람이 예
루살렘에서 예리코로 내려가다가 강도들을 만났다. 강도들은 그의 옷을
벗기고 그를 때려 초주검으로 만들어 놓고 가 버렸다. 마침 어떤 사제가
그 길로 내려가다가 그를 보고서는, 길 반대쪽으로 지나가 버렸다. 레위인
도 마찬가지로 그곳에 이르러 그를 보고서는, 길 반대쪽으로 지나가 버렸
다. 그런데 여행을 하던 어떤 사마리아인은 그가 있는 곳에 이르러 그를
보고서는, 가엾은 마음이 들었다. 그래서 그에게 다가가 상처에 기름과 포
도주를 붓고 싸맨 다음, 자기 노새에 태워 여관으로 데리고 가서 돌보아
주었다. 이튿날 그는 두 데나리온을 꺼내 여관 주인에게 주면서, '저 사람
을 돌보아 주십시오. 비용이 더 들면 제가 돌아올 때에 갚아 드리겠습니
다' 하고 말하였다. 너는 이 세 사람 가운데에서 누가 강도를 만난 사람에
게 이웃이 되어 주었다고 생각하느냐?" 율법 교사가 "그에게 자비를 베푼
사람입니다" 하고 대답하자, 예수님께서 그에게 이르셨다. "가서 너도 그
렇게 하여라."[9]

이상의 두 가지 사례는 어려움에 처한 인간을 놓고 사람의 마음이 서
로 다르며 대처하는 방법도 다름을 말해 준다. 멍커는 누구나 '측은지
심'을 느낀다고 말하였지만, 『성경』에서는 오직 사마리아 사람만이
'가엾은 마음'을 가지고 선한 행동을 하였다. 사제(a priest)와 레위 사
람(a Levite)이 도둑맞고 반쯤 죽은 사람에게 가엾은 마음을 가졌는지
는 알 수 없다.

프랑스 형법에는 '착한 사마리아인 조항'(The Good Samaritan
Clause; La non-assistance à personne en danger)이 있다. 어려움에

---

9 『성경』「루카 복음서」 10:29-37.

처한 이웃을 구조하지 않는 행위를 형사 처벌의 대상으로 삼고 있다. 이는 어떤 사제 혹은 레위 사람처럼 강도를 만난 사람을 구제하지 않고 도망치면, 이들을 처벌한다는 내용이다. 일종의 윤리적 강제 규정이다.[10] 프랑스만이 아니라 독일, 스위스, 네덜란드, 이탈리아, 노르웨이, 덴마크, 벨기에 등 대부분의 유럽 국가가 이 규정을 가지고 있다.[11]

멍커와 같은 시대에 까오쯔(告子)라고 알려진 인물이 "사람의 본성은 선하지도 악하지도 않다"[無善無不善]라고 주장하였다는 기록이 『맹자』에 보인다.

까오쯔가 말하기를, "본성[性]은 마치 급하게 흐르는 물과 같다. 물을 동쪽으로 터놓으면 동쪽으로 흐르고, 서쪽으로 터놓으면 서쪽으로 흐른다. 사람의 본성이 선(善)과 불선(不善)에 구분이 없음은 마치 물이 동·서에 구별이 없음과 같다"라고 하였다.[12]

필자는 까오쯔가 주장하였다는 내용의 취지를 알지 못한다. 왜냐하면 이는 까오쯔가 아닌 멍커의 말이기 때문이다. 우리는 까오쯔의 저술을 만나지 못함이 아쉽다. 무릇 모든 주장은 양편의 입장을 함께 들어

---

10   프랑스 신형법(1996) 제223∼226조에는 "자기 또는 제3자의 위험을 초래하지 않고 위험에 처한 타인을 구조할 수 있음에도 고의로 구조하지 아니한 자는 5년 이하의 구금형 및 75,000 유로의 벌금형에 처한다"라고 규정한다.

11   1905년 제정된 한국 최초의 형법대전(刑法大典) 제4편 법률 제7절 제675조에 '착한 사마리아인 조항'에 해당하는 '견급불구율'(見急不救律; 급한 사태에 어려운 사람을 보고도 구하지 않는 죄) 조항이 있었다. "동행(同行)이나 동거한 사람이 타인을 모해(謀害)함을 지(知)하고 조당(阻當)치 않거나 수화(水火)나 도적의 급(急)이 유(有)한데 구호치 아니한 자는 태일백(笞一百)에 처한다"라는 규정이다. 이 규정은 1953년 부산 피난지의 국회 심의 과정에서 삭제되었다.

12   『맹자』「고자장告子章」上. "告子曰. 性猶湍水也. 決諸東方則東流, 決諸西方則西流. 性之無分於善不善也, 猶水之無分於東西也."

보아야 하지 않겠는가? 아무튼 '성선설'을 중심으로 당대 지식인들 사이에 치열한 담론이 전개된 증거를 볼 수 있다. 왕충은 『논형』에서 이렇게 말한다.

주(周; 楚의 잘못으로 보임_필자 주)나라 사람 스수어(世碩)가 사람의 본성에는 선함도 있고 악함도 있다[有善有惡]라고 생각하였다. 선한 본성을 들어서 잘 기르고 다하면 선(착함)이 자라나는 것이요, 악한 본성을 길러서 다하면 악(악함)이 자라나는 것이다. 이처럼 본성에는 각기 음양이 있으니, 선악은 기르는 바에 따른다. 그러므로 스수어는 『양서養書』한 편을 지었다. 푸쯔지앤(宓子賤), 치띠아오카이(漆雕開), 꽁쑨니쯔(公孫尼子) 등은 스수어와 더불어 본성[性]과 감정[情]에 관하여 논하였는데, 모두 사람의 본성이 선함도 있고 악함도 있다고 주장하였다 … 까오쯔는 "사람의 본성과 물은 같다"라고 하였다. 바야흐로 본성이 물과 같다는 것은 쇠[金]가 쇠이고, 나무가 나무라는 것과 같음을 말한다.[13]

이와 같은 기록에 의하면, 멍커가 주장한 '성선설'은 당대 지식인의 화두였을 것이다. 그러나 멍커의 성선설은 약점이 있었으며, 따라서 타당한 이론이 될 수 없다. 즉 그는 인간의 타고난 본성[本然之性]에만 관심을 기울였고, 후천적으로 발생하는 기질에 대해서는 말하지 않았다.

2) 왕도와 패도

남의 고통을 보고 지나치지 못하는 마음, 즉 '불인인지심'(不忍人之

---

13 『논형』권3,「본성本性」;『한위총서漢魏叢書』坤, 明刻本, pp. 1688-1689. "周人世碩, 以爲人性有善有惡 … 告子之言, 謂人之性與水同也, 便性若水, 可以水猶性, 猶金之爲金, 木之爲木也."

心)으로 인하여, 백성의 고통을 보고 그냥 지나치지 않는 정치가 필요하게 된다. 멍커에 의하면, 그것은 '불인인지정'(不忍人之政)을 바탕으로 하는 정치, 곧 '인정'(仁政)이다. 멍커는 국가를 '인정'을 통하여 도덕을 실현하는 합목적(合目的)인 존재로 파악하였다.

사람의 본성에 관한 불완전한 이론에 비해 국가를 도덕적 조직의 하나로 생각한 멍커의 사상이 사회에 공헌하는 바는 크다. 멍커에 의하면, 정권이 아들에게 세습되지 않고, 현명한 자를 발탁하여 후계자로 삼았던 때가 있었다. 야오(堯) 임금이 순(舜)을 선발하고, 순 임금이 위(禹)를 선발하는 과정이 그것이다. 학자들은 이를 '선양'(禪讓)이라고 부른다.[14]

현명한 사람이 군주가 되어야 한다는 주장은 나무랄 데 없다. 하지만 (인간의 이기심 때문에) 현실은 그렇지 못하다. 어떻게 해야 하는가? 만일 군주가 도덕적 조건[德]을 갖추고 있지 못하면, 그 군주를 쫓아내야 하지 않겠는가? 이는 현대 용어로 '탄핵' 제도를 말하는데, 멍커에게 그와 비슷한 관념이 있었다.

제(齊) 선왕이 물었다. "탕왕이 지에(桀)를 내치고, 무왕이 저우(紂)를 정벌하였다고 하니 그런 일이 있습니까?" 멍커가 대답하였다. "책에 있습니다." "신하가 군주를 시해함이 가능한 일이요?" "어짊[仁]을 해친 자를 '적'(賊)이라 하고, 의로움[義]을 해친 자를 '잔'(殘)이라고 말하는데, '잔·적'의 인물은 못된 놈[一夫]이라고 할 수 있지요. 못된 놈 저우(紂)를 죽였다는 말은 들었어도, 군주를 죽였다는 말은 듣지 못하였소."[15]

---

14 '선양'에 관한 이야기는 권력의 속성을 간과하고, 인간의 본성을 지나치게 미화한 것이다. 실제로 그 같은 방법으로 정권이 전수되었는지 믿기는 어렵다.
15 『맹자』「양혜왕」下. "齊宣王問曰. 湯放桀, 武王伐紂, 有諸? 孟子對曰. 於傳有之.

이는 권력자 선왕(宣王)과 일개 독서인(지식인) 멍커 사이의 대화이
다. 그 장면을 생각하면 찬 서리가 내리고 몸이 떨린다. 멍커가 못된 임
금을 '내쳐야 한다'[放伐]라고 주장하는 점에서, 그는 현대 용어로 '혁
명' 사상을 품고 있었다. 멍커의 과격한 주장으로 인하여 역대 황제들
은 멍커를 눈엣가시로 여겼다.

멍커에 의하면, 정치란 성인(聖人)의 사업이다. 성인이 천자(혹은
왕)가 되는 일이 바람직하다. 이는 고대 그리스의 플라톤이 주장한 '철
인 군주'(Philosopher King) 이론을 연상시킨다. 학술 용어의 측면에
서 말하면, 성인이 하는 정치가 '왕도정치'(王道政治)이고, 그 반대의
경우는 '패도정치'(覇道政治)에 해당한다.

> 무력[力]으로 어짐[仁]을 가장하는 것을 패도(覇道)라고 한다. 패도는 반
> 드시 큰 나라를 소유하려 한다. 덕(德)으로 어짐을 실천하는 것을 왕도(王
> 道)라고 한다. 왕도는 큰 나라를 필요로 하지 않는다 … 힘으로 사람을 복
> 종시키는 것은 마음을 복종시키는 것이 아니고 힘이 부족해서이다. 덕으
> 로 사람을 복종시키는 것은 마음이 진심으로 기뻐서 복종하는 것이다.[16]

멍커의 왕도정치는 인민의 의사를 중시하는 점에서 민주주의 정치와
통하는 부분이 있으며,[17] 패도정치는 민의를 무시한 파시스트 정치와

曰臣弑其君, 可乎? 曰賊仁者, 謂之賊. 賊義者, 謂之殘, 殘賊之人, 謂之一夫, 聞誅一夫
紂矣, 未聞弑君也."
16 『맹자』「공손추」上. "孟子曰. 以力假仁者, 覇. 覇必有大國. 以德行仁者, 王. 王不
待大 … 以力服人者, 非心服也, 力不贍也. 以德服人者, 中心悅而誠服也."
17 왕도(王道) 정치가 민주주의 요소를 내포하고 있다는 말은 'for the people'은 될
수 있어도, 'by the people' 혹은 'of the people'은 해당이 안 된다. 혹자는 멍커의 정
치적 주장을 민본주의(民本主義)라고 말하는데, 이 역시 'for the people'에만 해당한
다고 볼 것이다.

같다. 멍커의 주장은 현실을 무시한 이상주의의 전형이다. 그러나 가치의 측면에서 볼 때, 그의 주장은 설득력이 있다.

6.2. 멍커의 호연지기(浩然之氣)

콩치우는 나이 40에 "의혹되지 아니하였다"[不惑]라고 말하였는데, 멍커도 같은 나이에 마음이 흔들리지 않는 상태, 즉 '부동심'(不動心)을 얻었다고 기록하였다.[18] 그의 '부동심'이 정확히 무엇인지 알기 어렵다. 같은 구절에 "나는 나의 '호연지기'를 잘 기른다"라는 말이 있다. 철학적 측면에서 말하면, 이는 일종 양기설(養氣說)에 해당한다. 제자 꽁쑨처우(公孫丑)가 묻고 멍커가 대답한다.

> "감히 묻겠습니다. 선생님은 어디에 장점이 있습니까?" (멍커가) 대답하기를, "나는 말을 잘 안다. 그리고 나는 나의 '호연지기'를 잘 기른다."
> "감히 묻겠습니다. 무엇을 '호연지기'라고 합니까?" 말하기를, "말하기 어렵다. 그 '기'(氣)됨이 지극히 크고 강하니, '곧음'[直]으로 잘 기르고 해침이 없으면, (호연지기가) 천지에 가득 차게 된다. 그 '기'(氣)됨이 의리와 도에 짝하니, 이것이 없으면 굶주리게 된다."[19]

이곳의 '기'(氣)는 송학(宋學)에서 말하는 '리기'(理氣) 개념은 아니

---

18 『맹자』「공손추」上 제2장. "我四十不動心."
19 『맹자』「공손추」上. "敢問. 夫子惡乎長? 曰. 我知言. 我善養吾浩然之氣. 敢問. 何謂浩然之氣? 曰. 難言也. 其爲氣也, 至大至剛, 以直, 養而無害, 則塞于天地之間. 其爲氣也, 配義與道, 無是餒也."

다. 이는 '사람의 뜻[志]을 북돋우는 기운' 정도로 새긴다. '호연지기'
는 의리와 도에 합당한 기운을 말하고, 이것이 결여되면 몸이 충만하
지 못하다는 것이다.[20] 그러나 멍커 자신이 호연지기가 무엇인지를
"말하기 어렵다"[難言也]라고 하였으니, 자세한 내용을 알 수 없다. 펑
유란 교수는 '호연지기'를 영문으로 'The Great Morale'이라고 번역
하고, 이를 멍커의 특수한 용어라고 말하였다. 그리고 이를 '신비주
의'(Mysticism)로 처리하였다. 만일 '호연지기'가 일종 신비주의의 대
상이라면, 철학에서 그 내용을 취급할 수 없다. 필자는 한 편의 시
(詩)[21]를 소개하고 이에 담긴 내용이 '호연지기'의 경지가 아닌지 유추
해 본다.

피갈출창합(被褐出閶闔)	베 옷 입고 궁궐 문 나서니
고보추허유(高步追許由)	발걸음 허유(許由)를 쫓네
진의천인강(振衣千仞岡)	천 길 벼랑 위 옷깃 휘날리고
탁족만리류(濯足萬里流)	만 리 흐르는 물에 발 담그네
해활종어약(海闊從魚躍)	끝없이 넓은 바다, 물고기 뛰놀고
천공임조비(天空任鳥飛)	텅 빈 하늘, 새 날아가네

---

20 비유적으로 말하면, 그리스도교 신자에게 '성령'(Holy Spirit)이 충만하다는 표
현이 있다. 멍커의 '호연지기'는 의리와 도(道)에 짝하는 충만한 기운으로 해석한다.
21 이 시는 서진(西晉) 시대 제(齊)나라 린쯔(臨淄) 사람 주어쓰(左思)의 작품이다.
'영사시'(詠史詩)라고 부른다. 주어쓰에 대해서는 팡쉬앤링(房玄齡)의『진서晉書』권
92,「열전列傳」을 참고하라. 시는「열전」에 소개되지 않았다.『사고전서』자부에서 원
문을 취하였다.

6.3 쉰쿠앙의 철학 사상

세상에서 쉰쯔(荀子)라고 부르는 인물 쉰쿠앙(荀況; B.C.298~B.C.238)은 현재 산시 성에 있었던 조(趙)나라에서 태어났다. 서양인들은 그의 이름에 'cius'를 합성하지 않고, 중국인들이 부르는 '쉰쯔'(荀子)의 한어 발음대로 'Hsun Tzu'라고 표기한다. 사람들은 그에 대한 존경의 표시로 '쉰칭'(荀卿)이라고도 불렀다.

『사기』에 의하면, 쉰쿠앙은 50세에 산둥 지역 제(齊)나라에 갔다. 처음에는 다소 인정받았지만 텃세에 시달렸으므로, 그곳을 떠나 남쪽 초(楚)나라로 갔다.『순자荀子』는 대부분이 그가 직접 저술한 것으로 추정한다. 그러나『순자』는 주시의 〈사서〉에 들지 못하여『맹자』보다 덜 읽혔고, 그 결과 멍커에 비하여 영향력이 뒤떨어지게 되었다. 쉰쿠앙이『맹자』를 읽었는지는 알 수 없다. 만일 그가『맹자』를 접하지 못하였다면, 콩치우 → 멍커 → 쉰쿠앙의 연결 고리가 희박하다. 그러나 그의 학설이 대체로 콩치우의 그것을 강조하고 있으므로, 그를 '유가'의 발전 노선에 배치함에는 무리가 없다.[22]

1) 천도의 불변성

중국 고대철학사 연구 과정에서 끝없이 사람을 괴롭히는 문제가 있으니, 곧 '천'(天)에 대한 개념이다. 상·주 시대부터, 콩치우·멍커[23]를 만나서 언급된 '천' 개념은 정합적이지 못하고 불투명하다는 것이 필자의 인식이다. 펑유란 교수는 '천' 개념을 다섯 가지로 나누어 설명하

---

22 우리는 '제자백가'의 이름이 한대(漢代)에 정립되었음을 기억해야 한다.
23 멍커의 경우 별도로 설명하지 않았지만,『맹자』「진심」에 '지천'(知天) 혹은 '사천'(事天)의 개념이 있다(앞에서 인용하였음).

였다. ① 물질지천(物質之天; 바람이 불고 비가 오는 하늘), ② 주재지천(主宰之天; 인격과 의지가 있는 하늘), ③ 명운지천(命運之天; 인간의 운명을 좌우하는 하늘), ④ 자연지천(自然之天; 자연의 운행으로서의 하늘), ⑤ 의리지천(義理之天; 우주적 생명력으로서의 하늘)이 그것이다.[24]

필자는 의미가 있는 것은 ②항과 ⑤항뿐이라고 주장한다. ①항과 ④항은 같은 것이고, ③항은 ②항에 포함된다고 판단한다. 앞에서 필자는 콩치우의 '천' 개념이 대체로 ⑤항에 해당한다고 보았다. 멍커의 경우는 헷갈려서 무어라고 말할 수 없을 지경이다.[25]

이 문제에 대하여 쉰쿠앙은 좀 더 나아갔다. 『논어』와 『맹자』에는 '천'에 대하여 언급한 독립된 장절(章節)이 없다. 그러나 『순자』에는 독립된 장(章)으로서 「천론天論」이 존재한다. 쉰쿠앙은 말한다.

'하늘'[天; 대자연]의 도리[天道]는 항구(恒久) 불변하다. 이 도리는 야오(堯) 임금만을 위하여 존재하는 것도 아니고, 지에(桀) 임금을 멸망시킨 것도 아니다. 도리를 잘 따라서 안정적 조치를 취하면 길(吉)하고, 혼란된 조치를 취하면 흉(凶)하다 … 그러므로 '하늘'(天)과 사회[人]를 밝게 구분하는 사람을 지인(至人)이라고 부를 수 있다 … 사회적 안정과 혼란은 하늘 때문인가? … 사회 안정과 혼란은 하늘 때문이 아니다.[26]

---

24 程帆, 『我聽馮友蘭講中國哲學』, p. 88.
25 펑유란 교수도 헷갈렸다. 그는 멍커의 '천' 개념은 어떤 때는 '주재지천'이고, 어떤 때는 '명운지천'이며, 또 어떤 때는 '의리지천'이라고 지적하였다. cf. 程帆, 앞의 책, pp. 88–89.
26 王先謙, 『순자집해荀子集解』 권10, 「천론天論」(北京: 中華書局, 1997), pp. 306–311. "天行有常, 不爲堯存, 不爲桀亡. 應之以治則吉, 應之以亂則凶 … 故明於天人之分, 則可謂至人矣 … 治亂天耶? … 治亂非天也."

우리는 여기서 중요한 사항을 파악할 수 있다. 쉰쿠앙 이전의 '천' 개념은 불분명하지만, 어떤 도덕 질서[天命]를 내포한 것으로 해석된다. 그것이 주재적(主宰的)이든 혹은 의리적(義理的)이든 상관없이 하늘은 인간의 도덕적 행위를 규제하는 그 무엇이었다.

그런데 쉰쿠앙에게는 '천'이 도덕 질서와 상관없는 것이었다. 그는 (성군이라는) 야오(堯)든, (폭군이라는) 지에(桀)든 '천'의 의지와 무관한 인물들이며, 또한 다스려져 사회적 안정을 취하는 일[治]이나, 흐트러져 난세에 이르는 일[亂]도 하늘과는 무관하다고 보았다. 쉰쿠앙 이전의 '천'은 권력자의 입맛, 혹은 지식인의 자의적 해석에 따라서 가치 판단이 부여되는 어떤 질서였다. 그러나 쉰쿠앙에게는 가치 개념이 배제된 '객관 존재'로서의 '천'의 존재만이 있었다.[27] 이것이 그가 말한 '천도유상'(天道有常)의 의미이다.

2) 성악설

앞에서 언급한 것처럼, 필자(황준연)는 '선'과 '악'은 그 자체로서는 존재하지 않는다고 판단한다. 멍커의 경우처럼, '악'을 '감정을 자극하는' 문제로 보고 언급한다.

쉰쿠앙의 학문은 유학의 범주에 속한다. 그러나 그는 멍커의 학설에 반대하였다. 필자는 쉰쿠앙의 학문이 2/3는 유학이고, 1/3은 법가의 학설이라고 판단한다. 앞에서 지적한 바와 같이, 쉰쿠앙은 '천'을 도덕 질서와 관계없는 '객관 존재'로 인식하였다. 이는 '천'이 인간 본성의 착함[善]과 무관함을 의미한다. 이와 같은 점에 근거하여 사람의 본성이 태어나면서부터 이익을 좋아하니, 그 본성을 좇다 보면 다툼이 생겨

---

27 馮達文 · 郭齊勇, 『新編中國哲學史』 上, p. 172.

나고 사양하는 마음이 없어진다는 그의 '성악설'(性惡說)이 탄생한다.

사람의 본성은 악(惡)하다. 선한 점이 있는 것은 노력의 결과(작위)이다. 사람의 본성은 태어나면서부터 이익을 좋아하니, 본성을 좇아서 다툼(쟁탈)이 생겨나며 사양하는 마음이 없어진다. 사람은 태어나면서부터 시기하고 미워하는 마음이 있으니, 본성을 좇아서 남을 해치는 놈들이 생겨나고 정성과 믿음은 망한다. 태어나면서부터 이목(耳目)의 욕심이 있으니, 성색(聲色)을 좋아함이 있다. 본성을 좇아서 음란이 생기고 예의 법도는 망한다. 그러한즉, 사람의 본성을 좇고 정(情)을 따르면 반드시 다툼(쟁탈)이 생겨 범죄가 발생하고 예의 법도가 무너져서, 마침내 폭란(暴亂)으로 돌아간다. 그런 까닭에 스승의 교화와 예의 도리가 있은 연후에 사양하는 마음이 생겨나고, 예의 법도에 합하여 마침내 잘 다스려지는 경지[治]로 돌아간다. 이와 같은 점을 놓고 본다면, 사람의 본성이 악하다는 것은 분명하다. 그 선함은 노력의 결과이다.[28]

영국 철학자 홉스(Thomas Hobbes; 1588~1679)는 "인간의 본성은 자신의 고유한 삶을 보존하기 위하여, 이기주의적인 힘과 소유의 충동으로서 자연적 욕구(cupiditas naturalis)를 포함한다"[29]라고 주장한 바 있다. 이는 인간이 본래부터 이익을 좋아하고, 감각적 쾌락을 가지고 있다는 쉰쿠앙의 견해와 닮았다.

---

28 『순자집해』권17, 「성악性惡」, pp. 434-435. "人之性惡. 其善者僞也. 今人之性, 生而有好利焉, 順是, 故爭奪生而辭讓亡焉. 生而有疾惡焉, 順是, 故殘賊生而忠信亡焉 … 用此觀之, 然則人之性惡明矣. 其善者僞也."

29 쿠르트 프리틀라인, 『서양철학사』, 강영계 역(서울: 서광사, 1985), pp. 174-175. 홉스가 말한 인간의 욕구는 '만인에 대한 만인의 투쟁'(bellum omnium contra omnes)으로 전개된다.

쉰쿠앙의 이야기는 현실 세계를 놓고 보면 설득력이 있지만, 전적으로 옳다고 말할 수는 없다. 쉰쿠앙의 '성악설'의 약점은 인간의 타고난 본성이 아니라, 후천적으로 발생하는 기질에 대해서만 말한 것이다.[30]

'인간의 본성이 선한 것인가? 혹은 악한 것인가?' 하는 물음은 인류 정신사(精神史)에서 의미 있는 질문이다. 그러나 이는 자연과학, 특히 사회생물학의 측면에서는 초보적이고 유치한 물음이다. 중요한 것은 "인간의 본성이 무엇인가?"에 대한 근원적인 탐색이다.

철학의 측면에서 인간 본성에 대한 연구는 끊임없이 진행되었다. 옥스포드대학의 트리그(Loger Trigg; 1941~) 교수는 인간 본성을 다음과 같이 분석하였다.[31]

플라톤 ─ 육체의 감옥에 갇힌 인간

아리스토텔레스 ─ 이성적 동물로서 인간

아퀴나스 ─ 원죄에 시달리는 인간

홉스 ─ 이기심으로 살아가는 인간

흄 ─ 욕구와 감정에 지배되는 인간

다윈 ─ 자연선택으로 살아남은 호모 사피엔스

마르크스 ─ 사회적 존재로서의 인간

니체 ─ 진리와 가치를 창조하는 인간

---

30 중국철학사에서 이 문제를 이론적으로 정리한 인물은 주시이다. 그는 인간의 본성을 선천적인 본연의 성[本然之性]과 후천적인 기질의 성[氣質之性]으로 구분하였다. 멍커의 '성선설'은 '본연의 성'을, 쉰쿠앙의 '성악설'은 '기질의 성' 가운데 탁(濁)한 부분을 말한다고 해석하였다. 주시에 의하면, 기질에는 맑고 흐림[淸濁]이 있는데, 맑은 부분은 악하다고 말할 수 없다.
31 로저 트리그, 『인간본성에 대한 철학적 논쟁』, 최용철 역(서울: 간디서원, 2003), 차례 일부.

프로이트 ― 성적 본능 앞에 무력한 인간
비트겐슈타인 ― 언어적 존재로서의 인간

　하버드대학의 윌슨(Edward O. Wilson; 1929 ~) 교수는 인간을 ‘생물학적 존재’ 라는 점에 비중을 두고 연구하였다. 그에 의하면 인간, 특히 남성의 공격성은 타고난 것이며 유전적 성향을 갖는다. 텃세는 공간에 대한 방어이며, 먹이의 확보와 관련이 있다. 전쟁은 공격성의 확실한 징표이다. 여성의 난자는 평생 400여 개 생산하는 데 반해, 남성은 한 번 사정(射精)에 약 1억 마리의 정자를 방출한다는 사실도 그 징표의 하나이다.

　‘이타주의’ 도 유전자의 작용일 수 있다.[32] 영국의 동물학자 구달(Jane Goodall; 1934 ~)은 침팬지의 형제 자매들이 고아가 된 아기를 떠맡는 사례를 관찰하였다. 아프리카 흰개미의 일종은 위험에 처할 때, 노란 분비액을 뿜어내며 자신과 적 모두를 옭아매며 죽음에 이르게 한다. 종교는 인간정신 중 가장 복잡하고 강력한 힘이지만, 이 또한 유전자의 활동일 수 있다.

　진화생물학에서는 도덕 자체의 발생을 유전자와 관련하여 본다. 라이트(Robert Wright)의 『도덕적 동물』은 이 같은 분야의 저술이다.[33] 여기서 필자는 사회생물학 혹은 진화생물학을 더 이상 끌고 가지는 않겠다.

　자연과학의 발전에 따른 ‘진화생물학’ 의 관점에서 인간의 본성을 규

32　윌슨은 *On Human Nature*에서 인간 행동을 네 가지로 구분하여, 공격성(Aggression), 성(Sex), 이타주의(Altruism), 종교(Religion) 등의 측면에서 분석하였다. cf. 에드워드 윌슨, 『인간본성에 대하여』, 이한음 역(서울: 사이언스북스, 2002).
33　로버트 라이트, 『도덕적 동물』, 박영준 역(서울: 사이언스북스, 2003).

정할 수 있다. 그러나 더 근본적인 문제가 있다. 멍커의 '성선설'이나 쉰쿠앙의 '성악설'은 인간에게 '본유 관념'(innate idea; idées innées)으로서의 '본성'이 있음을 바탕으로 전개된다.

만일 인간의 본성이 없다면 어떻게 될까? 프랑스 계몽 시기 철학자 꽁디약(Etienne Bonnot de Condillac; 1714~1780)에 의하면, '본유 관념'으로서의 인간 본성은 존재하지 않는다.[34] 만일 이 점을 증명할 수만 있다면, 멍커와 쉰쿠앙의 학설 논쟁은 무의미하게 된다. 그러나 꽁디약의 주장을 증명할 수 없기 때문에, 멍커와 쉰쿠앙의 주장은 계속 유효하다고 말할 수 있다.

3) 동물은 예(禮)가 없다

'성악설'에 의하면 사회적 혼란은 피할 수 없다. 쉰쿠앙은 다툼(쟁탈)으로 인한 혼란을 막기 위하여 어떤 장치가 필요하다고 생각하였다. 그것이 '예'(禮)이다. 법가는 이 장치를 '법'으로 생각한다. 여기에서 유가와 법가의 갈림길이 열린다. 쉰쿠앙의 사상에 법가적 요소가 있지만, 그가 '예'를 강조한 점에서 유가에 속한다.

'예'는 어디에서 기원하는가? 쉰쿠앙은 인간의 욕구에 비하여 욕구를 충족시키는 물질이 한정되어 있음을 지적하고 다음과 같이 말한다.

사람들은 (음식과 성생활처럼) 욕망하는 것과 (죽음과 가난처럼) 싫어하는 것에서 모두 같다. 욕구는 많은데 물건은 적다. (욕망에 비하여 물건이 적기 때문에) 반드시 투쟁이 생길 수밖에 없다.[35]

---

34 앙드레 베르제 · 드니 위스망, 『인간과 세계』, 남기영 역, p. 25.

35 『순자집해』 권6, 「부국富國」, p. 176. "欲惡同物, 欲多而物寡, 寡則必爭矣."

'예'는 어디에서 기원하는가? 사람은 태어날 때부터 욕망이 있다. 욕망이 충족되지 않는다고 해서 구하지 않을 수 없다. 그런데 구하는 기준과 구분이 없으면 다투게 된다. 옛 임금들은 혼란을 싫어해서 예의(禮義)를 제정하여 한계를 분명히 하였다. 그렇게 함으로써 사람들의 욕망을 길러 주고 사람들의 구하는 것을 채워 주어, 욕망으로 하여금 반드시 물건에 궁하지 않게 하고, 물건도 반드시 욕망에 모자라지 않게 하였다. 욕망과 물건이 서로 의지하여 자라나게 된다. 이것이 '예'가 기원하는 곳이다.[36]

쉰쿠앙에 의하면 '예'는 다툼을 조절하는 기능을 갖는다.

'예'가 나라의 질서를 바르게 하는 것은 저울[權衡]로써 가벼움과 무거움을 재는 것과 같고, 먹줄[繩墨]로써 굽은 것과 곧은 것을 구별하는 것과 같다. 그러므로 사람은 '예'가 없으면 살아갈 수 없고, 일이란 '예'가 없으면 이루어지는 것이 없다. 국가는 '예'가 없으면 편안할 수 없다.[37]

물건의 가볍고 무거움을 재는 데에는 저울이 필요하고, 곡선과 직선을 구별하는 데에는 먹줄이 필요하듯이, 나라에는 혼란을 방지하기 위하여 '예'가 필요하다는 말이다. 그러므로 "군주는 자는 예를 융숭하게 하고 어진 선비를 존중해야 왕도를 실현할 수 있고, 법을 중시하고 백성을 편애하면 패도가 된다."[38] 그는 다음과 같이 말한다.

---

36 『순자집해』권13,「예론禮論」, p. 346. "禮起於何也? 曰. 人生而有欲, 欲而不得, 則不能無求. 求而無度量分界, 則不能不爭 … 兩者相持而長, 是禮之所起也."
37 『순자집해』권19,「대략大略」, p. 495. "禮之於正國家也, 如權衡之輕重也 … 國家無禮不寧."
38 『순자집해』권19,「대략」, p. 485. "君人者, 隆禮尊賢而王. 重法愛民而覇."

사람이 사람인 까닭은 무엇 때문인가? 그것은 분별[辨]이 있기 때문이다. 배고플 때 음식을 찾고, 추울 때 따뜻함을 구하며, 수고로울 때 쉬려 하고, 이익을 좋아하고 해로움을 싫어함은 사람이 태어날 때부터 타고난다. 이것은 배우지 않아도 알 수 있.다. (현군) 위(禹) 임금이나 (폭군) 지에(桀) 임금이나 똑같다. 그러므로 사람이 사람 노릇을 하는 것은 두 다리를 가지고도 털이 없다는 것 때문이 아니라, (인류의) 분별이 있기 때문이다. 원숭이[猩猩]는 말도 하고, 웃을 줄 알며 두 다리에 털이 있는 놈이다. 군자는 국물을 마시며 고기 조각을 먹는다. (i.e. 동물은 분별이 없지만 사람은 분별이 있다.) 그러므로 사람이 사람 노릇을 하는 것은 오직 두 다리를 가지고도 털이 없다는 것이 아니고 분별이 있기 때문이다. 동물은 부자(父子)가 있으나 부자간에 친함[親]은 없고, 암수가 있으나 남녀 간의 분별은 없다. 따라서 사람의 도리는 분별보다 더 큰 것이 없고, 분별은 (친하고 소략함의) 구분보다 더 큰 것이 없다. 구분은 예(禮)보다 더 큰 것이 없고(구분이 생기면 '예'가 있게 된다), '예'는 성왕(聖王)보다 더 큰 존재는 없다.[39]

인간은 '털 없는 원숭이'이지만, 원숭이와 다른 것은 '예'가 있기 때문이라는 주장이다. 쉰쿠앙에 의하면, '예'란 동물과 사람을 가르는 기준이며, '예'에 의지하는 방법만이 '만인에 대한 만인의 투쟁'이 발생하는 약육강식의 동물 사회를 벗어날 수 있다. '예'는 어떤 의식(儀式)을 필요로 한다. 대표적인 의식이 상례(喪禮)와 제사(祭祀)이다. 유교는 상례와 제사의 의식을 강조함으로써 독특한 문명을 구축하였고, 이는 동아시아 전반에 걸쳐서 지대한 영향을 끼쳤다.

---

39 『순자집해』권3, 「비상非相」, pp. 78~79. "人之所以爲人者, 何已也? 曰. 以其有辨也 … 故人道莫不有辨. 辨莫大於分. 分莫大於禮, 禮莫大於聖王."

인터메쪼(Intermezzo) 2:

꾸어띠앤 죽간 『성자명출性自命出』의 사상 맥락

1) 원문 소개

콩치우의 제자 쯔공(子貢)은 스승이 인간의 본성[性]과 천도(天道)에 대하여 구체적으로 말하지 않았다고 불만을 터트린 일이 있었다. "쯔공이 말하였다. '선생님이 사람의 몸가짐과 말씀에 대해서 이야기하신 것은 들을 수 있었으나, 사람의 본성[性]과 천도(天道)에 대하여 이야기하는 것은 들을 수 없었다.'"[40]

『논어』의 이 구절은 콩치우가 인생의 자잘한 것에 대해서는 이야기하였으나, 성명론(性命論) 혹은 우주론(宇宙論) 철학에 대해서 말하지 않았음을 암시한다. 콩치우는 현학적 이론을 나열하는 것을 싫어하였다. 그러나 지식 추구가 인간 본능임에 비추어, 우리는 어떤 문제를 놓고 질문을 던지는 데 주저해서는 안 된다. 원래 철학자들은 귀찮은(?) 질문을 자주 던지는 자들이다. 인간의 심(心)·성(性)·정(情)도 그러한 문제에 속한다.

1993년 후베이(湖北) 성 징먼(荊門) 시 꾸어띠앤(郭店)의 발굴 자료 중에는 『노자』 3조, 『태일생수太一生水』 이외에 『성자명출性自命出』이라 이름 붙인 죽간이 있었다. 같은 내용의 죽간이 1994년 상하이박물관에서 입수한 자료에도 나타나 관심을 끌었다. 상하이박물관 죽간(『상박간上博簡』으로 줄여 부름) 자료는 연구자에 따라서 『성정性情』 혹은 『성정론性情論』이라고 불리기도 하는데, 꾸어띠앤의 『성자명출』과 내용이 같고, 판본은 다르다. 편제 또한 다른데, 전자(『상박간』)는 6

---

40 『논어』 「공야장」. "子貢曰. 夫子之文章, 可得而聞也, 夫子之言性與天道, 不可得而聞也."

장으로 나누어져 있고, 후자(꾸어띠앤)는 장을 나누지 않았다.

그동안의 연구에 의하면 『성자명출』(『상박간』)은 유가학파에 속하며, 콩치우의 손자 콩지(孔伋; 子思)와 그의 제자 멍커와 관련을 맺고 있다. 이 책의 저자는 콩지가 아니면, 스쯔(世子)라고 높여 부르던 스수어(世碩)일 가능성이 크다.[41] 사상사의 측면에서 볼 때, 『성자명출』은 소개할 가치가 크다. 왜냐하면 이는 철학 사상 중요 개념 심(心)·성(性)·정(情)의 문제를 다루고 있기 때문이다. 원문에 이어서 번역문을 소개한다.

[원문]

凡人唯(雖)有眚(性). 心亡(無)奠(定)志. 待勿(物)而句(后)作. 待兌(悅)而句(后)行. 待習而句(后)奠(定). 喜怒哀悲之氣, 眚(性)也. 及其見於外, 則勿(物)取之也. 眚(性)自命出, 命自天降. 道司(始)於靑(情), 靑(情)生於眚(性). 司(始)者近靑(情), 終者近義. 知[情者能]出之, 智(知)宜(義)者能內(入)之. 好亞(惡), 眚(性)也. 所好所亞(惡), 勿(物)也. 善不[善, 性也]. 所善所不善, 執(勢)也.

[한글 번역]

무릇 사람에게는 본성[性]이 있다. 마음[心]이 지향하는 의지[志]를 갖는 것이 아니다. 사물[物]을 기다린 연후에 작용하고, 기쁨[悅]을 느낀 이후에 행동하며, 습관[習]이 된 이후에 방향이 정해진다. 기쁨[喜], 노함[怒], 슬픔[哀], 비탄[悲]의 기운[氣]이 본성이다. 밖으로 나타난 데에 미쳐서 사물이 취한다. 본성은 '명'으로부터 나오고, '명'은 하늘이 내리는 것이다

41   丁四新, 『郭店楚墓竹簡思想研究』, 北京: 東方出版社, 2000 참조.

[性自命出, 命自天降]. 도(道)는 감정[情]에서 시작하고, 감정은 본성[性]에서 태어난다. 시작은 감정에 가깝고, 끝은 의리[義]에 가깝다. 감정을 아는 자는 능히 나오고[出], 의리를 아는 자는 능히 들어간다[入]. 좋아하고 미워함은 본성이다[好惡, 性也]. 좋아하는 바와 미워하는 바는 사물이다 [所好所惡, 物也]. 선하고 선하지 않음은 본성이다[善不善, 性也]. 선한 바와 선하지 않은 바는 세력이다[所善不善, 勢也].

이상은 꾸어띠앤 출토본 『성자명출』 20장 가운데에 제1장의 원문과 한글 번역이다. 원문은 리티앤홍(李天虹)의 『郭店竹簡《性自命出》研究』와 리링(李零)의 『郭店楚簡校讀記』를 조합하여 취하였다. 문장이 난삽하고 개념 또한 불완전하지만, 중국철학의 중요한 카테고리가 등장한 것으로 볼 수 있다. 이를 내용의 측면에서 정리하면 다음과 같다.

성(性)은 사람의 본성으로 사람의 마음[心] 가운데에 숨어 있다.
정(情)은 사람의 감정이다. 감정은 본성이 유출될 때에 밖으로 나타난다.
심(心)은 사람의 정신 활동이다.
지(志)는 사람의 주관 의지이다.
습(習)은 사람의 후천적인 습관이다.
사람의 본성은 천명(天命)에 의해서 만들어진다.
사람은 선천적으로 좋아함과 미워함[好惡]의 감정을 갖는데, '好惡' 그 자체는 본성이고, 이것은 밖으로 나와 사물[物]과 접촉하여 나타난다. 나타날 때는 사물에 접촉하므로 감정[情]이 촉발된다.
선하고[善] 선하지 않음[不善]은 본성이다.

2) 『성자명출』의 심성론

　본문의 처음에 등장하는 '본성'[性; 원문 眚]은 보편 개념이다. 이는 하늘이 부여하는 것으로 해석된다. 본성은 소나 거위 등의 동물들도 가지고 타고난다(『성자명출』 제7장). 그러므로 성인(聖人)의 본성이나 보통 사람의 본성은 다른 것이 아니다—이 구절은 『성자명출』과 함께 출토된 꾸어띠앤 죽간 『성지문지成之聞之』 제6장의 이야기이다—

　중요한 것은 『성자명출』 제1장의 "본성은 '명'으로부터 나오고, '명'은 하늘이 내린다"[性自命出, 命自天降]라는 문장이다. '명'(命)은 갑골문에는 보이지 않고, 서주 시대 이후에 나타난 개념으로, '천명'(天命)처럼 합성어로 쓰였다. '命'이 등장하는 당시의 문장을 살펴보자면, 『논어』 「계씨」에서는 "군자는 세 가지 두려움이 있다. 천명을 두려워하고, 대인(大人)을 두려워하고, 성인(聖人)의 말을 두려워한다"라고 하였다. 『성자명출』보다는 나중에 탄생한 것으로 보이는 『맹자』 「진심」 上에는 다음과 같은 기록이 있다.

> 마음[心]을 다하는 자는 본성[性]을 안다. 본성을 알면, 즉 하늘[天]을 알게 된다. 그 마음을 잘 지키고 본성을 잘 기르면, 곧 하늘을 섬기는 것[事天]이다. 요절하거나 장수함을 마음에 담아 두지 않아, 몸을 닦고 죽음을 기다림은 '입명'(立命)하는 것이다.[42]

　여기에서 우리는 심·성·천·명의 네 가지 추상 명사가 등장함을 본다. 이에 대한 주시의 해석에 의하면, '입명'(立命)이란 하늘이 부여해 준 것(본성)을 온전히 보존하여 사람을 해치지 않음을 말한다.

42　『맹자』 「진심」 上. "孟子曰. 盡其心者, 知其性也, 知其性, 則知天矣. 存其心, 養其性, 所以事天也. 殀壽不貳, 修身以俟之, 所以立命也."

『성자명출』제1장의 이 구절은 콩지의 저술『중용』제1장 "하늘이 명한 것을 본성[性]이라 이른다. 본성을 따름(혹은 통솔하는 것)을 도(道)라 이르고, 도를 닦음을 교(敎)라고 이른다"[天命之謂性, 率性之謂道, 修道之謂敎]라는 첫 구절과 통한다.

또한『성자명출』제6장에는 "본성을 이끄는 것은 도이다"[長性者, 道也]라는 구절이 있는데, 이는『중용』제1장 두 번째 구절 '率性之謂道'와 통한다. 여기에서 率자는 전통적으로 '따르다'라고 번역된다. 그러나 이 글자는 '통솔하다'라는 의미도 있다.『성자명출』의 '長性者'에서 長자는 형용사로는 '길다'의 뜻이지만, 여기서는 그 뜻을 '자라다' 혹은 '이끌다'의 의미로 해석한다. 이와 같은 점에서 두 구절이 서로 통한다. 연구자들의 해석이 엇갈리고 있으나,『성자명출』의 문장이『중용』제1장과 관계가 있음을 부정할 수 없다.

『성자명출』제1장에 보이는 '물'(物)의 개념 또한 분석의 대상이다. 이는 사물, 일 혹은 외부의 환경 등으로 해석된다. 외계의 사물이 심성을 촉발시킨다. 이렇게 하여 나타난 것이 곧 정감 혹은 감정[情]이다.

아직『성자명출』의 연구는 충분히 진행되지 않았다.『성자명출』에 담긴 철학 사상에 대하여 관련 학자들의 깊이 있는 연구 결과를 기대해 본다.

3)『성자명출』의 정론

정(情)은 사람의 감정이다. 감정은 본성이 유출될 때에 밖으로 나타난다.『성자명출』제1장에서, "기쁨, 노함, 슬픔, 비탄의 기운이 본성이다. 밖으로 나타난 데에 미쳐서 사물이 취한다"라고 하였는데, 본성이 외계의 사물에 부딪쳐서(촉발하여) 나타나는 것이 '정'이다.『성자명출』에 보이는 '정'에 관한 내용을 정리하면 다음과 같다.

도(道)는 '정'(情)에서 시작하고, '정'은 본성에서 생긴다. (1장)

예(禮)는 '정'에서 생겨나고, 혹은 흥(興)한다. (8장)

군자는 '정'을 아름답게 여기고, '의'(義)를 귀하게 여긴다. (8장)

믿음[信]이란 '정'의 방향[方]이요, '정'은 본성에서 생긴다. (13장)

대저 사람의 '정'은 가히 기뻐함이다 … 말이 없이 믿음을 가지면 아름다
　운 '정'을 지님이요, 가르침이 없이도 백성이 항심(恒心)을 지님은 본
　성이 착한 것이다. (16장)

이상에서 보는 바와 같이, '정'이란 밖으로 노출되어 나타나는 인간 감정이다. 『중용』 제1장에서는 "희·노·애·락이 밖으로 노출되지 않은 상태를 가리켜 '중'(中)이라 하고, 밖으로 노출되어 절도에 알맞으면 '화'(和)라고 이른다"라고 하였다. 여기에서 '희·노·애·락'은 '정'을 말한다.

『맹자』에서는 '정'의 문제를 크게 다루지 않는다. '정'에 대하여 참고할 만한 구절이 두 군데 보인다. 그 첫째는 「등문공」 上의 구절인 "대저 사물의 같지 않음은 사물의 '정'이다"[夫物之不齊, 物之情也]인데, 이 경우는 실정 혹은 형편을 말할 뿐 고찰할 가치가 없다. 그 둘째는 「고자」 上에 보이는, "그 '정'으로 말한다면, 가히 선하다고 할 수 있으니, 이것이 내가 말하는 선하다는 것이다"[孟子曰. 乃若其情, 則可以爲善矣, 乃所謂善也]라는 구절이다. 후자는 철학적으로 고찰할 가치가 있는데, 주시는 "'정'은 본성이 움직인 것이다"[情者, 性之動也]라고 해석하였다—'정'의 문제는 12세기 송대(宋代)에 이르러 철학적 문제로 본격적으로 논의되었다. 송대의 학자들은 '심·성'을 중요하게 여겼고, '정'을 경시하는 경향이 강했다—

『성자명출』은 중국철학의 개념인 심·성·정(心·性·情)의 문제를

취급한 점에서 가치가 크다. 또한 『성자명출』은 『중용』의 사상과 가까운 사이라는 점이 증명된다. 학자들은 이 자료가 '사맹학파'(思孟學派; 콩지, 즉 콩쓰(子思)와 멍커를 중심으로 이루어진 학파)에서 나타난 것으로 유추하며, 『중용』이 나타나기 이전의 징검다리로 이해한다. 어떤 학자는 『성자명출』의 사상이 진화하여 멍커의 '성선설'을 낳은 것으로 보기도 한다.[43]

---

43 cf. 丁四新, 『郭店楚墓竹簡思想研究』, 2000.

제7장

도가의 형성

The Formation of Daoism

7.1 라오딴의 철학 사상

중국 고대에는 세상을 피해서 살아가는 '은사' (隱士)들이 있었다. 서양 중세에도 '사막의 교부들' (Desert Fathers)로 호칭되는 '은사'들이 있었다. 교부(敎父)들이 모래 속에 숨어서 종교적 수행을 한 반면, 중국인들은 일상생활 속에서 은둔을 실천하였다.[1] 여기서 소개하는 라오딴과 주앙저우는 '은사' 가운데 대표적인 인물이다.

　일반인들이 라오쯔(老子 ; Lao Tzu)라고 부르는 인물 라오딴(老聃 ; B.C.570?)은 초(楚)나라 쿠시앤(苦縣) 취르언(曲仁)[2] 사람으로 알려져 있다. 쓰마치앤의 기록에 의하면, 이름은 리얼(李耳)이고, 자(字)가 라오딴이다.[3] 라오딴은 주(周)나라 말기 장서실[도서관] 관리였다고 한

1　'은사' (隱士)의 규정에는 몇 가지 조건이 있다. 그냥 '장삼이사' (張三李四)가 아니다. 그들은 독서인 신분이어야 하며, '도'를 추구하는 마음을 갖추고 있어야 한다.
2　현재 허난 성 저우커우(周口) 루위(鹿邑) 지역.

다. 그는 주나라가 쇠미할 것을 알고, 숨어 살기 위하여 여행하는 도중
『도덕경』(일명『노자老子』)을 남겼다.[4]

　'은사'였던 라오딴이 이름이 남게 된 까닭은 이 책 때문이다. 이 책
이『성경』 다음으로 세계에서 가장 많은 언어로 번역된 책이라고 주장
하는 학자도 있다.[5]『도덕경』에 대한 해설은 위(魏)나라 인물 왕삐의 주
석을 대표로 여긴다. 학자들은 왕삐 주석의『노자』를 '통행본'으로 호
칭한다.[6]

　유가에서도 '도'(道)의 개념이 사용되었다. 『논어』에 "나의 '도'는
하나로 관통한다"[7]라거나, "'도'가 행하여지지 않는다. 뗏목을 타고 바
다로 갈까 한다. 나를 따를 자는 쯔루(子路)이다"[8]라거나 "선생님이 성
(性)과 '천도'에 대해서 말씀하는 것을 들을 수 없다"[9]라는 등의 표현

3　현대 중국의 학자 츠언구잉은 라오딴의 성(姓)이 라오(老)이고, 이름은 딴(聃)이라
고 주장한다. 필자는 이 견해를 따른다.

4　산~시(陝西) 성 시안(西安) 서쪽 70km 지점. 종남산(終南山) 북녘에 누관대(樓觀
臺)라는 정갈한 도교 사원이 있다. 이곳에 라오딴을 붙잡았다는 윈시(尹喜)의 집이 있
었다고 전한다. 누관대는 동, 서로 나뉘는데, 동편에 설경대(說經臺)가 있고, 서편에
라오쯔의 (墓라고 전해지는) 무덤이 남아 있다. 설경대를『도덕경』의 저술 장소로 추
정한다. 허난 성 링빠오(靈寶) 북쪽 15km 지점. 함곡관(函谷關)에 노자의 고택(古宅)
이 있었다. 그곳에서『도덕경』을 지었다는 주장도 있다. cf. 趙來坤,『老子與函谷關』
(鄭州: 中州古籍出版社, 2002).

5　Russell Kirkland, *Taoism* (New York: Routledge, 2004), p. 53. "In fact, the *Tao
te ching* has been translated more often into more languages than any other work
in history except the *Bible*."

6　1973년 후난 성 창사 마왕뚜이 한묘(漢墓)에서 종류가 다른『노자』가 발견되었다.
이 자료는 비단에 새겨져 있기 때문에 '백서『노자』'라고 칭하며, 한(漢) 고조(高祖;
재위 B.C.206~B.C.196) 이전 발행된 것으로 추정한다. 1993년 후베이 성 징먼 꾸어
띠앤에서 전국 시대 초(楚)나라 무덤이 발굴되었다. 여기에 대나무 조각에 새겨진『노
자』잔본(殘本)이 있었다. 이를 '죽간『노자』'라고 부른다. 꾸어띠앤 죽간『노자』는 기
원전 300년경의 것으로 추정되고, 현재 남아 있는『노자』중 가장 오래된 자료이다.

7　『논어』「리인」. "子曰. 參乎! 吾道, 一以貫之. 曾子曰, 唯."

8　『논어』「공야장」. "子曰. 道不行. 乘桴, 浮于海. 從我者, 其由也與."

에서 '도'의 개념을 들여다볼 수 있다. 그러나 이상의 '도'는 윤리적 가치 개념 정도로 쓰였고, '존재 일반'(Sein als Allgemeine)을 가리키는 경지에 이르지 못하였다.

'도'의 개념은 라오딴을 만남으로서 '이론사유'의 카테고리에 진입하였다. 말하자면, 유가에서 인간 존재의 규범으로 사용된 '도'를 우주적 차원으로 승화시킨 인물이 라오딴인 것이다.[10] 그렇기 때문에『도덕경』이야말로 불멸의 철학서라고 할 수 있다. 이 책은 형식에서 '도'(道)와 '덕'(德)을 말하고 있지만, 실제로는 '도'에 관한 저술이다.

『도덕경』의 핵심 내용은 제1장에 담겨 있는데, 다음과 같은 유명한 구절로 시작한다.

도가도(道可道) 비상도(非常道).
명가명(名可名) 비상명(非常名).[11]
('도'가 말해 질 수 있으면, 영구 항존하는 '도'가 아니다.
'명'을 이름 붙이면, 영구 항존하는 '명'이 아니다.)

이 구절에서 필자는 라오딴의 '존재 일반'에 대한 개념을 읽는다. '존재 일반'이란 개별적 존재가 아닌, 포괄적 존재에 대한 개념이다. 이는 언어로 표현할 수 없는데도, 언어를 동원하지 않을 수 없는 모순

9　『논어』「공야장」. "子貢曰. 夫子之文章, 可得而聞也. 夫子之言性與天道, 不可得而聞也."
10　溝口雄三 · 丸山松幸 · 池田知久,『中國思想文化事典』, 김석근 · 김용천 · 박규태 공역(서울: 민족문화문고, 2003), p. 44.
11　『도덕경』제1장. 이하 전문을 소개한다. "道可道, 非常道. 名可名, 非常名. 無名, 天地之始. 有名, 萬物之母. 故常無欲, 以觀其妙. 常有欲, 以觀其邀[徼]. 此兩者, 同出而異名. 同謂之玄. 玄之又玄, 衆妙之門."

이 발생한다. 다시 말하면, '존재 일반' [道]은 이름 붙일 수 없는 그 무엇이다.[12] 그것은 이름 속에 담겨 있지 않다. 그것은 보려고 해도 볼 수 없고[夷; invisible], 들으려 해도 들을 수 없으며[希; inaudible], 잡으려 해도 잡히지 않는다[微; imperceptible].[13] 그렇기 때문에 '존재 일반' 은 현묘하고도 또 현묘하다[玄之又玄].

『도덕경』 제1장은 산문이 아니라 한 편의 시(詩)이다.[14] 이 한 편의 시에 라오딴 철학의 핵심 '도' 의 내용이 담겨 있다. '도' 는 인간의 오감 능력으로 파악되는 개념이 아니다. 우리는 그것을 경험 속에서 알 수 없고, 선천적인 인식 능력에 의해서 파악한다. '도' 는 하나의 자연법칙이며 영원한 존재이다. 동시에 만물의 본질이며, 물질세계에서 파멸하지 않는 필연성이다. 우주 발생론의 견해에서 본다면 '도' 는 존재의 근원이다. 라오딴은 다음과 같이 말한다.

도는 하나를 낳고, 하나는 둘을 낳으며, 둘은 셋을 낳는다. 셋은 만물을 낳는다. 만물은 음(陰)을 등지고 양(陽)을 품으며, 충기(沖氣)로써 조화를 이룬다.[15]

12　『도덕경』 제32장. "道常無名."
13　『도덕경』 제14장. "視之不見名曰, 夷. 聽之不聞名曰, 希. 搏之不得名曰, 微."
14　현재의 한어 발음을 참고할 때, 『도덕경』 제1장의 음운(音韻)은 다음과 같다.

첫째 줄　　道 dào　—　道 dào　—　道 dào
둘째 줄　　名 míng　—　名 míng　—　名 míng
셋째 줄　　— 名 míng　—　— — 始 shǐ
넷째 줄　　— 名 míng　—　— — 母 mǔ
다섯째 줄　— — — 欲 yù　— — — 妙 miào
여섯째 줄　— — 欲 yù　— — — 邀 jiào
일곱째 줄　— — 者 zhě　— — — — 名 míng　— — — 玄 xuán
여덟째 줄　玄 xuán　— — 玄 xuán　— — — 門 mén

15　『도덕경』 제42장. "道生一, 一生二, 二生三, 三生萬物. 萬物負陰而抱陽, 沖氣以

라오딴의 이 구절을 놓고 여러 가지 해석이 존재한다. '일'（一）이하가 '유'（有）의 세계라면, '도'（道）는 '무'（無）를 가리킨다.[16] 여기서 우리는 도가 철학의 중요 개념인 '도'（道）, '유'（有）, '무'（無）를 만난다. 알짜는 '도'의 개념이다. '도'는 '무'와 통한다. 그런데 이 '무'는 '허무'（虛無）가 아니다. 그것은 일종의 '무염수태'（無染受胎）혹은 '순수잉태'（純粹孕胎）[17]로 비유할 수 있다. 이는 음양（남녀）의 교접（交接 ; intercourse）이전의 세계이다.

제42장은 '무'에서 '유'가 나왔다는 해석이 가능하다. 이는 선험적인 사유로 가능한 논리의 세계이지, 경험의 세계를 말하지 않는다. 그러므로 '도'는 창조의 주체가 아니다. 그것은 자연스럽게 그러한 것이지［自然而然］, 어떤 의지가 개입되는 개념이 아니다. '도'는 작용이 없고, 본질적으로 '무위'（無爲）이다. 라오딴은 말한다.

도는 항상 아무 일도 하지 않는다. 그렇지만 안 되는 일도 없다.[18]

"아무 일도 하지 않지만, 안 되는 일도 없다"라는 묘한 표현은 도의 속성을 잘 말해 준다. '무위'의 원칙에서 여러 가지가 파생된다. 누관대（樓觀臺）의 도사 르언파롱（任法融 ; 1936～）의 해석에 의하면, 라오딴이 말하는 '도'는 열 가지 특징을 가진다. 허무（虛無）, 자연（自然）, 청정

爲和."

16 여기서 '無'는 '有'와 상대 개념이 아니다. '無'는 '有'에 앞서는 필연적 혹은 요청적 개념이다.

17 '무염수태' 혹은 '순수잉태'는 예수 그리스도의 탄생과 관계가 있다. 성모（聖母）마리아（Maria）는 남자와 교접이 없이, 예수 그리스도를 잉태하였다고 한다 ―그러므로 예수는 원죄（原罪 ; original sin）없이 태어났다고 설명된다 ―'순수잉태'의 프랑스어는 'Immaculée Conception'이고, 이탈리아어로는 'Conceptio immaculata'이다.

18 『도덕경』 제37장. "道常無爲, 而無不爲."

(淸靜), 무위(無爲), 순수(純粹), 소박(素樸), 평이(平易), 염담(恬淡), 유약(柔弱), 부쟁(不爭)이 그것이다.[19]

도의 주체적 혹은 본체적 성격이 사람에게 나타날 때, 이를 '덕'(德)이라고 부른다. '덕'은 '도'의 인격화된 개념이며, '도'에 근원한다. '도'가 주체라면, '덕'은 작용이다. 라오딴은 말한다.

높은 덕은 덕스럽지 않으니, 그러므로 덕이 있다. 낮은 덕은 덕을 잃지 않으려고 하니, 그러므로 덕이 없다. 높은 덕을 지닌 사람은 무위하여 억지로 작위하지 않는다. 낮은 덕을 지닌 사람은 작위하되 억지로 한다.[20]

중국 안후에이(安徽) 성 출신으로 타이완(臺灣)에서 활동한 팡똥메이(方東美; 1899~1977) 교수는 『도덕경』은 제1장, 제2장, 제38장이 총론이라고 말한다.[21] 제38장은 덕의 총론이라고 하겠다.[22] 철학적 의미 분석을 따르자면, '덕'은 '도'의 속성(屬性; attribute)이다. 중요한 개념은 누가 뭐래도 '도'인 것이다.

19   任法融, 『道德經釋義』(西安: 三秦出版社, 1997), p. 329. cf. 任法融, 『도덕경석의』, 금선학회 역(서울: 여강출판사, 1999), p. 279.
20   『도덕경』 제38장. "上德不德, 是以有德. 下德不失德, 是以無德. 上德無爲而無以爲, 下德爲之而有以爲."
21   김충렬, 『노장철학강의』(서울: 예문서원, 1995), p. 56.
22   창사 마왕뚜이 한묘에서 종류가 다른 『노자』가 발견되었다고 말하였다. 이 '백서 『노자』'는 갑본(甲本), 을본(乙本)의 두 종류가 있는데, 이들 판본은 통행본의 제38장이 서두(序頭)에 등장한다. 학자들 가운데 마왕뚜이 판본을 『덕도경 德道經』이라고 부르는 사람도 있다(Robert G. Henricks, 『老子德道經』 *Lao-Tzu: Te-Tao Ching* (New York: Ballantine Books, 1992 Reprint edition).

7.2 상반됨이 '도'의 움직임이다

『도덕경』 제40장에 다음과 같은 구절이 있다.

상반됨[反者]이 도의 움직임이다. 유약(柔弱)한 것은 도의 쓰임이다. 천하
만물은 유(有)에서 나오고 '유'는 무(無)에서 생겨난다.[23]

주류 학계에서는 본문의 '反'자를 '返'(돌아옴)의 뜻으로 새겨서 "되
돌아옴이 도의 움직임이다"라고 해석한다. 다수설에 의하면, '되돌아
옴'(返; reversal)은 『주역』(『역전』 「계사전」)에 "추위가 가면 더위가
오고, 더위가 가면 추위가 온다"[24]라는 말과 통한다. 『주역』 제24괘 지
뢰복(地雷復; 상☷ 하☳) 역시 같은 논리를 펴고 있다. 이들은 모두 순
환 원리의 보편성을 언급한 것이다. '되돌아감은 도의 움직임이다'[反
者道之動]라는 표현은 『도덕경』 제28장, 제52장 등에도 보인다. 여기에
서 우리는 『주역』과 『도덕경』이 4계절이 순환하는 기후 풍토에서 탄생
하였음을 알 수 있다.

되돌아옴(혹은 되돌아감)의 주체는 무엇인가? 그것은 '무위'(無爲;
Wu-wei)의 일반 원칙에서 파생되었다. '무위'란 아무것도 하지 않는
것을 가리키는 것이 아니라, 행위에 억지(곧 의지)가 개입되지 않는 자
연스러운 상태를 말한다.[25] 즉 '무위'란 질펀하게 흐르는 물과 같다. 물
은 그냥 높은 데서 낮은 데로 흘러간다. 도중에 장애물을 만나면 비켜

---

23 『도덕경』 제40장. "反者道之動. 弱者道之用. 天下萬物生於有, 有生於無."
24 『주역』 「계사전」 下. "寒往則暑來, 暑往則寒來."
25 브라질의 삼바 축구는 힘[意志]들이지 않고 춤추는 동작으로 최대의 효과를 노린
다. '무위'와 비유된다. 또한 유도에서의 힘을 억지로 사용하지 않는 '낙법'의 기술도
이와 비유된다. 중국의 '우슈'(武術)에는 '무위'의 원리를 활용한 동작이 많다.

갈 뿐이다.[26] 유약한 것이 도의 쓰임이라는 말의 뜻이다.

'反'자를 '되돌아옴'으로 해석한 것은 뉴톤의 운동법칙(Newton's three laws of motion) 가운데 제3법칙인 '작용·반작용의 법칙'을 연상하게 한다. 이에 따라 필자는 원문의 '反'자를 글자 그대로 '상반'(相反; opposite; conflict)의 뜻으로 새긴다.[27] 상반되는 것, 즉 서로 대립하고 반대되는 것이 '도'의 작용이라고 본다. 즉 '도'는 대립 혹은 투쟁의 의미를 담고 있다. 따라서 '반자도지동'은 "(작용이 있으면) 반작용이 있다. 이것이 도의 움직임이다"라고 번역할 수 있다.

고대 그리스 철학자 헤라클레이토스 역시 대립을 사물의 본질로 보았다. 그는 "우리는 투쟁이야말로 모두에게 일반적인 것임을 알아야한다. 투쟁은 정의로운 것이다"[28]라고 말하였다.

다윈(Charles Robert Darwin; 1809~1882)의 진화론에 의하면, 의지 있는 만물은 '적자생존'[29]의 법칙에 따라 움직인다. 『도덕경』 제40장의 '反'자를 상반 혹은 투쟁의 뜻으로 해석하는 것도 다윈의 선택 이론(진화론)을 따름이다. 같은 입장에서, 필자는 위 구절의 '유약한 것은 도의 쓰임'[弱者道之用]이라는 해석에도 만족하지 못한다. 각자의 선택은 자신이 처한 문화적 환경에 따른 '세계관'(Weltanschaung)의

---

26 앞에서 설명하였듯이, 이 경우는 유장하게 흐르는 황하에 한정된다. 물이 장애물을 만나서 비켜 가는 것만은 아니다. 물은 장애물과 싸운다.

27 이 해석은 소수설(少數說)에 속하지만, 필자는 이를 따른다. 학문적 결정을 다수결로 할 수 없다.

28 Bertrand Russel, *History of Western Philosophy*, p. 62. "We must know that war is common to all, and strife is justice." 여기에서 '투쟁은 정의롭다'라는 표현은 '和'보다는 '爭'이 존재의 근원이라는 서구인의 사유 체계를 반영한다.

29 '적자생존'(適者生存; Survival of the fittest)은 영국 철학자 스펜서(Herbert Spencer; 1920~1903)가 *Principles of Biology*에서 처음으로 사용한 용어이다. 이는 다윈에 의해서 과학 용어로 굳어졌다.

차이에서 비롯한 것이며, 옳고 그름[眞僞]의 문제가 아니다. 과학에는 '진위'가 있지만, 철학은 반성'(réflexion)[30]이 있을 뿐 진위는 문제가 아니다. 당신은 과연 어느 편을 선택하겠는가?

7.3 어떻게 살아야 하는가?

철학은 삶의 문제를 다룬다. 다른 표현으로 '처세'(處世)를 위한 철학도 존재한다. 여기에서 사용하는 '처세'는 '약삭빠르고 영리한 방법 내지 행동에 의한 세상살이'라는 의미가 아니고, 세상을 살아갈 때 필요한 지혜를 말한다. 철학의 영역을 고려할 때, 이는 존재 혹은 인식의 문제가 아니라, 가치(윤리)의 카테고리에 속한다. 춘추·전국 시대의 제자백가는 두 가지 경향을 띠고 있었다.

① 구세(救世)주의 → 유가, 묵가
　　☞ 사회 참여(사회 제도에 대한 관심)
② 피세(避世)주의 → 양주(楊朱), 라오딴, 주앙저우
　　☞ 은둔(개인의 중요성 강조)

전자는 세상에 '참여'(participation)하려는 경향을, 후자는 세상으로부터 '도피'(seclusion)하려는 성향을 드러낸다. 이와 같은 경향을 놓고 볼 때, 콩치우, 멍커, 쉰쿠앙은 처세에 적극적인 반면; 양주, 라오딴,

---

30　여기서 '반성'의 뜻은 제1단계의 지식(과학적 지식)이 아니라, 제2단계의 지식인 '지식에 대한 지식'(une connaissance de la connaissance)을 의미한다. cf. 앙드레 베르제·드니 위스망, 『인간학·철학·형이상학』, 남기영 역, p. 12.

주앙저우는 소극적이다. 소극적인 점이 만사에 부족하다는 뜻은 아니다. 세상을 피하려고 하는 경향이 강하지만, 그들에게도 '처세'는 있었다.

1) 과도한 욕망의 절제

라오딴은 생명을 중시하고, 물욕을 가볍게 여긴다. 그는 인간의 욕망을 절제하자고 주장하는데, 그 바탕에는 생명 중시의 사상이 담겨 있다.

총애를 받거나 치욕을 당할 때 놀란 듯이 하라. 큰 환란을 (멀리하려 하지 말고) 제 몸처럼 귀하게 여겨라. '총애를 받거나 치욕을 당할 때 놀란 듯이 하라'라는 말은 무엇을 말하는가? 총애가 변하여 비하(卑下)가 될 수 있으니, 얻어도 놀란 듯이, 잃어도 놀란 듯이 하라는 것이다. 이것을 일러 '총욕약경'(寵辱若驚)이라고 한다.[31]

군주 혹은 정치 담당자의 총애를 받으면 놀란 듯이 새겨 보아야 한다. 총애가 금시 변하여 저주가 될 수 있기 때문이다. 총애와 환란은 동일한 것이다. 총애와 같은 하찮은 것 때문에, 정작 중요한 생명을 잃어서는 안 된다. 라오딴의 위 구절은 '몸을 귀하게 여기라'라는 교훈을 담고 있다.

죄(罪)는 욕심보다 큰 것이 없고, 화(禍)는 만족할 줄 모르는 것보다 더한 것이 없으며, 재앙[咎]은 탐욕이 그칠 줄 모르는 것보다 큰 것이 없다. 그러므로 만족할 줄 알아서 얻은 만족이 진실로 만족스러운 것이다.[32]

---

31 『도덕경』 제13장. "寵辱若驚. 貴大患若身. 何謂寵辱若驚? 寵, 爲下. 得之若驚, 失之若驚. 是謂寵辱若驚."

32 『도덕경』 제46장. "禍莫大於不知足, 咎莫大於欲得, 故知足之足, 常足矣."

사람을 다스리고 하늘을 섬기는 일로 검약[嗇]한 것만큼 중요한 것은 없다.[33]

라오딴의 주장은 이와 같지만, 현실에서는 '만족할 줄 모름'과 '욕망함'의 상태에서 문명의 진보가 이루어진다. 호미 자루로 땅을 파는 농부가 호미에 만족하지 않고, 땅을 파는 기계(경운기, 굴삭기 등)를 욕망함으로써 생산량의 증대가 일어난다. 인간의 욕망을 억제하는 라오딴의 사상은 전근대적 농업 사회에 한정해야 하는 것인가?

탐욕 자체를 부도덕하다고 인식할 수 있다. 라오딴은 탐욕이 생명을 해칠 수 있다고 본다. 그러므로 탐욕을 가볍게 여기고 생명을 중시하는 것, 즉 '경물중생'(輕物重生)이야 말로 진정한 가치라고 말한다.

2) 부드러움의 가치

라오딴은 강한 것이 강한 것이 아니고, 약한 것이 강하다는 역설(paradox)의 논리를 펼친다. 약한 자는 부드러움 때문에 오래가며 부러지지 않는데, 강한 자는 뻣뻣하기 때문에 쉽게 부러지고 오래가지 못한다. 『도덕경』에서 몇 가지 구절을 인용하면 다음과 같다.

최고의 선(善)은 물과 같다[上善若水]. 물은 만물을 아주 이롭게 해 주면서도 다투지 않는다. 여러 사람이 싫어하는 곳에 머문다.[34]

살아 있는 것은 부드럽고, 죽은 것은 딱딱하다.[35]

---

33 『도덕경』제59장. "治人事天, 莫若嗇." 왕삐의 통행본 주석에 의하면, 인용 구절의 원문 중 '嗇' 자는 농부를 가리킨다. 그러므로 제59장은 "사람을 다스리고 하늘을 섬기는 일로 농사짓는 것 만한 게 없다"라는 번역도 가능하다. 필자는 왕삐의 설을 따르지 않는다.

34 『도덕경』제8장. "上善若水. 水善利萬物而不爭, 處衆人之所惡."

라오딴에게는 부드러움이 선(善)에 속한다. 물이야말로 부드러움의
모범이다. 따라서 물은 좋은 것이다. 모든 존재는 살아서는 부드럽고,
죽으면 굳어져 딱딱해진다. 라오딴이 물을 보고 "최고의 선은 물과 같
다"라고 도덕의 개념을 적용한 것은, 앞에서 고찰한 바와 같이, 황하
유역에서 가능한 일이다. 황하의 물은 유유자적(悠悠自適)하게 흐른다.
이는 겸손하고 부드럽게 느껴진다. 만일 라오딴이 무섭게 쏟아지는 유
럽 알프스 지역의 격류(激流)를 보았다면, 그는 '상선약수'라고 말하지
않았을 것이다. 진리는 절대적 기준이 존재하지 않는다.

라오딴의 사상을 바탕으로 삼는 도교 수행에서는 부드러움이 강조된
다. 도인술(導引術)의 방법으로 민간에 유행한 태극권(太極拳)의 동작
은 부드러움을 바탕으로 한다. 이는 심지어 병법(兵法)에도 적용된다.
정면 도전을 피하고 신축성 있는 작전을 펼치는 마오쩌뚱(毛澤東;
1893~1976)의 유격 전술도 부드러움을 중시한 것이다. 부드러운 방법
을 활용하여 강한 적을 물리친다. 이는 일종의 처세술이다.

유가가 남성 중심의 세상을 유지하였음에 비하여, 부드러움을 강조
하는 라오딴이 여성적인 것에 가치를 둔 일은 이상한 일이 아니다. 그
에게 여성은 부드러우면서 동시에 생명을 낳는 존재이다.

골짜기의 신은 죽지 않으니, 이를 현묘한 암컷[玄牝]이라고 한다. 현묘한
암컷의 문은 천지의 뿌리라고 일컫는다. 겨우겨우 이어지는 듯하며 쓰는
데 힘겹지 않다.[36]

---

35 『도덕경』 제76장. "人之生也柔弱, 其死也堅强."
36 『도덕경』 제6장. "谷神不死, 是謂玄牝. 玄牝之門, 是謂天地根. 綿綿若存, 用之
不勤."

이상에서 보이는 '현묘한 암컷'[玄牝]이란 생명을 낳는 자궁(子宮)을 말한다. 이는 모성적인 힘을 가리킨다. 라오딴에 의하면, 우주는 '현묘한 암컷'이 끊임없이 작용한 결과이며, 그것은 남성적인 힘에 비하여 위태롭게 보여도 결코 끊어지는 법이 없다. 그것을 쓰는 데에도 별로 힘들지 않다.

생명을 낳는 여성적인 에너지[性]는 하나의 '덕'이다.『도덕경』제51장의 "그러므로 도는 낳고 덕은 기른다. 키워서 길러 주고, 성숙시켜 여물게 한다. 보살피고 덮어 준다. 낳되 소유하지는 않고, 작위하되 억지로 하지 않는다. 길러 주되 주재하지 않으니, 이를 '현묘한 덕'[玄德]이라고 한다"[37]라고 하였다. 참다운 모성애는 자식을 지배하지 않는다. 그저 면면히 생명을 길러 주는 일에 동참할 뿐이다. 그러므로 '현묘한 덕'이다.

라오딴은 문명에 의해서 오염되지 않는 상태를 삶의 이상적인 모습으로 본다. 사람으로 비유하면, 유순한 갓난아기와 같다. 갓난아이의 부드러움과 순수성은 하나의 '덕'으로 인식된다.

정신을 쓰면서도 '하나'[一]를 껴안아 (그러한 상태를) 떠나지 않을 수 있을까? 정기(精氣)를 전일(專一)하게 하여 유순(柔順)에 이른다면[專氣致柔], 갓난아이의 상태와 같지 않을까?[38]
후덕한 덕(德)을 품은 것은 갓난아이에 비유할 수 있다.[39]

---

37 『도덕경』제51장. "故道生之, 德畜之. 長之育之, 亭之毒之, 養之覆之. 生而不有, 爲而不恃. 長而不宰, 是謂玄德."
38 『도덕경』제10장. "載營魄抱一, 能無離乎? 專氣致柔, 能如嬰兒乎?"
39 『도덕경』제55장. "含德之厚, 比於赤子."

위 문장의 '전기치유'는 기(氣)를 모으는 행위라고 해석되는데, 목표는 부드러움[柔]의 성취이다. 종래 『도덕경』 제10장은 난해한 구절로 알려져 있다. 츠언구잉은 이 구절을 "정기를 결집하여 유순에 이른다"라고 해석한다.[40] 부드러움의 모범은 갓난아이, 곧 영아(嬰兒) 혹은 적자(赤子)이다.

성인(聖人)의 마음가짐은 동서양 사이에 서로 통하는 바가 있다. 멍커는 말하였다. "대인이란 어린아이의 마음을 잃지 않는 자이다."[41] 서양의 성인 예수 그리스도는 자신을 향하여 오는 어린아이들을 제자들이 나무라자, 이렇게 말한 일이 있다. "어린이들을 그냥 놓아두어라. 사실 하늘나라는 이 어린이들과 같은 사람들의 것이다."[42]

3) 실속 있는 처신

라오딴은 번지르르한 겉모양보다는, 실속 있는 내면 세계를 지향하였다. 그가 말하는 실속은 감각적 물욕의 세계가 아닌 덕성을 지닌 생활이다. 라오딴은 사람의 신체에 비유하여, 실속의 세계는 배[腹]에, 겉모양의 세계는 눈[目]에 해당한다고 보았다.

다섯 가지 색깔[五色]이 눈을 멀게 하고, 다섯 가지 소리[五音]가 귀를 먹게 한다. 다섯 가지 맛깔[五味]이 입을 맛들인다. 말달리며 사냥질하는 것은 사람의 마음을 미치게 하고, 얻기 어려운 보물은 사람의 행실을 헤살놓는다. 그래서 성인(聖人)은 배를 채우되, 눈을 즐겁게 하지는 않는다.

40 陳鼓應, 『老子今注今譯』(北京: 商務印書館, 2004), p. 112. "結聚精氣以致柔順"
41 『맹자』 「이루離婁」 下. "大人者, 不失其赤子之心也."
42 『성경』 「마태오 복음서」 19:14. "Let the children come to me and do not stop them, because the kingdom of heaven belongs to such as these." 『성경』 「마르코 복음서」 10:14-15, 「루카 복음서」 18:16-17 참조.

그러므로 저것[目; 감각의 세계]을 버리고, 이것[腹; 실속의 세계]을 취한
다.[43]

'배'[腹]는 실속의 세계로, 덕성의 확보이며 물질에 초연한 생활을
말한다. '눈'[目]은 지말(支末; 겉모양)의 세계로, 외부 세계의 유혹을
벗어나지 못하는 상태이다. 이 장(章)은 인간의 물욕에 대한 경계를 담
고 있으며 소박한 문명을 지향한다. 현대인들은 감각의 세계에 노출되
어 있다. 당신은 TV 혹은 PC 또는 자동차에 지나치게 중독되지 않는
가? 스마트폰에 너무 몰입하고 있지 않은가? 그리하여 '조각난 지식'
을 놓고, 이브의 사과처럼 유혹당하고 있지 않은가?[44]

우리는 럭비공처럼 제멋대로 뛰며 방향성을 상실한 인간들이다. 현
대인은 오로지 검색(searching)만 하고 사색(thinking)은 하지 않는다.
라오딴에 의하면, 그것들은 눈과 귀를 즐겁게 할지 모르나, 배를 채우
는 것은 아니다. 한마디로 실속이 없는 것들이다.[45]

---

43 『도덕경』 제12장. "五色令人目盲. 五音令人耳聾. 五味令人口爽. 馳騁畋獵令人心
(發)狂. 難得之貨令人行妨. 是以聖人爲腹, 不爲目. 故去彼取此."

44 현대인의 사실에 관한 지식의 증가는 눈부시다. 그러나 사실에 관한 지식이 에베
레스트 산처럼 높아도 영성(靈性) 개발에 도움이 되는 것이 아니다.

45 라오딴은 TV, PC, 스마트폰, 자동차의 출현을 이야기하지 않았다. 여기에는 모
순이 존재한다. 라오딴이 이 시대에 태어난다면, 문명의 이기(利器)를 거부할 수 있을
까? 질적 측면이 있는 법이다. 개발의 이름 아래 상처받은 지구는 이제 치료를 받아야
하는 중환자가 되었다. 환경의 보존과 문명의 '지속 가능한 발전'을 놓고, 인간은 모
순에 처해 있다.

7.4 라오딴의 정치적 관심

주(周)나라가 멸망을 예견하고, 숨어 살려고 푸른 소를 타고 종남산맥(終南山脈)을 넘었다는 라오딴은 『도덕경』을 남김으로써 참다운 은자가 되지 못하였다. 그에게는 세상을 향한 열정이 있었다. 그 열정의 산물이 『도덕경』이며, 여기에는 정치적 소망이 담겨 있다. 김충렬(金忠烈; 1931~2008) 교수에 의하면, 정치적 관심은 라오딴 철학의 출발점이자 귀결점이다.[46] 라오딴이 생각한 이상적 정치란 무엇이었을까?

현명한 사람을 숭상하지 않아야 인민은 다투지 않고, 구하기 어려운 재화를 귀하게 여기지 않아야 인민은 도적질하지 않는다. 욕심낼 만한 물건을 보이지 않아야 인민의 마음이 어지럽지 않다 … 인민으로 하여금 무지(無知)하고 무욕(無欲)하게 하면, 꾀 있는 자들이 함부로 행동하지 못한다. '무위'를 하면 다스리지 못함이 없다.[47]

라오딴에 의하면, 정치 담당자는 '무위이무불위'(無爲而無不爲)[48]의 정치를 해야 한다. 동시에 백성들을 무지의 상태로 놓아 두어야 한다. 현대 용어로 우중(愚衆) 정치와 흡사하지만, 억지로 하지 않는 점에서 권모술수는 아니다. 백성이 진정으로 소박하다면, 이와 같은 정치가 가능할 것이다. 라오딴이 생각한 정치는 일종의 무간섭(無干涉) 혹은 무치(無治)의 정치이다. 그는 다음과 같이 말한다.

---

46 김충렬, 『노장철학강의』, p. 139 참조. / 강신주의 『노자(老子): 국가의 발견과 제국의 형이상학』도 라오딴의 정치적 관심에 대하여 참고가 된다.
47 『도덕경』 제3장. "不尙賢, 使民不爭. 不貴難得之貨, 使民不爲盜. 不見可欲, 使民心不亂 … 常使民 無知無欲, 使夫智者不敢爲也. 爲無爲, 則無不治."
48 『도덕경』 제37장.

천하에 꺼리고 가리는 것이 많으면, 인민의 배반(背叛)이 많아진다. 인민이 예리한 무기를 많이 갖게 되면, 국가는 혼란에 빠진다. 사람들이 기교가 많으면, 사특한 일들이 일어나고, 법령이 삼엄할수록 도적은 더욱 증가한다.[49]

정치 담당자는 금기와 법령을 많이 만들지 않고 정치를 해야 한다. 도의 속성이 '무위이무불위' 하기 때문이다. 이러한 정치는 백성들이 갓난아이처럼 순박할 때 가능할 것이다. 라오딴이 생각한 정치의 단위는 작고, 인구도 적은 나라이다. 그는 다음과 같이 말한다.

나라를 작게 만들고 백성의 인구를 적게 한다. 편리한 기계가 많아도 사용하지 않게 하고, 백성으로 하여금 죽음을 중히 여겨, 멀리 옮겨 다니지 않도록 한다 … 이웃 나라가 서로 바라보이고, 닭 울고 개 짓는 소리가 들릴 정도로 가까워도, 백성들은 늙어 죽을 때까지 서로 왕래하지 않는다.[50]

이와 같은 정치 단위는 플라톤이 말한 폴리스보다 작은 규모이다. "닭 울고 개 짓는 소리가 서로 들릴 정도로 가깝다"라는 표현을 보면,

---

49 『도덕경』 제57장. "天下多忌諱, 而民彌貧. 民多利器, 國家滋昏. 人多伎巧, 奇物滋起. 法令滋彰, 盜賊多有." 한글 풀이는 원문의 '貧' 자를 꾸어띠앤 죽간『노자』에 보이는 글자 '畔'(叛의 뜻)의 가차자로 본 것이다. 일반의 해석처럼 "세상에 꺼리고 가리는 것이 많아지면, 인민이 가난해진다"[民彌貧]라고 풀이하기보다는 "백성의 배반이 많아진다"[民爾畔]라고 함이 논리적으로 타당하다. cf. 陳鼓應,『老子今注今譯』新版. / 최재목 역주,『노자』(서울: 을유문화사, 2006). 이 구절의 "民多利器, 國家滋昏"는 "백성이 편리한 기계를 많이 갖게 되면, 국가는 혼미해진다"라고 새길 수 있다. 여기서는 장시창(蔣錫昌)의 견해를 따른다. cf. 蔣錫昌,『老子校詁』(成都: 成都古籍書店, 1988), p. 351.
50 『도덕경』 제80장. "小國寡民. 使有什佰之器而不用, 使民重死而不遠徙 … 隣國相望, 鷄犬之聲相聞, 民至老死不相往來."

하나의 소박한 산골 동네인 듯하다.[51] 이 정도라면『도덕경』3장에서 말하는 "무위를 하면 다스리지 못함이 없다"라는 표현이 가능할 듯싶다. 라오딴이 작은 나라를 소망한 점은 시대 분위기와 관계가 있다. 당시 전쟁을 통하여 국가의 크기를 확대하는 일이 계속되었기 때문이다.

라오딴의『도덕경』에 담긴 주장은 역설적이다. 그의 '무위'(無爲)란 보통 사람이 실천 가능한 것인가? '무위이무불위'를 받아들일 수 있는가? 우리는 현대 문명에 병리(病理) 현상이 있음을 알고 있다. 문명이란 자연에 손을 대는 인위적 행위이다. 인간은 '무위'보다는 '유위'(有爲)를 통하여 변화하고 발전하여 왔다.

우리는 '닭 울음소리'가 들리는 작은 마을에서만 살아갈 수 없다. 세계는 (특히 경제적 측면에서) 지구적 차원의 삶을 피할 수 없게 되었다. 그러므로 라오딴 혹은 주앙저우의 사상을 접할 때는 그것이 시의(時宜)에 알맞은지를 검토해야 한다. '중용'(中庸)이 문제이다. '지속 가능한 개발'[52]의 명제 아래 환경 및 생태의 문제를 해결해야 한다. 라오딴의 주장을 좇아 자동차, TV, PC, 스마트폰을 사용하지 않고 버릴 수는 없다. 그러나 인간의 욕망을 줄일 수는 있을 것이다. 과도한 욕망을 줄임으로써, 생태계의 위기로부터 살아남을 방법을 찾아야 한다.

---

51 라오딴에게 영향받은 주앙저우도 작은 마을을 이상적인 단위로 여긴다.『장자』「거협 胠篋」에, "鄰國相望, 鷄狗之聲相聞, 民至老死而不相往來. 若此之時, 則至治已."라고 하였다. 주앙저우는 "이와 같은 시대야말로 가장 잘 다스려진 시대이다"[若此之時, 則至治已]라고 첨부하였다. cf. 안동림 역주,『莊子』(서울: 현암사, 1993), p. 276. / 安炳周 · 田好根 역주,『譯註 莊子』2, (서울: 傳統文化硏究會, 2004), p. 56.

52 '지속 가능한 개발'이란 자원의 이용이 환경을 파괴하지 않고, 계속될 수 있는 상태를 유지함을 말한다. 이는 자연과학의 관심 영역인 동시에, 도덕적 문제를 포함한다. 이는 종교가 내지 철학자들이 비켜 갈 수 없는 문제이다.

제8장

도가의 발전

The Development of Daoism

8.1 『태일생수太一生水』의 사상

1) '태일'이 물을 낳는다

1993년 후베이 성 징먼 꾸어띠앤에서 전국 시대 초(楚)나라 무덤이 발굴되었다. 무덤 속의 대나무 조각에는 『노자』(『도덕경』) 갑, 을, 병의 3조 이외에, 『태일생수太一生水』라고 이름 붙인 자료가 포함되어 있었다. 『태일생수』에 담긴 내용은 『도덕경』과 흡사한 점도 있고, 다른 점도 있다. 이 자료는 『도덕경』 및 『논어』의 다음에, 『장자』의 앞에 나타난 자료로 추정되며, 라오딴에서 주앙저우로 건너가는 징검다리가 될 수 있다. 『태일생수』는 기원전 350년 전후의 작품으로 본다.[1]

'태일'이 물을 낳는다[太一生水]. 물은 반대로 '태일'을 돕는다. 그리하여

---

1 丁四新, 『郭店楚墓竹簡思想研究』, p. 88.

하늘을 이룬다. 하늘은 반대로 '태일'을 돕는다. 그리하여 땅을 이룬다. 하늘과 땅은 다시 서로 돕는다. 그리하여 신명을 이룬다. 신명은 서로 돕는다. 그리하여 음양을 이룬다. 음양은 서로 돕는다. 그리하여 네 계절을 이룬다. 네 계절은 서로 돕는다. 그리하여 춥고 뜨거움을 이룬다. 춥고 뜨거움은 서로 돕는다. 그리하여 습기와 건조를 이룬다. 습기와 건조가 서로 도와서, 세월을 이루고 그친다. 그러므로 세월은 습기와 건조가 낳은 바이다. 습기와 건조는 춥고 뜨거움이 낳은 바이다. 춥고 뜨거움은 네 계절이 낳은 바이다. 네 계절은 음양이 낳은 바이다. 음양은 신명이 낳은 바이다. 신명은 하늘과 땅이 낳은 바이다. 하늘과 땅은 '태일'이 낳은 바이다. 그러므로 '태일'이 물속에 숨어 있고, 적절한 때에 (맞추어) 규칙적으로 운동하며 순환을 거듭하여 시작한다. '태일'은 자신을 만물의 어미[母]로 여긴다. 한 번 이지러지고, 한 번 가득 차니 자신을 만물의 날줄[經; 규율]로 여긴다. 이는 하늘이 죽이지 못하는 바이요, 땅이 메우지 못하는 바이요, 음양이 이루지 못하는 바이다. 군자는 이를 알아서 □라고 부른다.(『태일생수』)[2]

'지극한 하나', 즉 '태일'(太一)은 천지 만물의 본원이며, 태초에 물을 낳는다. '천지'(天地)란 '태일'의 낳는 바이다. 태일은 만물의 어미가 되고 또한 만물이 의지하는 규율[經]이 된다. 앞의 "'태일'이 물속에 숨어 있고, 적절한 때에 (맞추어) 규칙적으로 운동하며 순환을 거듭

---

2 "太一生水, 水反輔太一, 是以成天. 天反輔太一, 是以成地. 天地[復相輔]也, 是以成神明. 神明復相輔也, 是以成陰陽. 陰陽復相輔也, 是以成四時. 四時復[相]輔也, 是以成寒熱. 寒熱復相輔也, 是以成濕燥, 濕燥復相輔也, 成歲而止. 故歲者, 濕燥之所生也. 濕燥者, 寒熱之所生也. 寒熱者, [四時之所生也.] 四時者, 陰陽之所生也. 陰陽者, 神明之所生也. 神明者, 天地之所生也. 天地者, 太一之所生也. 是故太一藏于水, 行于時. 周而或[始, 以己爲] 萬物母; 一缺一盈, 以己爲萬物經. 此天之所不能殺, 地之所不能埋, 陰陽之所不能成, 君子知此之謂[□, 不知者謂□. ■]" cf. 李零, 『郭店楚簡校讀記』(北京: 北京大學出版社, 2002), p. 32.

稀

하여 시작한다. '태일'은 자신을 만물의 어미로 여긴다."[是故太一藏于水, 行于時. 周而或[始, 以己爲] 萬物母]라는 구절은 『도덕경』 제25장 "(道가) 두루 행하지만 위태롭지 않으므로, 천하의 어미가 된다"[3]라는 구절과 통한다.

2) 『태일생수』의 중요 개념

『태일생수』의 중요 개념은 '태일', '물', '신명', '천지', '음양' 등이다. 앞의 세 가지에 비중을 두고 살펴보도록 한다.

'태일'이란 무엇을 말하는가? '태일'은 우주 발생의 존재론적 개념으로, '태극'(太極)에 준하는 술어이다. '태일'은 『도덕경』에는 보이지 않지만, 『장자』에는 다섯 차례 등장한다. 그러나 "태일이 물을 낳는다"라는 표현은 『도덕경』 제42장의 "도는 하나를 낳고, 하나는 둘을 낳고, 둘은 셋을 낳는다. 셋은 만물을 낳는다"[4]라는 표현과 유사하다.

'태일'을 별자리로 보는 견해도 있다. 이는 『한서』「천문지天文志」에 보이는 "중궁(中宮) 천극성(天極星)은 '태일'이 상주하는 곳이다"[5]라는 구절에서 근거를 찾을 수 있다. 이는 아마도 고대인의 숭배 대상이었을 것이다.

'태일'을 '도'(道) 자체로 보는 견해가 있다. 『여씨춘추』에 "음악의 근원은 멀리 과거로 소급된다. 도량(度量)에서 생기고, '태일'에 근본한다 … '도'는 지극한 정인데[至精], 형체가 없고 이름을 붙일 수 없다. 억지로 이름 붙여 '태일'이라고 한다."[6]

---

3 『도덕경』 제25장, "周行而不殆, 可以爲天下母"
4 『도덕경』 제42장, "道生一, 一生二, 二生三, 三生萬物"
5 『한서』 권36, 「천문지天文志」, "中宮天極星, 其一明者, 泰一之常居也." cf. 中華書局 點校本, p. 1274.
6 『여씨춘추』 권5, 「대악大樂」, "(音)樂之所由來者遠矣, 生於度量, 本於太一 … 道也

『태일생수』에서 '물'을 강조한 것은 라오딴의 영향으로 보인다. 『도덕경』 제8장의 "최고의 선(善)은 물과 같다"[上善若水]라는 표현은 "태일이 물을 낳는다"[太一生水]라는 명제와 통한다. "태일이 물속에 숨어 있다"[太一藏於水]라는 표현은 신비를 더해 준다.

'신명'이란 무엇을 말하는가? 이 개념은 『예기』, 『순자』, 『갈관자鶡冠子』 등에 보인다. 사람의 신령함의 실체 혹은 생명력 혹은 영성(靈性)의 근원, 혹은 신묘한 작용 등을 가리킨다. '신명'은 고대 중국 종교에서 인간의 운명을 주관하는 초월자의 뜻으로 사용되기도 하였다.

『태일생수』는 도가 계통의 서적이 분명하다. 작가를 알 수 없으나, 꾸안인(關尹)의 제자라고 추정하는 학자(丁四新)도 있다. 『장자』「천하」에는 꾸안인과 라오딴의 예를 들어서, 이들이 언제나 무유(無有)인 허무를 내세우고, '태일'을 주로 삼았다[主之以太一]라는 구절이 있다. 현대 중국학자 리쉬에친(李學勤) 교수는 『태일생수』의 사상을 『도덕경』 이후에 발전된 사상으로 진단한다.[7]

『태일생수』에 담긴 사상은 연구가 진행 중이다. 위 문장 가운데에 필자(황준연)가 "그러므로 '태일'이 물속에 숨어 있고, 적절한 때에 (맞추어) 규칙적으로 운동하며 순환을 거듭하여 시작한다. '태일'은 자신을 만물의 어미로 여긴다"라고 번역한 "太一藏於水, 行於時" 이하는 글자 일부가 빠져 있다는 느낌이 든다. (여기서는 새로운 출토 자료로서 『태일생수』의 일부를 소개하는 차원으로 그친다.)

者, 至精也, 不可爲形, 不可爲名, 彊爲之[名]謂之太一." cf. John Knoblock and Jeffrey Riegal, *The Annals of Lü Buwei* 『呂氏春秋』, pp. 136-138.

7 李學勤, 「荊門郭店楚簡所見關尹遺說」, 『中國文物報』, 北京: 中國文物報社, 1998年 4月 8日 第3版. 리쉬에친 교수와 싱원 교수는 『太一生水』를 술수(術數) 및 『주역건착도周易乾鑿道』와의 관련성도 언급한다. 이는 참위(讖緯)의 영역으로, '태일생수'의 사상을 더욱 난해하게 만든다.

8.2 주앙저우의 철학 사상

세상에서 주앙쯔(莊子)라고 부르는 인물 주앙저우(莊周; B.C.369?~B. C.286?)는 현재의 허난 성 상치우(商丘) 부근에 있었던 송(宋)나라 몽(蒙) 사람으로 알려져 있다. 서양인들은 그를 가리켜 라틴어 발음 'cius'를 사용하지 않고, 한어 발음을 따라서 "Chuang Tzu"라고 부른다. 『사기』에 의하면, 그의 사상은 라오딴에게 귀착된다.

주앙저우는 칠원(漆園; 중국 고대 옻나무를 기르는 농원)의 공무원으로 근무하며 옻나무를 관리한 듯한데, 벼슬을 그만두고 은둔자가 되었다. 초(楚)나라 위왕(威王)이 소문을 듣고 재상을 시켜준다고 유혹하였다. 그는 비단 옷을 입고 사당으로 끌려가는 소를 예로 들며, "나는 차라리 더러운 진흙탕 속에서 놀면서 스스로 자유를 즐길지언정, 위정자의 굴레에 매어 있기는 싫다"[8]라고 말하였다.

오늘날 전하고 있는 『장자』는 3세기경 위진(魏晉) 시대 꾸어시앙(郭象; ?~312)이 편집한 것으로 알려져 있다. 학계에서는 『장자』가 주앙저우의 저술인지 아니면, 꾸어시앙의 저술인지 알 수 없다고 한다. 그러므로 현존하는 『장자』 33편 중 어느 편을 주앙저우가 저술하였는지 알 수 없다.[9]

1) 자유를 찾는 길

『장자』의 문장은 난해하기 이를 데 없다. 그러나 그 웅혼(雄渾)함은

---

8 『사기』 권63, 「노자한비열전」. cf. 中華書局 点校本, p. 2145.
9 꾸어시앙은 '죽림칠현'(竹林七賢)의 한 사람, 시앙시우(向秀)가 편집한 『장자』의 주석을 훔쳤다는 의심을 받고 있다(『진서』 권50, 「곽상열전郭象烈傳」). 그렇다면 우리는 꾸어시앙·시앙시우의 주석본 『장자』를 읽는 셈이다.

독서인의 혼(魂)을 흔든다. 처음 등장하는 「소요유」는 절대 자유를 소
망하는 주앙저우의 의지가 담겨 있다.[10]

라오딴과 마찬가지로, 주앙저우 철학의 기본 개념은 '도'(道)이다.
주앙저우의 '도'는 라오딴처럼 분석의 대상이라기보다는 행복을 얻는
수단이다. 그에 의하면 '도'의 세계에 노니는 자만이 참된 행복을 얻을
수 있다. 「소요유」의 '소요'(逍遙)란 느릿느릿 걷는 것을 말하며,
'유'(遊; 游)란 즐겁게 지냄을 뜻한다. '유유자적'(悠悠自適)이 그와 같
은 상태일 것이다.

> 북녘 바다에 물고기가 있다. 그 이름을 쿤(鯤)이라 한다. 쿤의 크기는 몇
> 천리나 되는지 알 수 없다. (물고기가) 변하여 새가 되면 그 이름을 펑(鵬)
> 이라 한다. 펑의 등 넓이는 몇 천리인지 알 수 없다. 힘차게 날아오르면 그
> 날개는 하늘을 드리운 구름과 같다 … 펑이 남녘 바다로 날아갈 때, 파도
> 를 일으킴은 3천 리, 회오리바람을 일으킴은 9만 리까지 올라간다. 그리하
> 여 북쪽 바다 상공을 떠나서 6개월을 계속 날아간 뒤에 비로소 한 번 크게
> 숨을 내쉰다.[11]

『장자』는 우화(寓話)와 비유로 가득하지만, 그 스케일은 상상할 수
없을 정도이다. 주앙저우는 인간세계로부터의 해탈(解脫)과 이에 따른

---

10 주앙저우가 추구한 '자유'는 외물(外物; 나의 밖에 존재하는 객체적 사물)에 구
속됨이 없는 상태라고 해석한다. 'liberty'보다는 'freedom'의 개념에 속한다. 그가
소망한 자유는 서구 사회의 근대 개념 '집회의 자유', '언론의 자유' 혹은 '천부적(天
賦的) 인권의 자유'가 아니다. 주앙저우가 문명을 거부하고 자연을 동경하는 은자(隱
者)의 한 사람임을 기억할 필요가 있다.

11 『장자』「소요유」. cf.『譯註 莊子』1, pp. 26~29. "北冥有魚, 其名爲鯤(곤). 鯤之
大, 不知其千里也. 化而爲鳥, 其名爲鵬(붕). 鵬之背, 不知其千里也 … 鵬之徙於南冥
也, 水擊三千里, 搏扶搖而上者九萬里, 去以六月息者也."

절대적 자유를 소망한다. 그는 인위가 아닌 자연의 세계를 갈망한다. 인위적 세계는 '인'(人)으로 표현하고, 자연의 세계는 '천'(天)으로 표현한다. 전자는 '문명'의 범주, 후자는 '자연'의 범주에 속한다.

> 허버(河伯)가 물었다. '무엇을 자연적인 것[天]이라고 하는가? 무엇을 인위적인 것[人]이라고 하는가?' 베이하이루어(北海若)이 대답하였다. '소와 말은 각기 네 다리를 가지고 있다. 이것이 자연적이다. 말머리에 멍에를 얹고 소의 코에 고삐를 꿰는 것, 이것은 인위적인 것이다.' [12]

주앙저우는 인위적 문명을 거부하고 자연 본성의 세계를 희망한다. 그는 때 묻지 않은 본성에 의지할 때, 행복이 보장된다고 믿는다.

> 물오리의 다리가 비록 짧지만, 그것을 (길게) 이어 주면 괴로워할 것이요, 두루미의 다리는 길지만, 그것을 (짧게) 잘라 주면 슬퍼할 것이다. [13]

주앙저우가 우화에서 얻고자 함은 각자의 본성에 의지하여 '소요'를 즐기는 상태이다. '소요' 속에서 '유유자적'함으로써 자유를 얻는다. 그에게 유토피아는 '소요', '느림', '느긋함' 등으로 표현되는 그 무엇이다. [14] 그는 이를 '무하유지향'(無何有之鄕)이라고 표현한다.

---

12 『장자』「추수秋水」. cf. 『譯註 莊子』 3, p. 89. "河伯曰. 何謂天, 何謂人? 北海若曰. 牛馬四足, 是謂天. 落馬首, 穿牛鼻, 是爲人."

13 『장자』「변무騈拇」. cf. 『譯註 莊子』 2, p. 20. "是故, 鳧(부)脛雖短, 續之則憂. 鶴(학)脛雖長, 斷之則悲."

14 최근 지구촌 곳곳에서 걷기 열풍, 느리게 살기, 슬로시티(slow city) 운동이 전개되고 있다. 1999년 이탈리아의 시장 몇몇이 모여서 '라 돌체 비타'(la dolce vita), 즉 달콤한 인생의 미래를 염려해 슬로시티 운동을 시작하였다고 한다. 슬로시티의 출발은 느리게 먹기, 느리게 살기인데, 주앙저우의 '소요' 혹은 '느긋함'에 대한 강조는

후이쯔(惠子)가 주앙저우에게 말하였다. '내게 큰 나무가 있는데, 사람들
이 이를 가죽나무[樗]라고 합디다 … 길에 서 있지만 목수가 거들떠보지도
않아요. 그런데 그대의 말은 (나무가) 크기만 했지 쓸모가 없어 모두 외면
한다고 하는군." 주앙저우가 말하였다. "그대는 너구리나 살쾡이를 보지
않았소? 몸을 낮추고 엎드리고 이리저리 뛰고 높고 낮음을 가리지 않다가
(결국은) 덫에 걸려 죽고 말아요 … 지금 그대에게 큰 나무가 있는데, 쓸
모없음을 걱정하고 있소. 그렇다면 그것을 '아무것도 없는 허무(虛無)의
고을', 끝없이 펼쳐진 광막(廣漠)한 들판에 그 나무를 심어 놓고, 그 옆에
서 아무 일 없이 방황하거나 그늘 아래 유유히 누워서 잠을 자지 못하는
것이요? 도끼에 찍히는 일이나 누가 해치는 일이 결코 없을 것이오. 어찌
쓸모가 없다고 괴로워한단 말이오!"[15]

위 글에서 말하는 '아무것도 없는 허무의 고을'이 주앙저우의 유토
피아이다. 이는 물리적 공간(space)이 아니라, 심리적 공간(여백)을 말
한다. 물리적으로 '아무것도 없는 허무의 고을'을 만나는 일은 불가능
하다.[16] '무하유지향'이란 '소요', '느림', '느긋함'이 보장되는 세계이
다. 이는 '웰빙'(well being)의 생활이 아닐지 모르겠다.

2) 기준의 문제

주앙저우는 라오딴처럼 '도'를 중시한다. 세상에는 선악(善惡), 시비
(是非), 영욕(榮辱), 미추(美醜), 길흉(吉凶), 생사(生死) 등의 경계가 존

그 전형이다. 그러므로 주앙저우는 2,000년 전에 이 운동을 제창한 원조(元祖)라고 할
수 있다.
15 『장자』「소요유」. cf.『譯註 莊子』1, p. 62. "彷徨乎無爲其側, 逍遙乎寢臥其下."
16 여기서 주앙저우가 말하는 '허무'(虛無)란 현대인의 심리적인 '허무'의 감정이
아니라, '순수한 세계'라고 이해한다.

재한다. 이들은 서로 대립하고 갈등하는데, 이와 같은 대립을 타파하고
하나로 균일하게 돌아감이 이상이다. 『장자』「제물론」에서는 '제일' (齊
一) 혹은 '만물제동' (萬物齊同)으로 표현된다.[17] '제물' 의 이면에 '도'
가 자리 잡고 있다. '제물론' 이란 '사물을 균일하게 함을 논한다' 라는
의미이다. 이는 기준의 문제를 말한다.

「소요유」가 외물(外物)로부터 자유를 소망하고 인간 행복의 문제를
다룬 것이라면,「제물론」은 인간의 지식에 대하여 서술한 것이다. 주앙
저우에 의하면, 지식에는 낮은 단계와 높은 단계가 있다. 두 가지를 나
누어 설명한다.

① 낮은 단계의 지식 —지식의 상대성, 유한성

"안다는 것을 아는 것. 우리가 안다는 것을 아는 것이 있다. 모른다는 것을
아는 것. 즉 우리가 모른다는 것을 아는 것이 있다. 모른다는 것을 모르는
것. 우리가 모르는 것을 모르는 것이 있다."[18]

위의 인용은 그리스 철학자 소크라테스의 이야기가 아니다. 사람이
무엇을 안다는 것은 무엇을 말하는가? 철학에서는 이를 '인식' 의 문제
로 보는데, 지식은 인간의 언어를 통하여 전달된다. 주앙저우는 지식의

---

17   '제물' (齊物)에서, '물' (物)은 사물 혹은 만물이라는 뜻의 명사로 쓰이고,
'제' (齊)는 '가지런하게하다' 혹은 '균일하게하다' 라는 뜻의 동사로 사용된다.
18   "There are known knowns. There are things we know that we know. There
are known unknowns. That is to say, there are things we now know we don't
know. But there are also unknown unknowns. There are things we do not know
we don't know." cf. 2002년 2월 12일, 미국 국방성 브리핑에서, 국방장관 도널드 럼
즈펠드(Donald Rumsfeld; 1932~)의 말.

대소(大小)와 언어의 대소를 언급한다.

> 큰 지식은 한가하고 너그럽다. 작은 지식은 자잘한 것을 분별한다. 훌륭한
> 말[大言]은 담담하다. 잔 말[小言]은 이러쿵저러쿵 시끄럽다.[19]

지식은 언어를 통하여 습득되며, 언어는 어떤 뜻을 지닌다. 선악,
시비, 영욕, 미추, 길흉 및 생사까지도 언어를 통하여 진단되고 설명되
며 상대방에게 전달된다. 소통되지 않는 언어는 무의미하다. 그런데
이와 같은 기준을 놓고 우리가 핏대를 올리며 논쟁을 벌이는 까닭은
무엇인가?

> 만일 나와 그대가 변론을 한다고 하자. 그대가 나를 이기고 내가 진다면,
> 그대가 과연 옳고 내가 과연 그른가? 내가 그대를 이기고 그대가 진다면,
> 내가 과연 옳고 그대가 과연 그른가? 우리 중에 한 사람은 옳고 한 사람은
> 그른가? 아니면 우리 둘이 모두 옳거나 모두 그른가? 나와 그대는 서로
> 알 수 없다. 사람들도 어두움에 가리어 알지 못하거늘, 우리는 누구에게
> 시비를 가려 달라고 할 것인가? 만일 그대와 의견이 같은 자에게 가려 달
> 라고 하면, 이미 그대와 (견해가) 같은데 어떻게 공정한 판단을 할 수 있
> 겠는가? 만일 나와 의견이 같은 자에게 가려 달라고 하면, 이미 나와 (견
> 해가) 같은데 어떻게 공정한 판단을 할 수 있겠는가? … 그렇다면 나도 그
> 대도 남도 할 것 없이 모두 서로 (누가 옳은지 누가 그른지) 알 수 없다.
> 누구에게 (시비를) 가려 달라고 할 것인가?[20]

---

19   『장자』「제물론」. cf.『譯註 莊子』1, p. 73. "大知閑閑. 小知閒閒. 大言炎炎. 小言
詹詹."
20   『장자』「제물론」. cf.『譯註 莊子』1, pp. 120-121. "旣使我與若辯矣. 若勝我, 我

주앙저우는 이처럼 인간 지식의 상대성과 유한성에 대하여 웅변적으로 말한다. 그는 인간의 지식이란 유한한 관점에 근거하고 있으므로, 모든 관점 자체가 상대적일 수밖에 없다고 주장한다.

② 높은 단계의 지식

인간의 지식이 유한한 관점에 근거하고 있다고 해서 절망하고 말 것인가? 주앙저우는 아니라고 말한다. 그는 인위적인[人] 관점이 아닌 자연[天]의 관점에 비추어 판단해야 한다고 말한다.

> 사물은 저것[彼] 아닌 것이 없고, 또 이것[是] 아닌 것이 없다. 스스로 자기를 저것이라 한다면 알 수 없지만, 자기가 자기에 대해서만 알 뿐이다 … 이것도 저것이고, 저것도 이것이다. 저것은 저것의 시비가 있고, 이것은 이것의 시비가 있다. 과연 이것과 저것의 구별이 있는가? 이것과 저것의 구별은 없는가? 이것과 저것의 상호 대립을 없애는 경지를 가리켜 '도추'(道樞; 道의 지도리)라고 말한다. '도추'를 얻는 것은 원의 중심을 붙잡는 것과 같아서 무궁한 변화에 대응할 수 있다. 옳음도 무궁한 변화의 하나이요, 그름도 무궁한 변화의 하나이다. 그러므로 (옳고 그름을 넘어서 꿰뚫어보는) "명석한 인식(認識)으로 판단하는 것보다 더 나은 방법은 없다"라고 말하는 것이다.[21]

不勝若, 若果是也, 我果非也邪? 我勝若, 若不勝吾, 我果是也, 而果非也邪? 其或是也, 其或非也邪? 其俱是也, 其俱非也邪? 我與若, 不能相知也. 則人固受其黮闇, 吾誰使正之? 使同乎若者正之, 旣與若同矣, 惡能正之? 使同我者正之, 旣同乎我矣, 惡能正之? … 然則我與若與人, 俱不能相知也. 而待彼也邪?"

21 『장자』「제물론」. cf. 『譯註 莊子』 1, pp. 83-86. "物無非彼, 物無非是. 自彼則不見, 自知則知之 … 彼是莫得其偶, 謂之道樞. 樞始得其環中, 以應無窮. 是亦一無窮, 非

위의 문장에서 중요한 개념은 '도추'이다. '추' (樞)란 '문 지도리'를 말하며, 사물의 가장 중요한 부분을 가리킨다. 자동차에 비유하면 '핸들' (steering wheel)이다.[22]

사람의 시비는 끝이 없고, 판단은 쉬운 일이 아니다. 할 수 있다면, (그렇게 해야 할 일이지만) '도' (道)의 관점에서 만물을 관찰하도록 훈련을 쌓는 일이 중요하다. '도'의 관점에서 만물을 관찰하는 일은 유한을 넘어서 '고차원'의 관점에서 만물을 관찰한다는 의미이다. 이것이 주앙저우가 말하는 높은 단계의 지식이다.[23]

사물은 본래 그러한 까닭[所然]이 있고, 또 본래 그럴 수 있는 것[所可]이 있다. 어떤 사물이든 그렇지 않은 것이 없고, 어떤 사물이든지 가(可)하지 않은 것은 없다. 그러므로 작은 풀과 나무 기둥, 문둥병 환자와 시스(西施)라는 미녀를 예로 든다면, 괴이한 대조이지만, '도'의 입장에서는 모두 통하여 하나가 된다. (한쪽에서의) 나누어짐[分]은 (다른 쪽에서는) 이루어짐[成]이며, (한쪽에서의) 이루어짐은 (다른 쪽에서는) 허물어짐[毀]이다. 무릇 모든 사물이 이루어지든지 혹은 허물어지든지 간에 다 같이 하나이다.[24]

亦一無窮, 故曰. 莫若以明."

22 로마 교황청 소속의 사제를 '추기경' (樞機卿)이라고 부른다. 그들이 천주교 교단의 '핸들'을 쥐고 있는 가장 중요한 중심인물이기 때문이다.

23 스피노자는 사물을 '영원(永遠)의 상(相) 아래에서' (under a certain species of eternity) 인식해야 한다고 주장하였다. 이는 사물을 우연적 혹은 고립적인 것으로 보지 않고 필연적인 연관성에서 관찰함을 말한다. 주장저우의 '높은 단계의 지식'과 흡사하다고 생각한다. cf. B. 스피노자, 『에티카』, 강영계 역, p. 134.

24 『장자』「제물론」. cf.『譯註 莊子』1, pp. 87-88. "物固有所然, 物固有所可. 無物不然, 無物不可 … 其分也成也, 其成也毀也. 凡物無成與毀, 復通爲一."

주앙저우에 의하면, 세상에서 발생하는 나누어짐과 이루어짐 혹은 건설과 파괴 등은 상대적이다. '도'의 관점에서는 모든 것이 통하여 하나가 된다. 그러므로 '도추'의 입장에서 보면, 하늘과 땅도 하나의 손가락이고 만물도 한 마리의 말이다.[25] 주앙저우는 이렇게 '도'의 입장에서 통일적으로 보는 사람을 가리켜 '진인'(眞人)이라고 부른다.

주앙저우의 '높은 단계의 지식'은 스피노자의 '직관지'(直觀知; scientia intuitiva)와 비교할 수 있다. '직관지'란 사물을 통일적으로 보는 지식이다. 잠시 스피노자의 신(神; 自然)과 직관지를 살펴보도록 한다. 스피노자에게 우주(존재)는 광막한 '대자연'의 체계이며, 대자연은 실체(實體)이자 동시에 신(神)이다. 신은 자기원인(自己原因; causa sui)이며, 또한 내재하는 존재(causa immanens)이다. 이를 철학 이론에서 범신론(汎神論; Pantheism)[26]이라고 부른다.

아리스토텔레스에 의하면, 세계는 신의 의지가 개입된 목적론적인 체계이다. 그러나 스피노자에게 '자연'[神]은 목적이 없다. 아리스토텔레스의 철학을 기반으로 하는 그리스도교는 창조자의 의지를 중시한다. (아리스토텔레스는 신을 창조자로 언급하지는 않았다.) 스피노자가 말하는 신(deus)은 인격신이 아니다. 스피노자에 의하면 세계는 실현해야 할 목적도, 신성한 의무도 없다. '완전', '불완전' 혹은 '좋다', '나쁘다' 하는 근거도 없다. 세계는 '신' 혹은 '자연'이라고 부르는 영원한 필연성에 따라서 움직인다. 자연의 필연성에 대한 사고는 「제물론」에서 드러나는 주앙저우의 사고와 유사하다.

---

25 『장자』「제물론」. "天地一指也, 萬物一馬也."
26 범신론(汎神論)은 유신론(有神論)처럼 신(神)과 자연을 질적으로 구분하여 다른 존재로 파악하지 않고, 자연의 모든 것을 신이라고 주장하는 견해이다. 이는 신비주의적 경향을 지닌다.

스피노자는 '자아의 본질'을 지킴을 보람 있는 삶으로 여겼다. 자아를 지키는 사람이 지자(知者)이자 동시에 자유인이다. 그에 의하면, 지식이란 속견(俗見), 과학적 지식, 직관지 이렇게 세 가지가 있다. 직관지는 자연 전체를 통일체로 파악하는 종합적인 지식을 말한다. 인생의 불행이란 무지에서 온다. 부분을 독립된 실체로 오인하는 무지, 만물의 필연성을 간과하는 무지가 그것이다.

주앙저우가 말하는 '높은 단계의 지식'은 스피노자의 '직관지'와 유사하다. 이는 *Ethica* Part Ⅴ. Propositions 6의 "정신은 모든 것을 필연적인 것으로 인식하는 한에서 감정에 대하여 더 큰 힘을 가지거나 감정의 작용을 덜 받는다"[27]와 Propositions 42의 "지복(至福; Blessedness)은 덕의 보수가 아니라 덕 자체이다. 우리는 쾌락을 억제하기 때문에 지복을 누리는 것이 아니라, 반대로 지복을 누리기 때문에 쾌락을 억제할 수 있다"[28]에서 알 수 있다. 즉 '높은 단계의 지식'이란 사물의 필연성을 인식하는 지식이며, 세상의 고통을 벗어나는 지식이다.

3) 나비 꿈

「제물론」의 끝 부분에 『장자』 전반을 통하여 가장 유명한 구절이 등장한다. 이 이야기는 '나비의 꿈'[胡蝶之夢]으로 알려져 있다.

옛날에 주앙저우는 꿈속에서 나비가 되었다. 훨훨 날아다니는 나비였는데, 스스로 유유자적하며 즐기면서도 자기가 주앙저우라는 것을 깨닫지 못하였다. 문득 깨어 보니 갑자기 주앙저우가 되어 있었다. 알지 못하겠다. 주앙저우의 꿈에 (주앙저우가) 나비가 된 것일까? 아니면 나비의 꿈에

---

27 B. 스피노자, 『에티카』, 강영계 역, p. 338.
28 B. 스피노자, 같은 책, p. 366.

(나비가) 주앙저우가 된 것일까? 주앙저우와 나비 사이에는 반드시 구별이 있(어야 할 것이)다. 이것을 일러 '물화'(物化)라고 한다.[29]

이 구절은 한 편의 시(詩)로 비유될 수 있으며, 고금을 통하여 문인과 화가들에게 영감(靈感)을 불러일으켰다. 예술적 내용이지만, '물화'의 개념으로 인하여 철학을 포함하고 있다. 「제물론」의 맨 끝 구절을 '물화'로 마감한 것은 의미가 깊다.

'물화'란 '사물'[物]과 '나'[我]의 한계가 소멸되어 만물이 융화(融化)하여 하나가 되는 것을 말한다.[30] 『장자』를 영역한 왓슨(Burton Watson)은 이 개념을 'Transformation of Things'라고 번역하였다. 필자(황준연)는 이 구절의 암시하는 바가 객관 세계[物]와 주관 세계[我]의 합일이라고 판단한다. 이는 「제물론」이 지향하는 이상(理想)이다.

그것은 주앙저우와 나비가 꿈과 현실을 넘나들며 공존하는 세계이다. 주앙저우와 나비 사이에는 '어떤 구별이 있어야 할 것이지만'(must be some distinction), 동시에 주앙저우가 나비가 되고 나비가 주앙저우가 되는 세계이다. 펑유란은 말한다. "만물이 비록 서로 동일하지 않지만 통일하여 하나의 정체를 이루고 있으니, 곧 '통하여 하나가 됨'[通爲一]을 말하는 것이다."[31]

---

29 『장자』「제물론」. cf.『譯註 莊子』1, p. 126. "昔者, 莊周夢爲胡蝶. 栩栩然蝶胡也. 自喩適志與, 不知周也. 俄然覺, 則遽蘧然周也. 不知, 周之夢爲胡蝶與. 胡蝶之夢爲周與. 則必有分矣, 此之謂物化."

30 陳鼓應,『莊子今注今譯』上(北京: 中華書局, 1996), p. 92.

31 程帆,『我聽馮友蘭講中國哲學』, p. 137.

인터메쪼(Intermezzo) 3:

상하이박물관 죽간 『항선恒先』

오랫동안 도가 철학에서 우주생성론은 『도덕경』에만 언급된 것으로 알려져 있었다. 그러나 1993년 꾸어띠앤에서 발견된 죽간 『태일생수』와 1994년 상하이박물관이 입수한 죽간 『항선恒先』에 의하여, 전국 시대에 우주생성론이 『도덕경』 이외에도 존재하였다는 사실이 알려졌다.[32]

상하이박물관('상박'이라고 칭함) 죽간 『항선』은 도가 계통으로 확인되었고, 전국 시대 후기 주앙저우학파(莊周學派)에 의해서 저술된 것으로 여겨지고 있다.[33] 그러므로 주앙저우의 사상에 이어서 『항선』을 소개한다. 상편(上篇) 제1장과 제2장을 묶어서 번역하면 다음과 같다. 먼저 원문을 제시하고, 두 사람의 번역을 동시에 소개한다.

[원문]

恆先無有, 樸, 靜, 虛.

朴, 大樸, 靜, 大靜, 虛, 大虛.

自厭, 不自忍; 或作.

有或焉有氣, 有氣焉有有, 有有焉有始, 有始焉有往者.

未有天地, 未有作行, 出生虛靜.

爲一若寂, 夢夢靜同, 而未或明, 未或滋生.

氣是自生, 恒莫生氣.

氣是自生自作. 恒氣之生, 不獨, 有與也.

32　『태일생수』는 B.C.350 전후에 쓰인 것으로, 『항선』은 B.C.373~B.C.243에 성립된 것으로 추정한다.

33　丁四新, 「楚簡《恒先》章句釋義」(www.bamboosilk.org, 2004年 7月 25日).

或,恒焉. 生或者同焉.[34]

[A] 띵쓰신(丁四新; 2008)의 번역
'항'(恒; 불변의 道體)의 이전에는 '유'(有)가 없었다[恒先無有]. 그것은
일종의 질박함[質], 고요함[靜], 허무[虛]의 상태였다. 질박함은 아주 특
별한 질박함[大質]이었고, 고요함은 아주 특별한 고요함[大靜]이었으며,
허무는 아주 특별한 허무[大虛]였다. (도의 본체로서) '항'은 스스로 만족
하지만, 다만 자신을 억제하지 않아서 여기에 '혹'(或)이 생겨났다. '혹'
이 있고 나서 '기'(氣; 천지 만물의 근원)가 있게 되었고, '기'가 있고 나
서 '유'(有; 존재 상태)가 있게 되었으며, '유'가 있고 나서 '시'(始; 氣의
나타남)가 있게 되었고, '시'가 있고 나서 '왕'(往; 氣의 사라짐)이 있게
되었다. 천지가 아직 출현하기 전에, 또 어떤 동작이 있기 전에, 허무[虛]
와 고요함[靜]이 출생하였다. (허무와 고요함은) 고요하고[寂廖], 혼란하
여 어둡고[不明], (道와) 분리되지 않은 모습이다. 그러나 아직 밝아지지
않았고, 만물이 번성하지 않았다. '기'(氣)는 실질상 자생(自生; 化生의
뜻)하고, '항'(恒)이 '기'를 생겨나게 하는 것은 아니다. '기'는 스스로 생
겨나고 동작한다. '항기'(恒氣)가 생겨남에 홀로 있는 존재가 아니고, 사
물[物]과 더불어 존재한다. '혹'(或)은 또한 '항'(恒)이다. '혹'을 탄생시
키는 자는 '도'(道)와 분리되지 않는다.

[B] 차오펑(曹峰; 2006)의 번역
'항'(恒)의 이전에는 어떠한 존재물도 없었다[恒先無有]. 그것은 일종의
순수함[樸], 고요함[靜], 허무[虛]의 상태였다. 순수함은 (보통의 순수함

---

34   龍朴,「《恒先》試讀」(www.bamboosilk.org, 2004年 4月 26日).

이 아니라) 아주 큰 순수함[大樸]이었고, 고요함은 (보통의 고요함이 아니라) 아주 큰 고요함[大靜]이었으며, 허무는 (보통의 허무가 아니라) 아주 큰 허무[大虛]였다. (도의 본체가) 스스로 만족하고 또 스스로 억압한 결과, '혹'(或: 모종의 불확실한 물건)이 생겨났다. '혹'이 있고 나서 '기'(氣)가 있게 되었고, '기'가 있고 나서 '유'(有: 확정적인 물건)가 있게 되었으며, '유'가 있고 나서 '시'(始)가 있게 되었고, '시'가 있고 나서 '왕'(往: 시간의 왕복)이 있게 되었다. (恒先無有의 상태에서) 천지가 아직 출현하지 않았으며, 어떤 동작, 실행, 나아감, 태어남의 행위도 없었다. 허무[虛], 고요함[靜]이 혼연하여 나뉘지 않은 것이 마치 고요하고[寂寂], 어둡고[冥冥], 혼돈된 모습과 같았다. 정적(靜寂)이 혼동하여, 낮과 밤이 출현하지 않았고, 만물이 번성하지 않았다. '기'(氣)는 스스로 태어나는 존재이고, '항'(恒)이 '기'를 생겨나게 하는 것은 아니다. '기'는 스스로 생겨나고 동작한다. '항'과 '기'가 생성됨에 홀로가 아니고 더불어 생성되었다. (불확정한 존재인) '혹'(或)은 불변의 종극적이다. 불변의 종극적인 '혹'의 태어남과 불변의 종극적인 '기'의 태어남은 서로 같다.

띵쓰신의 번역 중 후반부의 "'항기'(恒氣)가 생겨남에 홀로 있는 존재가 아니고, 사물[物]과 더불어 존재한다"[恒氣之生, 不獨, 有與也]라는 번역에는 이설(異說)이 있다. 리아오밍춘은 '항기'를 각기 독립된 글자로 보고, "'항'과 '기'는 태어남에 홀로가 아니고, 더불어 생성되었다"[恒, 氣之生, 不獨有與也]라고 해석한다. 리루이(李銳)는 '항기'를 연사(連詞)로 인정하지 않는 점에서 리아오밍춘과 의견을 같이하지만, 이 구절을 "恒, 氣之生(性)"으로 보아서, "'항'과 '기'의 본성이 홀로가 아니고 함께) 있다"라고 번역한다.[35]

『항선』에는 우주생성론에 관한 형이상학적 의미가 담겨 있다. 자료가 불완전함에도, 이는 철학 방면에서 중요성을 지닌다. 여기의 '항'(恒)은 도(道)의 본체를 가리킨다. 이는 성리학의 중요한 개념으로 자리 잡은 '태극'과 유사하다고 생각한다. '항'은 문자 그대로 불변의 그 무엇(a something unchangeable)이다.

'항'(恒)은 용어상 그 무엇이므로 '혹'(或)이라고도 표현된다. 중요한 것은 '기'(氣)이다. '기'는 천지 만물의 근원으로서, 이것이 있고 나서 존재 상태인 '유'(有)가 있게 되고, '유'가 있고 나서 '시'(始)가 있으며, '시'가 있고 나서 '왕'(往)이 있게 되었다. 띵쓰신은 '시'를 '기'가 나타나는 것으로, '왕'을 '기'의 사라짐으로 해석하였다. '기'는 스스로 있는 에너지이고, '항'이 태어나게 하는 것이 아니다. '항' 혹은 '혹'이란 인간의 오감 능력으로 파악할 수 없는 그 무엇이다. 우리는 이 추상적 개념을 인간의 선험적인 인식 능력에 호소할 수밖에 없다.

『항선』은 자료가 불완전하다. 그렇지만 중국 고대인의 우주생성론에 관한 초보적인 철학적 사유의 전개를 엿볼 수 있다. 그 점에서 기존의 자료 『노자』(『도덕경』) 혹은 『장자』 등과 함께 의미를 지닌다.

타이완대학의 린이정(林義正) 교수가 정리한 『항선』에 담긴 우주생성론에 대한 술어를 다른 자료와 비교하여 나열하면 다음과 같다.

『역전易傳』: 천지 ← 태극(太極)

『노자老子』: 천지 ← 도(道)

『문자文子』: 천지 ← 기(氣)

『관윤자關尹子』: 천지 ← 물[水] ↔ 태일(太一)

---

35 리링(李零) 교수를 포함한 기타 연구자들의 해석은 '간백연구망'(www.bamboosilk.org) 혹은 '우한대학(武漢大學) 간백연구센타'(www.jianbo.org)의 사이트를 참고하면 도움이 클 것이다.

『열자列子』: 천지 ← 역(易) ← 태극(太極)

『회남자淮南子』: 천지 ← 기(氣) ← 우주(宇宙) ← 허확(虛霩)

『항선恒先』: 천지 ← 유(有) ← 기(氣) ← 혹(或) ↔ 항(恒)[36]

---

36 林義正,「論《恒先》的宇宙思維」, 한·중 철학 문화 국제학술회의,『새로운 자료와 새로운 시각』, 성균관대학교 유교문화연구소, 2009년 2월 9일.

제9장

묵가의 철학
The Philosophy of Mohism

세상에서 모쯔(墨子; Mo-Tzu)라고 부르는 인물 모짜이(墨翟; B.C. 475?~B.C.396?)[1]의 생애는 밝혀지지 않았다. 고대 송(宋)나라 사람이라는 이야기와 노(魯)나라 인물이라는 주장이 공존한다.

쓰마치앤의 『사기』「열전」에는 모짜이의 전기가 없다. 멍커와 쉰쿠앙을 언급한 「맹자순경열전孟子荀卿列傳」 끝 부분에, "모짜이는 송나라의 대부로서, 방어의 전술에 능하였고, 비용을 절약할 것을 주장하였다. 어떤 사람은 콩치우의 시기에 살았다고 하고, 어떤 사람은 그 이후에 살았다고 한다"[2]라는 구절이 전부이다. 이와 같이 부실한 기록은 그가 소외된 인물임을 의미한다.

모짜이를 중심으로 형성된 학파를 '묵가' (墨家)라고 부른다. 묵가학파는 독특한 점이 있었다. 춘추·전국 시대의 왕과 제후들은 사병(私

---

1 '翟' 자의 발음 표기는 'zhái'와 'dí'의 두 가지가 있다. 필자는 전자를 택한다.
2 『사기』권74, 「맹자순경열전」. "蓋墨翟, 宋之大夫, 善守禦, 爲節用. 或曰並孔子時, 或曰在其後."

兵)을 소유하였으므로, 군사 전문가를 필요로 하였다. 오늘날 '컨설턴트' 라는 직업이 있듯이, 고대에 군사 전문가들은 군사적 자문에 응하고 그에 따라 수당을 받았다. 이러한 인물이 '협'(俠) 혹은 '유협'(游俠)이다. '협', '협사'(俠士) 혹은 '협객'은 현재의 '조폭' 혹은 '마피아'와 같은 집단으로 비유할 수 있다. 쓰마치앤『사기』권124「유협열전遊俠列傳」에는 "유협은 행위가 정의(正義)에 맞지 않았지만, 말에는 신용이 있었다. 행동은 과감하였으며, 승낙한 일은 반드시 성의를 다하였다. 자신의 몸을 버리고 남의 고난에 뛰어들 때는 생사를 돌보지 않았다"라고 하였다.

묵가학파에서는 그들의 지도자를 '두목'[鉅子]³이라고 불렀다. 마피아 지도자를 '까뽀'(Capo; 모자)라고 부르는 것과 흡사하다. 모짜이가 한때 이 집단의 '까뽀'였다는 기록이 있다. (사실 여부는 불확실하지만, 얼굴에 묵형墨刑을 받은 자국이 있었다고 한다.)

묵가는 전기와 후기로 구분된다. '전기 묵가'는 모짜이가 살아 있을 때 조성된 학파요, '후기 묵가'는 그가 세상을 떠난 뒤 조성된 학파다. 현존하는『묵자墨子』는 모짜이 학파의 저작으로 믿어지며, 일부는 후기 묵가의 저술로 추정한다. 모짜이가 세상에 알려진 까닭은 멍커의 독설(毒舌) 때문이다. 추정하건대, 그가 한때 바람을 일으켰던 것이 확실하다.⁴『맹자』의 다음과 같은 구절이 이를 말해 준다.

---

3 원문 '鉅子'(거자)를 '두목'이라고 번역한다. '鉅' 자는 '높다', '존귀하다'의 뜻이다. 무협(武俠) 영화에 등장하는 '맹주'(盟主)도 같은 개념이다.

4 한위(韓愈; 768~824)는 "콩치우는 天下를 돌아다니느라 앉은 자리가 따뜻할 틈이 없었고, 모짜이는 四方으로 돌아다니느라 집안 굴뚝에 검댕이가 묻지 않았다."(孔席不暇暖, 墨突不得黔)라고 읊은 일이 있다. cf. 오수형 역해, 『한유산문선』(서울: 서울대학교 출판문화원, 2010), p. 508. 모짜이가 추구한 가치가 무엇인지는 잘 알 수 없으나, 그가 한때 세상의 관심을 끌었던 점은 인정해야 하겠다.

성왕이 나오지 아니하여, 제후들이 방자하며 재야(在野)의 선비들이 제멋
대로 떠들어 댄다. 양주와 모짜이의 말이 세상에 가득하니, 세상에 떠도는
말이 양주 아니면 모짜이에게 돌아간다. 양 씨는 자신만을 위하니, 이는
군주가 없음이요, 모 씨는 온 세상 사람을 사랑하라고 하니, 이는 아비 없
는 놈이다. 아비도 군주도 없는 놈들은 짐승과 다를 바 없다.[5]

유명한 인물이 유명하지 않은 인물을 물고 늘어지면, 유명하지 않는
인물이 덩달아 유명한 인물이 될 수 있음이 오늘의 현실이다. 물론 고
대에 멍커가 유명하고 모짜이가 덜 유명하였는지 혹은 모짜이가 유명
하고 멍커가 덜 유명하였는지에 대해서는 필자는 알 길이 없다.

9.1 모짜이의 종교 관념

모짜이는 '천'[天]과 귀신[鬼]에 제사 지냄을 존중하였다. 전자는 '천
의'(天意), 후자는 '명귀'(明鬼)라는 개념으로 등장한다. 모짜이는 '천
명'(天命)이라고 말하지 않고 '천의'라고 말하였다. 모짜이가 말한 '천
의', 곧 '하늘의 뜻'은 무엇인가? 이는 철학적 개념이 아니고 종교적 관
념이다. 하늘이 욕망하는 바가 있는데, 그것이 곧 '천의'라는 것이다.[6]

하늘은 큰 나라가 작은 나라를 공격하고, 큰 집안이 작은 집안을 어지럽히

---

5 『맹자』「등문공」下. "聖王不作, 諸侯放恣, 處士橫議. 楊朱墨翟之言, 盈天下. 天下
之言, 不歸楊則歸墨. 楊氏爲我, 是無君也. 墨氏兼愛, 是無父也. 無父無君, 是禽獸也."
6 모짜이의 용어 가운데 '천의'(天意)는 '천지'(天志)와 통한다. 필자는 '천의'로 통
일하여 사용한다.

며, 강한 자가 약한 자를 협박하고, 영리한 놈이 어리석은 자를 사기 치며, 귀한 자가 천한 사람을 멸시함을 바라지 않는다. 이것들은 하늘이 원하는 바가 아니다. 여기에 그치지 않는다. 하늘은 힘 있는 자가 (힘 없는 자를) 보호하고, 도(道) 있는 자가 (도 없는 자를) 가르치고, 재산 있는 자가 (재산 없는 자와) 서로 나누기를 욕망한다.[7]

현대인의 안목으로는 유치하기 이를 데 없는 주장이지만, 아무튼 모짜이는 '천의'의 개념을 빌려서, 억지스런 주장을 정당화한다. 모짜이에 의하면, 또 하늘은 상(賞)과 벌(罰)을 내리는 자이다. 그는 다음과 같이 말한다.

'천의'(天意)를 따르는 자는 아울러 서로 사랑하고 서로 이익을 취하니, 반드시 상을 받는다. '천의'에 반하는 자는 차별하여 서로 미워하고 서로 해치니, 반드시 벌을 받는다 … 위(禹), 탕(湯), 문왕(文王), 무왕(武王)이 상을 받은 까닭은 무엇이냐? 그들은 위로 하늘을 존중하고 귀신을 섬기며, 아래로 사람을 사랑하였다. 그러므로 '천의'는 말하기를, "내가 사랑하는 바를 아울러 사랑하였고, 내가 이롭게 여기는 것을 아울러 이롭게 하였다. 사랑하기를 널리 하고, 이롭게 하기를 두텁게 하였다"라고 하였다. 그러므로 귀(貴)하게 하여 천자(天子)가 되도록 하였고, 부(富)하게 하여 천하를 갖게 하였다. 그 업무를 자손만대에 내려서 선(善)함을 전하게 하였다. 그들을 칭찬하여 성왕(聖王)이라고 한다. 지에(桀), 저우(紂), 유왕(幽王), 려왕(厲王)이 벌을 받은 까닭은 무엇이냐? 그들은 위로 하늘을 욕

7 孫詒讓, 『묵자한고墨子閒詁』上 권7, 「천지天志」中 (北京: 中華書局, 2001), p. 199. "天之意, 不欲大國之攻小國也, 大家之亂小家也. 强之暴寡, 詐之謀愚, 貴之傲賤. 此天之所不欲也. 不止此而已. 欲人之有力相營, 有道相教, 有財相分也."

보이고 귀신을 책망하며, 아래로 사람을 해쳤다. 그러므로 '천의'는 말하기를, "내가 사랑하는 바를 구별하여 미워하였고, 내가 이롭게 여기는 바를 해쳤다. 미워하기를 널리 하고, 사람 해치기를 두텁게 하였다"라고 하였다. 그러므로 그 목숨을 도중에 마치게 하였고, 세상에서 잊지 않도록 하였다. 그들을 비방하여 폭군[暴王]이라고 한다.[8]

위의 글은 전통에 대한 묵수적(墨守的) 태도, 상투적(常套的) 수법을 보여 준다. 눈썰미 있는 독자라면, '천의를 따름'과 '천의에 반함'의 기준이 모호함을 알 수 있을 것이다. 이는 도그마를 바탕으로 한 종교적 태도이며, 철학의 범주에 넣을 수 없다. 필자는 모짜이의 '천의'와 콩치우의 '천명'이 어떻게 다른지 알 수 없다.[9] 한마디로 애매모호하다. 모짜이가 생각한 '귀신'의 관념을 들여다보자.[10]

옛적 삼대(三代)의 성왕이 죽음에 이르러, 세상은 의리를 잃었고, 제후들은 정벌(征伐)에 힘썼다 … 이로부터 세상이 어지러워졌다. 왜 그렇게 되

---

8 『묵자한고』上 권7, 「천지」上, pp. 195-196. "順天意者, 兼相愛, 交相理, 必得賞. 反天意者, 別相惡(오), 交相賊, 必得罰 … 然則禹湯文武, 其得賞何以也? (子墨子言曰) 其事上尊天, 中事鬼神, 下愛人. 故天意曰: '此之我所愛, 兼而愛之; 我所利, 兼而利之. 愛人者此爲博焉, 利人者此爲厚焉.' 故使貴爲天子, 富有天下, 業萬世子孫, 傳稱其善, 至今稱之, 謂之聖王. 然則桀紂幽厲, 得其罰何以也? (子墨子言曰) 其事上詬天, 中詬鬼, 下賊人. 故天意曰: '此之我所愛, 別而惡(오)之; 我所利, 交而賊之. 惡人者此爲之博也, 賤人者此爲厚也.' 故使不得終其壽, 不歿其世, 至今毁之, 謂之暴王."

9 묵가가 유가의 '천명'을 부정하고 '천지'를 주장하였다는 주장이 있다. 그러나 모짜이의 '비명'(非命: 명을 거부함)은 일종의 '천명론'이라는 주장도 있다. cf. 남상호, 『How로 본 중국철학사』(파주: 서광사, 2015), p. 271. / 펑우란, 『중국철학사』상, 박성규 역, p. 165 각주.

10 용어에서 '귀신'과 '명귀'(明鬼)가 혼용되고 있다. '明' 자는 동사로 사용되었고, 귀신이 존재함을 밝힌다는 의미이다. '명귀'를 합성어로 처리해도 무리가 없을 것으로 생각한다.

었을까? 이는 귀신의 있고 없음을 의심하였기 때문이요, 귀신이 능히 현명한 이를 상 주고 포악한 놈을 벌주는 것을 밝히지 못하였기 때문이다.[11]

이제 만일 세상 사람들로 하여금 귀신이 현명한 이를 상 주고, 포악한 놈을 벌주는 일을 믿게 한다면, 즉 천하가 어찌 어지럽게 되었겠는가?[12]

모짜이는 귀신이 실제로 존재함을 『춘추』의 기록에 나타난 사례를 들어서 강조한다. 그러나 하늘도 상벌을 주고, 귀신도 상벌을 준다라고 말하니, 두 개념이 서로 겹친다. 모짜이의 '천의' 및 '귀신' 개념은 분명하지 않다.

9.2 겸애설

1) 겸애주의

모짜이가 세상 사람들에게 "차별을 두지 말고 사랑하라!"라고 주장한 것에 대해 학자들은 '겸애설'(兼愛說)이라고 부른다. '겸애'(兼愛) 개념은 모짜이 철학의 중심 사상이며, '협사' 그룹의 직업 윤리였다. 모짜이는 다음과 같이 말한다.

성인(聖人)은 세상을 다스리는 일을 도리로 삼는다. 혼란이 일어나는 원

---

11 『묵자한고』上 권8, 「명귀明鬼」下, pp. 221-222. "逮至昔三代聖王旣沒, 天下失義, 諸侯力征 … 是以天下亂. 此其故何以然也? 則皆以疑惑鬼神之有與無之別, 不明乎鬼神之能賞賢而罰暴也."

12 『묵자한고』上 권8, 「명귀」下, pp. 222-223. "今若使天下之人, 偕若信鬼神之能賞賢而罰暴也, 則夫天下豈亂哉!"

인을 알아야 바로 다스릴 수 있다. 혼란의 근원지를 알지 못하면 다스릴 수 없다 … 혼란은 어디에서 시작하는가? 그것은 서로 사랑하지 않기 때문이다 … 만일 세상 사람들이 서로 사랑한다면, 국가와 국가는 공격할 리 없고, 가족과 가족이 싸우지 않을 것이며, 도적이 있을 수 없고, 군신 부자 간에 효도하고 자애로울 것이다. 이와 같으면 세상은 다스려지는 법이다 … 세상은 '더불어 서로 사랑하면'[兼相愛] 다스려지고, '다투어 서로 미워하면'[交相惡] 혼란하여 지는 법이다.[13]

제후가 자기 나라만을 사랑하고 다른 나라를 사랑하지 않으니, 이 때문에 다른 나라를 공격함을 꺼리지 않는다 … 사람과 사람이 서로 사랑하지 않으니 도적질하게 된다. 세상 사람들이 사랑하지 않으니 강한 자가 약한 자를 핍박하고, 부자가 가난뱅이를 모욕하며, 귀족이 서민에게 오만하고, 영리한 놈이 우둔한 놈에게 사기 친다. 세상이 화(禍)와 빼앗음, 원망이 일어나는 것은 서로 사랑하지 않기 때문이다 … 그게 옳지 않다면 어떻게 바꾸어야 하는가? 모짜이는 말한다. "더불어 서로 사랑함으로써, 다투어 서로 이익을 취하는 법을 바꾸어야 한다."[14]

성인[仁人]의 일은 힘을 다하여 세상의 이익을 구하고, 세상의 해악을 제거하는 데 있다 … 분명히 말하자. 세상에 남을 사랑하고, 남을 이롭게 해주는 사람이 '따로 사랑하는'[別愛] 사람이냐? 아니면 '더불어 사랑하는'[兼愛] 사람이냐? (그는) 틀림없이 '더불어 사랑하는 사람'이다. 그렇

---

13 『묵자한고』上 권4,「겸애兼愛」上, pp. 99-101. "聖人以治天下爲事者也. 必知亂之所自起, 焉[乃]能治之. 不知亂之所自起, 則不能治 … 故天下兼相愛則治, 交相惡(오)則亂."

14 『묵자한고』上 권4,「겸애」中, pp. 102-103. "今諸侯獨知愛其國, 不愛人之國, 是以不憚擧其國以攻人之國 … 子墨子言, 以兼相愛, 交相利之法易之."

다면 '더불어 사랑하는 사람' 이야말로 이 세상에 큰 이익을 가져다주는 사람이 아닌가? 그러므로 '더불어 사랑하는 자' 를 옳다고 말하는 것이다.[15]

위의 표현에 보이는, '더불어 사랑함' [兼愛]은 '더불어 서로 사랑함' [兼相愛]의 준말이다.[16] 여기서 중요한 개념은 '겸' (兼)이다. 이는 "만민의 평등한 생존권을 확보하기 위한 이익의 교환 방법"[17]이라는 견해가 있다. 위 글에서 평등의 개념은 불확실하지만, 참고할 만한 주장이다.

2) 차별주의

모짜이의 '겸애' 와 대비되는 개념에 '별애' (別愛)가 있다. 세상은 '더불어 사랑하는' 사람들도 있지만, 동시에 '따로 사랑하는' 사람들도 있기 마련이다. 모짜이는 말한다.

분명히 말하자. 세상에 남을 미워하고, 남을 해치는 놈이 '더불어 사랑하는' [兼愛] 사람이냐? 아니면 '따로 사랑하는' [別愛] 사람이냐? (그는) 틀림없이 '따로 사랑하는 놈' 이다. 그렇다면 '따로 사랑하는 놈' 이야말로 이 세상에 큰 해악을 끼치는 자가 아닌가? 그러므로 '따로 사랑하는 자' 를 틀렸다고 말하는 것이다.[18]

---

15 『묵자한고』上 권4,「겸애」下, pp. 115. "仁人之事者, 必務求興天下之利, 除天下之害 … 分名乎, 天下愛人而利人者, 別與? 兼與? 則必兼也. 然則之交兼者, 果生天下之大利者與? 是故兼是也."

16 '兼' 자는 '더불어' 라는 부사로 사용되고, '愛' 자는 동사로 사용된다.

17 남상호, 『How로 본 중국철학사』, p. 262.

18 『묵자한고』上 권4,「겸애」下, pp. 113-114. "分名乎, 天下惡(오)人而敵人者, 兼

'따로 사랑하는 놈' [別士; 차별주의자]은 말한다. "내가 어찌 내 몸 생각
하듯이 친구를 생각할 수 있으며, 내 아버지를 생각하듯이 친구 아버지를
생각할 수 있을까?" 그런 사람은 (친구가) 굶주려도 먹을 것을 주지 않을
것이고, 추워도 옷을 입히지 않을 것이며, 병들어도 간호해 주지 않을 것
이고, 죽어도 묻어 주지 않을 것이다. '별사' (차별주의자)의 말과 행동이
이와 같다. '더불어 사랑하는 선비' [兼士; 겸애주의자]는 다르다. "내가
세상에 고결한 선비가 될 수 있음은 내 몸처럼 친구를 돌보며, 내 아버지
처럼 친구 아버지를 대한 연후에 고결한 선비가 된다고 들었다. 그런 사람
은 (친구가) 굶주리면 먹을 것을 주고, 추우면 옷을 입히고, 병들면 간호
해 주고, 죽으면 묻어 준다. '겸사' (겸애주의자)의 말과 행동은 이와 같다.
이 두 사람은 말과 행동이 상반되지 아니한가?[19]

　　모짜이의 '겸애설'은 현실의 인간과는 동떨어진 주장이다. 차별이
아닌 보편적 사랑에 대한 주장은 인간의 생리적 측면을 무시한 것이다.
그가 배격한 유가는 이 점에서 현실적인 선택을 한다.[20] 모짜이를 "형
이상학에 흥미가 없었고, 그의 논증 구조는 천박한 수준이었다"[21]라고
지적한 것은 빈말이 아니다.

與? 別與? 則必別也. 然則之交別者, 果生天下之大害者與? 是故別非也."

19　『묵자한고』上 권4,「겸애」下, p. 117. "是故別士之言曰, 吾豈能爲吾友之身若爲
吾身, 爲吾友之親若爲吾親 … 兼士之言若此, 行若此. 若之二士者, 言相非而行相反
與?" 여기서 사용되는 '別' 자와 '兼' 자는 형용사로 쓰이며, 명사 '士'를 수식한다.

20　유가의 '인' (仁)의 개념도 사랑과 통한다. 유가는 인간의 현실을 중시하고, 실천
에서 방법적 차별을 주장한다.『맹자』「진심」上에서 언급한 '친친인민' (親親仁民; 먼
저 가까운 친척을 사랑하고, 다음으로 백성을 사랑한다는 뜻)과『논어』「위령공」朱熹
注에서 언급한 '추기급물' (推己及物; 자기 마음을 미루어 남에게 미친다는 뜻)의 방
법이 그것이다. 유가의 주장은 편파적이지만, 현실적이라는 점을 부정할 수는 없다.

21　풍우란,『중국철학사』상, 박성규 역, p. 163 참조.

9.3 공리주의(功利主義)

철학사에는 '공리주의'(Utilitarianism) 이론이 있다. 19세기 영국을 중심으로 발달한 윤리 사상이다. '유용성'(有用性; utility)의 개념에 비중을 두고, 어떤 행위가 개인의 이익과 행복을 결정하는가에 대하여 진단하는 학설이다.[22] 벤담(Jeremy Bentham, 1748~1832), 제임스 밀(James Mill, 1773~1836), 존 스튜어트 밀(John Stuart Mill, 1806~1873) 등이 중심인물이다.[23]

모짜이의 주장은 '공리주의'의 측면이 강하다.[24] 그는 성과[功]를 중시하고 이익을 추구하였다. 그는 규범과 사실(현실)의 긴장 관계에서 오로지 사실만을 추구한 현실주의자였다. 그의 주장을 '돼지의 철학'(a pig philosphy)[25]이라고 비난하면 모욕이 될 수 있으나, 그 같은 측면이 있었음을 필자는 인정하지 않을 수 없다.

---

22 '공리주의'는 'Utilitarianism'의 번역어인데, '功利主義'와 '公利主義'의 두 가지 용어가 혼용(混用)되고 있다. 전자가 '유용성'(utility)의 의미를 강조하는 표현이라면, 후자는 '공공의 이익'(public interest)을 부각한 표현이다. 이 사상은 근대 시민 사회의 윤리적 기준이 되었을 뿐만 아니라, 자본주의 질서 구축의 토대가 되었다는 점에서 중요하다.

23 벤담이 쾌락의 계량 가능성을 주장한 데 대하여(양적 공리주의), J. S. 밀은 쾌락의 질(質)을 강조하였다(질적 공리주의).

24 슈퇴릭히(Hans Joachim Störig) 교수는 벤담을 소개하면서, 그의 사상을 모쯔에 비유하였다. 또한 윙-칠찬(陳榮捷; Wing-Tsit Chan) 교수도 모짜이를 설명하면서 '공리주의'라고 표제를 달았다. cf. H. J. 슈퇴릭히, 『세계철학사』下, 임석진 역, p. 250. / Wing-Tsit Chan, *A Source Book in Chinese Philosophy* (Princeton: Princeton University Press, 1973), p. 226.

25 공리주의 철학에 대한 칼라일(Thomas Carlyle: 1795~1881)의 표현. cf. *Cambridge Philosophy Classics*, www.cambridge.org.

1) 정치

① 현명한 사람을 숭상함[尙賢]

왕공, 제후들이 올바른 정치를 숭상하면서도 잘 안 되는 이유는 어디
에 있을까? 이는 어렵지 않은 질문이다. 올바른 인재를 등용하지 못하
기 때문이다. 모짜이는 '현명한 사람을 숭상해야 한다'[尙賢]라는 말로
써 정곡(正鵠)을 찌른다.

왕공, 대인이 국가에서 정치를 함에 국가에 부(富)가 쌓이고, 인구가 많아
지며, 형정(刑政)이 잘 다스려지기를 원한다. 그럼에도 부를 얻지 못해 가
난하며, 인구가 늘어나지 않고, 잘 다스려지지 않는다. 욕망하는 대로 되
지 않고, 싫어하는 것을 얻게 되는 까닭은 무엇이냐? 이것은 왕공, 대인이
정치를 할 때, 현명한 사람을 숭상하지 않고 유능한 사람을 등용하지 않기
때문이다. 나라에 현명한 선비가 많으면 국가의 정치가 두텁게 되고, 적으
면 정치는 각박해진다. 그러므로 대인이 힘써야 할 것은 현명한 사람을 많
이 등용함이다.[26]

현명한 선비란 무엇을 말하는가? 태어날 때부터 신분의 차이를 갖는
유가에서는 귀족 계급 내부의 품성을 갖춘 인물을 이른다. 그러나 모짜
이는 평민 중에서도 재주 있는 사람이 이에 해당한다고 주장한다.

옛적에 성왕이 정치를 함에 덕 있는 자를 열거하고 현명한 자를 숭상하였

---

26 『묵자한고』 上 권2,「상현尙賢」 上, pp. 43~44. "今者王公大人爲政於國家者, 皆
欲國家之富, 人民之衆, 刑政之治 … 是故國有賢良之士衆, 則國家之治厚, 賢良之士寡,
則國家之治薄. 故大人之務, 將在於衆賢而已."

다. 농사를 짓거나 공장에서 일하는 자라도 유능하면 등용하였다 … 그러
므로 관료라고 해서 영원히 귀(貴)한 존재일 수 없고, 기층민이라고 끝까
지 천(賤)할 수 없다. 유능하면 등용하고 무능하면 끌어내리며, 공의(公
義)는 존중하고 사사로운 원망은 배척한다.[27]

모짜이는 사람의 내면적 인격도 필요하지만, 외부적 기능이 중요하
다고 말한다. 무능한 귀족을 끌어내리고, 유능한 평민을 등용하자고 주
장한 것은 신분 타파(打破)의 의미로 새길 수 있다. 혁명적인 주장이 아
닐 수 없다.

② 인민은 지배자의 뜻을 따라야 함[尙同]

세상에는 원칙이 있고, 원칙은 규범을 따른다. 현명한 인재를 등용함
[尙賢]은 정치 원칙이다. 그렇다면 올바른 정치가 필요로 하는 근본 규
범(Grundnorm)은 무엇인가? 그것은 공동체의 안녕과 질서 유지이다.
오늘날 민주주의 정치에서는 이 규범의 실현을 위하여 국민의 의견을
모은다. 선거는 그 장치의 하나이다. 고대 중국에 선거가 있었다는 증
거는 없다. 모짜이는 '백성이 지도자의 견해에 동의해야 한다' [尙同][28]
라고 말함으로써, 이 문제를 간단히 처리한다.

옛적에 사람들이 처음 생기고 형정(刑政)이 없을 때, 사람마다 기준이 달
랐다. 1인이면 한 가지 기준, 2인이면 두 가지 기준, 10인이면 열 가지 기

---

27 『묵자한고』上 권2, 「상현」上, p. 46. "故古者聖王之爲政, 列德而尙賢. 雖在農與
工肆之人, 有能則擧之 … 故官無常貴, 而民無終賤. 有能則擧之, 無能則下之, 擧公義,
辟私怨."
28 '尙同' 이란 '같아지기[同]를 숭상한다[尙]' 라고 직역된다. 의견 '일치' 혹은 '통
일' 을 숭상한다는 의미이다.

준이 있었다. 사람이 많을수록 기준이 많아졌다. 사람들은 자기 기준은 옳고 다른 사람의 기준은 그르다고 하여, 서로가 서로를 틀렸다고 하였다 … 천하가 혼란해지는 까닭이 두목이 없는 데서 생기게 됨을 알았다. 그리하여 세상의 현명한 자를 선발하여 두목[天子]으로 세웠다 … 천자는 천하의 백성에게 정령을 발표하여, "좋은 것과 나쁜 것을 들으면, 윗사람에게 고해야 한다. 윗사람이 옳다고 하면 반드시 옳다고 해야 하고, 윗사람이 그르다고 하면 반드시 그르다고 해야 한다"라고 하였다.[29]

집안이 다스려지는 까닭은 무엇인가? 가장(家長)의 견해에 동의하여 기준을 통일하여 다스렸기 때문이다. 가정이 다스려지면, 국가의 도리도 같지 않을까? … 이처럼 선행자에게 상을 주고, 포악한 자에게 벌주면 국가는 다스려질 것이다 … 국가가 다스려지면 천하의 도리도 같지 않을까? … 천자가 선행자에게 상을 주고, 포악한 자에게 벌주면 천하는 다스려질 것이다. 천하가 다스려지는 까닭은 어디에 있는가? 그것은 오직 (천자의 견해에) 동의하여 기준을 통일하였기 때문이다.[30]

이와 같은 모짜이는 공동체에서 한 사람의 최고 권력자가 있다면, 그가 명령하는 것에 복종해야 한다고 말한다. 이 주장은 홉스의 이론을 생각하게 한다. 홉스는 '만인의 만인에 대한 투쟁'을 주장한다. 통치자는 전제적(專制的; despotic)이어야 하며, 최악의 전제주의(專制主義)라

29　『묵자한고』上 권3,「상동尙同」上, pp. 74-75. "古者民始生未有刑政之時, 蓋其語 '人異義'. 是以一人則一義, 二人則二義, 十人則十義 … 正長旣已具, 天子發政於天下之百姓, 言曰, 聞善而不善, 皆以告其上. 上之所是必皆是之, 所非必皆非之."

30　『묵자한고』上 권3,「상동」下, pp. 93-94. "然計若家之所以治者, 何也? 唯以尙同一義爲政故也 … 然計若國之所以治者, 何也? 唯能以尙同一義爲政故也."

할지라도 무정부 상태(anarchy)보다는 낫다.[31] 모짜이의 '상동설'은 개
인의 의견을 무시하고, 정치 지도자에 절대 복종해야 한다는 점에서
'전제주의' 사상과 통한다. 그가 '유협' 집단의 두목이었음을 고려할
필요가 있다.

③ 침략 전쟁을 반대함[非攻]

인류는 평화를 갈망하면서도 끊임없이 전쟁을 계속해 왔다. 전쟁은
인간 본성의 깊은 곳에서 출발하기 때문에, 문제가 된다. 제자백가의
시대는 다양성이 존재하는 사회였지만, 권력 투쟁은 지속되었고 그 연
장선에서 전쟁이 빈번하였다. 모짜이는 전쟁을 의롭지 못한 행위로 보
고 반대하였다[非攻].[32]

> 한 사람을 죽이는 일을 의롭지 못하다 말하는데, 한 번 죽을죄를 지은 것
> 이다. 미루어 말하면, 열 사람을 죽이면 열 번 죽을죄를 지은 것이며, 백
> 사람을 죽이면 백 번 죽을죄를 지은 것이다. 세상의 군자들은 이것이 비난
> 받을 것을 알아서 의롭지 못하다고 하는 것이다.[33]

모짜이는 전쟁이 의롭지 못하므로 반대하였지만, 동시에 그 행위가
이롭지 못한 점도 있다고 지적한다.

> 군사를 일으키지 말아야 한다. 겨울에 (군사를) 동원하면 추위가 두렵고,

---

31 Bertrand Russell, *History of Western Philosophy*, p. 536.
32 '비공'(非攻)이란 '공격[攻]을 비난하다' 혹은 '반대하다'의 뜻이다.
33 『묵자한고』上 권5, 「비공非攻」上, 129. "殺一人謂之不義, 必有一死罪矣. 若以此
說往, 殺十人十重不義, 必有十死罪矣. 殺百人百重不義, 必有百死罪矣. 當此, 天下之君
子皆知而非之, 謂之不義."

여름에 동원하면 더위가 문제이니, 겨울과 여름에는 안 된다. 봄에 동원하
면 백성의 밭갈이와 파종을 망치고, 가을에는 수확을 망친다. 한 철이라도
농사를 돌보지 못하면, 백성은 배고픔과 추위에 얼어 죽는 자가 셀 수 없
이 많을 것이다 … 정치를 하면서 백성의 재용을 박탈하고 백성의 이익을
망치는 정도가 이처럼 엄청난데도, 왜 전쟁을 한다는 말인가?[34]

모짜이는 전쟁을 반대하였으나, 그를 평화주의자라고 부를 수 없다.
반대한 것은 침략 전쟁이지 방어 전쟁이 아니다. 그가 초(楚)나라와 송
(宋)나라의 전쟁을 막은 사례가 있다. 탁상에서 전법(戰法)을 펼침으로
써 전쟁을 막은 일은 모짜이가 뛰어난 군사 전략가임을 말해 준다.[35] 이
는 전쟁 당사국이 전장(戰場)을 필요로 하지 않고, 공격과 방어의 실험
무기를 전시하는 방법으로써 전쟁을 막을 수 있다는 사례를 보여 준
다.[36]

---

34 『묵자한고』上 권5,「비공」中, 130. "今師徒唯毋興起. 冬行恐寒, 夏行恐暑 … 國
家發政, 奪民之用, 廢民之利, 若此甚衆, 然而何爲爲之?"

35 꽁수판(公輸盤)이 초(楚)나라를 위하여 공격 무기를 만들어, 송(宋)나라를 공격
할 예정이었다. 모짜이는 소식을 듣고 제(齊)나라로부터 (초의 수도) 영(郢)에 도착하
였다 … (초나라) 왕이 말하기를, "좋소! 꽁수판이 나를 위하여 공격 무기를 만들었으
니, 송(宋)을 집어먹을 것이오!"라고 하였다. 모짜이는 허리띠를 풀어서 성(城) 모양
을 만들고 막대기로 기계(무기)를 삼았다. 꽁수판이 아홉 차례 공격 무기를 설치하고
공격을 하였다. 모짜이는 이를 막아 냈고, 꽁수판은 공격 무기를 모두 사용하였다. 모
짜이의 방어술은 여유가 있었다. 꽁수판이 굴복하였다 … 초나라 왕은 "좋소! 내가 송
나라를 공격하지 않을 것이오!"라고 말하였다. cf.『묵자한고』下 권13,「공수公輸」,
pp. 483-488. "公輸盤爲楚造雲梯之械成, 將以攻宋. 子墨子聞之, 起於齊, 行十日十夜
而至於郢 … 楚王曰,"善哉! 吾請無攻宋矣."

36 오늘날 국제 사회에서 핵무기의 존재는 일종의 억제력으로 작용하고 있다. 장
(field)을 필요로 하지 않고 무기를 과시함으로써 전쟁을 막을 수 있다는 계산이다. 이
는 인류 최대의 모순이 아닐 수 없다.

2) 경제

① 물자를 절약함[節用]

인간의 삶에서 경제의 중요성을 새삼 강조할 필요가 없다. 여기서 '경제'란 일종 원시 경제(primitive economy ; 물건과 물건의 교환 형태에 의하여 인간의 욕구를 충족시키는 단계)라고 전제한다. 시장(market)의 형성이 체계적이지 못하고 자본의 축적이 없는 사회에서 경제는 '물물교환'의 형태에 의지한다. 더구나 중국 고대는 농업 사회이다. 서주 시대 농업 중심의 장원(莊園) 경제는 서서히 해체되었고, 춘추·전국 시대에 도시의 탄생이 진행되었다.[37] 도시인들은 수공업 중심의 현물 거래를 통하여 필요한 물자를 얻었다.[38] 그런데 당시 물자[39]는 생산량이 제한되어 있어서 백성들의 수요를 모두 충당시킬 수 있는 조건이 되지 못하였다.[40] 그러므로 모짜이의 '물자를 절약하자'[節用]라는 주장은 자연스럽다. 모짜이는 말한다.

백성의 재물이 부족하여 굶고 얼어 죽는 자들을 모두 셀 수 없다.[41]

---

37 예를 들어 제(齊)나라 린쯔는 약 40만 명의 인구로 형성된 도시이다. cf. 翦伯贊, 『先秦史』, p. 315.

38 물물교환의 형식은 물물의 직접 교환과 함께 화폐가 사용되었다. 서주 시대에는 이미 금속 화폐가 사용되고 있었다. cf. 翦伯贊, 같은 책, p. 247.

39 여기서 물자는 재물의 의미이다. 참고로 '재물'은 정지해 있는 물건에 불과하지만, '자본'은 살아서 움직인다. 춘추·전국 시대에는 자본의 개념이 없었고, 그저 재물의 개념만이 있었다고 판단한다. 고대 그리스 시대도 마찬가지이다. cf. 클라우스 헬트, 『지중해 철학기행』, 이강서 역(서울: 효형출판, 2007), p. 221.

40 생산량의 폭발적 증대에 따라서, 오히려 판로를 걱정해야 하는 현대 자본주의 경제에서는 물자의 소비를 위축시키자는 주장은 모순이다. 그러나 물자의 결핍이 상시적(常時的)인 고대 사회에서 '물자의 절약'[節用]은 당연한 요구가 될 것이다.

41 『묵자한고』上 권6,「절용節用」上, p. 162. "民財不足, 凍餓死者, 不可勝數."

옛적에 성왕이 음식의 법을 제정할 때 말하기를, "허기를 달래고, 다리와 팔을 강하게 하며, 귀와 눈을 총명하게 하는 것으로 족하다"라고 하였다. 다섯 가지 맛의 조화와 향기의 극진함을 원하지 않았고, 먼 나라로부터 진귀한 보물을 구하지 않았다.[42]

궁전을 어떻게 건축해야 하는가? 겨울에는 추위를 막고, 여름에는 더위와 비를 막으면 충분하다.[43]

모짜이는 이처럼 의식주의 방면에서 물자의 결핍을 놓고, '절약'을 주장한다. 오늘날의 경제학 이론에 비추어 보면, 그의 주장은 미시 경제(微視經濟, microeconomics)에서는 타당할지 모른다. 그러나 우리는 여기서 시장의 존재를 바탕으로 수요와 공급을 국가적 차원에서 조정하는 거시 경제(巨視經濟, macroeconomics)를 생각할 수는 없다.

② 장례식을 간략하게 함[節葬]

모짜이는 장례 의식에서 물품의 사용을 절약하고, 장례 기간을 단축하라고 주장한다.

옛 성왕이 매장(埋葬)의 법을 제정함에서, "관(棺)이 세 치[三寸]의 길이면 족히 시체를 썩힐 수 있고, 옷이 세 벌이면 시체의 냄새를 덮을 수 있으니, 장례에서 (땅을 파서) 아래로 물에 이르지 않게 하고, (흙을 덮어서)

---

42 『묵자한고』上 권6, 「절용」中, p. 164. "是故聖王制爲飮食之法曰, "足以充虛繼氣, 强股肱, 耳目聰明, 則止. 不極五味之調, 芬香之和, 不致遠國珍怪異物.""
43 『묵자한고』上 권6, 「절용」上, p. 160. "其爲宮室何? 以爲冬以圉風寒, 夏以圉暑雨.""

위로 냄새를 통하지 않게 하며, 무덤이 3경(三耕)의 이랑이면 족하다"라고 하였다. 죽은 자를 땅에 묻으면 살아 있는 자는 오랫동안 곡(哭)을 할 필요는 없다 … 이것이 성왕의 법이다.[44]

같은 내용이 『묵자』 「절용」에도 보이는데, 모두 장례의 절차를 간소하게 하라는 의미이다. 구체적인 내용을 들어 보자.

두텁게 장사 지냄[厚喪]과 오랜 기간 상례[久喪]를 갖추라고 고집하는 사람들은 "'후장구상'이 가난한 이를 부자로, 작은 인구를 많은 인구로 만들고, 위험을 가라앉히며, 혼란을 다스리지는 못하더라도, 이는 성왕의 도리이다"라고 말한다. 그러나 그렇지 않다. 옛적에 야오(堯) 임금은 … 봉분(封墳)을 만들지 않았다. 장례가 끝나자 소와 말이 그 위를 지나다녔다. 순(舜) 임금은 … 닥나무로 관을 만들고, 칡 덩쿨로 관을 묶도록 하였다. 장례가 끝나자 동네 사람들이 그 위를 지나다녔다. 위(禹) 임금은 … 무덤이 3경(三耕)의 이랑에 그쳤다. 이와 같은 3인의 성왕을 본다면, '후장구상'은 성왕의 도리가 아니다. 3인이 모두 천자(天子)가 되고 천하는 부유해졌으니, 재물의 부족을 걱정하였겠는가? 이것이 곧 매장의 법이다.[45]

모짜이가 '후상'(厚喪; 두텁게 장사 지냄)을 반대함은 물품의 제한과 관련이 있고, '구상'(久喪; 오랜 기간의 喪禮)을 반대함은 인구 증가와 관련이 있다. 오랜 기간의 상례가 인구 증가에 장애가 된다고 본 것

---

44 『묵자한고』 上 권6, 「절장節葬」 下, pp. 180-181. "故古聖王, 制爲葬埋之法, 棺三寸, 足以朽體, 衣衾三領, 足以覆惡 … 此聖王之法也."

45 『묵자한고』 上 권6, 「절장」 下, pp. 181-185. "今執厚葬久喪者之言曰, '厚葬久喪使不可 以富貧衆寡, 定危治亂, 然此聖王之道也 … 以爲如此葬埋之法.'"

은 상중(喪中)에는 성생활을 자유롭게 할 수 없었기 때문이다. 그러므로 인구를 증가시켜 생산을 늘리려면, 상례의 기간을 짧게 단축해야 한다고 주장한 것이다.

③ 음악을 배척함[非樂]
어떤 사상가가 음악을 배격하는 일은 동서고금에 드문 일이다. 그런데 모짜이는 '음악을 비난하고 배격한다'[非樂].[46]

인민에게는 세 가지 근심[三患]이 있다. 굶주린 자가 음식을 얻지 못함, 추위에 떠는 자가 옷을 찾지 못함, 노동에 지친 자가 휴식을 얻지 못함의 세 가지가 그것이다. 그렇다면 큰 종을 치는 일, 북을 두드리는 일, 거문고를 켜는 일, 피리를 부는 일, 방패와 도끼를 쳐올리는 일(예컨대 劍舞) 등을 하면서 어떻게 백성의 먹거리와 옷 등의 재물을 얻을 수 있겠는가? 내 생각에는 불가능한 일이다 … 이러한 때 큰 종을 치고, 북을 두드리고, 거문고를 켜고, 피리를 불고, 방패와 도끼를 쳐올리는 일은 세상에 혼란을 가져온다 … 모짜이는 말한다. "백성에게 무거운 세금을 거두어들이고, 큰 종, 북, 거문고, 피리를 연주하는 행위는 세상의 이익을 조성하고 해악을 제거하는 데 도움이 되지 못한다." 그러므로 모짜이는 "음악을 연주하는 일은 잘못된 것이다"라고 말한다.[47]

모짜이는 이처럼 음악을 반대한다. 그는 음악이 실물 경제에 도움이

---

46 '非樂'이란 '음악의 연주를 비난한다'라는 의미이다. '非' 자가 동사로 쓰였다.
47 『묵자한고』上 권8,「비악非樂」上, pp. 253-254. "民有三患, 飢者不得食, 寒者不得衣, 勞者不得息, 三者民之巨患也 … 是故子墨子曰, 姑嘗厚措斂乎萬民, 以爲大鐘鳴鼓, 琴瑟竽笙之聲, 以求興天下之利, 除天下之害, 而無補也. 是故子墨子曰, 爲樂非也."

되지 못할 뿐 아니라, 불필요하고 쓸모없는 행위로 진단하였다. '공리주의'의 입장에서 음악이 쓸모없을지 모르지만, 사람은 '경제적인 면만으로는 살아갈 수는 없다. 콩치우와 멍커가 음악을 중시함은 이유가 있다. 그들은 음악을 통하여 인간의 심성을 도야(陶冶)하기를 원하였다. 음악은 유가에서 도덕 교육의 하나였다.[48]

9.4 유가에 대한 비판

필자는 앞에서, "양주와 모짜이의 말이 세상에 가득하니, 세상에 떠도는 말이 양주 아니면 모짜이에게 돌아간다"(『맹자』「등문공」下)라는 구절을 소개하였다. 이는 모짜이의 학설이 인기를 얻고 세상에 퍼졌다는 뜻이다. 이렇게 멍커가 모짜이를 비난하니, 모짜이 역시 입 다물고 앉아 있을 수 없었을 것이다. 앞에서 서술한 내용의 상당 부분이 겹치니, 여기서는 간단히 요약한다.

'절용'의 측면에서는 유가와 동조하는 바가 있다.[49] 모짜이는 다른 부분에서 유가의 입장을 반대한다. 장례를 간소하게 치르는 일, 음악을 반대하는 점 등은 유가에 대한 대표적 비판이다. 모짜이는 유가에서 말하는 덕이란 허세요, 예절은 허례라고 생각하였다. 또한 유가는 생산 노동에 종사하지 않기 때문에 비난받아 마땅하다고 판단하였다.

---

48 참고로 도가에서도 음악을 긍정적으로 본다. 『장자』「천운天運」,「지락至樂」에 "咸池之樂"(함지의 음악)이 언급되고 있다. 도교 음악은 오늘날 아름다운 중국 문화의 요소이다.

49 콩치우도 '절용'을 주장하였다. 『논어』「학이」에서 "천 대의 수레를 가진 나라를 다스리되, 일을 경건하게 처리하고 미덥게 하며, 비용을 절감하고, 사람을 사랑하며[節用而愛人] 백성을 부리되 때에 알맞게 한다"라는 구절은 그중 하나이다.

묵가의 비판[공격]으로 인하여 유가가 위축되었다는 증거는 없다. 물리학 이론에 의하면, 낮은 진동수의 빛은 전자(電子; electron)를 튀어나오게 하지 못한다. 비록 묵가가 유가를 반대하였지만, 유가의 진동수는 매우 높아서 전자들이 계속 튀어나왔다. 하여 중국철학사에서 유가는 오랫동안 '광전 효과'(光電效果)[50]의 후광을 누렸다.

---

50 빛이 불연속적인 입자[光子; photons]로 구성되어 있다는 이론. 1922년 아인슈타인이 노벨 물리학상을 받은 것은 '상대성 이론'이 아니고, '광전 효과'를 발견한 공로에 의한 것이다.

인터메쪼(Intermezzo) 4:

상하이박물관 죽간『귀신지명鬼神之明』

1994년 상하이박물관이 시앙강(香港) 문물시장으로부터 입수한 자료 가운데,『상해박물관장전국초죽서上海博物館藏戰國楚竹書』(줄여서『상박간』혹은『상박초간』이라고 함) 다섯 번째 책에『귀신지명鬼神之明』이 있다. 연구자들에 의하면, 여기에『묵자』「명귀」혹은「천지」에 결락된 부분이 실려 있다. 원문과 함께 번역문을 소개한다.

  [원문]

今夫鬼神有所明, 有所不明. 則以其賞善罰暴也. 昔者堯舜禹湯, 仁義聖智, 天下法之. 此以貴爲天子, 富有天下, 長年有譽. 後世述之, 則鬼神之賞, 此明矣. 及桀受幽厲, 焚(僨)聖人, 殺諫者, 賊百姓, 亂邦家. [此以桀折於鬲山, 而受首於岐社], 身不沒爲天下笑, 則鬼[神之罰, 此明]矣 … 鬼神不明, 則必有故. 其力能至焉而弗爲乎. 吾弗知也. 意其力故不能至焉乎. 吾或弗知也. 此兩者歧. 吾故[曰, 鬼神有]所明, 有所不明. 此之謂乎.[51]

  [한글 번역문]

대개 '귀신이 인지하는 것[明]도 있고, 인지하지 못하는 것[不明]도 있다'라고 한 것은, (귀신은) 선한 사람에게는 상을 내리고, 포악한 사람에게는 벌을 내린다는 관점에서 말한 것이다. 옛날 야오(堯)·순(舜)·위(禹)·탕(湯)은 어질고 의로우며 성스럽고 지혜로웠기 때문에, 세상 사람들은 그들을 모범으로 삼았다. 그렇기 때문에 (귀신이 성인들을) 귀(貴)하게 하여

---

51   淺野裕一,『上博楚簡與先秦思想』(臺灣: 臺灣萬卷樓圖書有限公司, 2008), p. 84.

천자가 되도록 하였고, 부(富)하게 하여 천하를 소유하게 하였으며, 또한 수명을 오래가게 하고 명예를 얻도록 하였다. 후세의 사람들이 그들을 따랐다. 이것을 보면 귀신이 상을 내리는 일은 분명하다. 그러나 지에(桀)·서우(受: 紂王)·여우(幽)·리(厲) 등에 이르러서는 성인을 화형에 처하고, 간언하는 자를 살해하였으며, 백관(百官)을 잔혹하게 학대하여, 국가를 화란(禍亂)에 빠트렸다. 그 때문에 지에는 격산(鬲山)에서 허리가 잘리었고, 서우는 기사(岐社)에서 목이 잘리어 천수를 누리지 못하고 세상 사람들의 웃음거리가 되고 말았다. 이것을 보면 귀신이 포악한 자에 대하여 벌을 내리는 것은 분명하다 … 그렇기 때문에 내가 '귀신이 인지하지 못하는 것도 있다' 라는 설을 덧붙인 것은 반드시 그만한 까닭이 있다. 그 능력이 미칠 수 있지만 일부러 상벌을 주지 않는 것인가? 나는 잘 모르겠다. 그렇지 않으면 혹시 귀신의 능력이 본래 부족한 것은 아닐까? 그것도 잘 모르겠다. 이 두 가지 사항(명지력의 '能至' 와 '不能至')은 그 의미하는 바가 전혀 다르다. 그러므로 내가 '귀신은 인지하는 것도 있고, 인지하지 못하는 것도 있다' 라고 말하는 것은 바로 이러한 점을 말한 것이다.[52]

위의 내용은 앞에서 소개한 『묵자』「천지」上의 "그러므로 귀(貴)하게 하여 천자가 되도록 하였고, 부(富)하게 하여 천하를 갖게 하였다"[故使貴爲天子, 富有天下]라는 구절과 중첩된다. 『상박간』은 이처럼 원래의 『묵자』를 보충하는 의미가 있다. 『상박간』은 현재 연구가 진행 중이다. 아사노 유이치 교수의 연구 이외에 리아오밍춘의 글이 있다.[53]

---

52 馬承源 主編, 『上海博物館藏戰國楚竹書』五, 「鬼神之明」(上海: 上海古籍出版社, 2005). 한글 번역은 이승률, 「상박초간 『귀신지명』의 귀신론과 묵가의 세계관 연구」(성균관대학교 국제학술회의, 『새로운 자료와 새로운 시각』, 2009. 2. 9.)를 참조함.
53 廖名春, 「讀〈上博五·鬼神之明〉篇札記」, 우한(武漢)대학 간백연구중심, '簡帛硏究網 (www.bsm.org.cn) 2006年 2月 20日 참고.

제10장

명가의 철학
The Philosophy of Logicians

10.1 이론사유와 실천사유

필자는 앞에서 철학적 정신의 하나로 '이론사유'의 추구를 말하였다. 이제 명가 철학의 설명을 위해 다시 이론사유에 대하여 언급하겠다. 여기 빨간 꽃(red flower)이 있다. 대부분의 사람은 빨강색을 인지하고, 그 꽃을 빨갛다고 말한다. 그런데 누군가 빨간 꽃을 보고 형용사로서 '빨간'(red)의 개념이 아니고, 명사로서 '빨강'(redness) 자체에 대해서 생각하는 사람이 있다면, 그는 이론사유에 근접하고 있다고 할 수 있다.[1]

---

1 같은 내용을 반추(反芻)해 보자. 소크라테스가 관념(ideas)에 대하여 설명할 때, 그는 유사성(likeness), 정의(justice), 아름다움(beauty), 착함(goodness)의 관념이 존재함을 확신하였다. 그에 의하면, 동일한 사물들(similars)은 동일한데(similar), 왜냐하면 그것들은 '동일'(similarity)의 관념을 나누어 가지기 때문이다. 어떤 대상들이 신성하다면(sacred), 그것은 '신성'(sacredness)을 나누어 가진다. 여기서 우리는 형용사에 명사형 'ness'를 붙일 수 있는 관념들이 이론사유의 대상이 됨을 알 수 있다

필자는 중국인 혹은 한국인은 이론사유에 익숙하지 못하다는 점을 지적하였다. 중국철학 연구자 먼로(Donald J. Munro)[2]는 다음과 같이 말한다.

유교적 사고에서 구체적인 행위와 관련되지 않은, 즉 실용적이지 않은 순수한 의미에서의 앎이라는 것은 없었다.[3]

여기에서 '순수한 의미에서의 앎'이 '이론사유'에 해당한다. 여기 단단한(hard) 돌이 있고, 또 단단한 다이아몬드가 있다. 단단한 돌과 다이아몬드는 '단단함'(hard-ness)의 속성을 나누어 가진다. 이 경우 '단단함'에 대한 사유가 이론사유이다. 흥미로운 사실은 고대 그리스어에서는 형용사 뒤에 영어의 'ness'에 해당하는 접미어를 붙여서 추상 명사화 할 수 있었다는 점이다.[4] 우리는 이론사유의 전형적인 보기를 기하학에서 찾을 수 있다.[5] 그러므로 기하학을 통해 그리스에서 이론사유의 전개가 활발하였음을 알 수 있다.

필자는 중국철학이 현세적 특징을 지닌다고 말하였다. 이는 중국철학자들이 '이론사유'(theoria)보다는 실천(praxis) 방면에 치중하였음

(예: like-ness, good-ness, sacred-ness).

2 미국의 중국학자. 중국명 孟旦. 하버드대학 졸업(1953), 컬럼비아대학 철학박사 (1964). 미시간대학 교수(1964~1996). 대표작으로 *The Concept of Man in Early China* (Stanford: Stanford Univ. Press, 1969 / Ann Arbor: Univ. of Michigan Press, 2001)가 있다.

3 리처드 니스벳, 『생각의 지도』, 최인철 역, p. 34.

4 리처드 니스벳, 같은 책, p. 35, p. 43. 니스벳은 그리스어에 비하여 중국어는 'ness'에 해당하는 접미사가 없기 때문에, 영어의 'whiteness'와 같은 추상적 의미를 사용할 수 없다고 지적한다.

5 앞에서 소개한 Euclid, *Elements of Geometry*의 구절을 참고하기를 바란다.

을 말한다. 중국철학이 실천[行]에 지나치게 비중이 놓여 있었으므로, '지행합일'(知行合一) 사상이 강조되었고, 왕서우르언의 '사상마련'(事上磨煉)과 같은 현실적 주장이 먹혀 들어갈 수 있었다.[6] 독자들은 중국 철학에서 왜 인식론 분야가 결핍되어 있는지를 이해할 수 있을 것이다.

중국 고대에 이론사유가 전혀 없었던 것이 아니다. 명가의 사유가 그렇다. 명가는 쓰마치앤의 『사기』에서 하나의 학파로서 소개되었지만, 사상사의 측면에서 주류에 속하지 못하였고 변방에 머물렀다. 이들 '명가'의 무리들은 '변자'(辯者) 혹은 '변사'(辯士; Debaters)로 불리었으며, 학파로서의 '명가'라는 이름은 한대(漢代)에 굳어졌다. 변자의 무리를 '중국의 소피스트'(Chinese sophists)라고 불러도 괜찮을 듯싶다.[7] 필자는 명가의 이론이 중국철학사에서 중요하다고 판단하며, 대표적 사상가 2인을 소개한다. '변자' 그룹이 소외당한 인물들이었으므로, 언급할 수 있는 자료가 한정되어 있지만, 펑유란 교수의 표현대로 중국 철학사에서 순수 이론(i.e.이론사유)의 성격을 띤 학설이 극히 적었으므로, 만일 이들마저 소개하지 않으면 중국철학사는 기형적인 형태를 면하지 못할 것이다.[8]

---

6 '사상마련'(事上磨煉: 일 속에서 자신을 연마한다는 뜻)이란 철학적 주장이 아니고, 수양 방법론의 하나에 불과하다. 왕서우르언의 『전습록傳習錄』上에 보인다.

7 독일인 학자 포르케(Alfred Forke; 1867~1944)의 개념을 빌린 것이다. 포르케 교수는 '변사'를 가리켜 '중국의 소피스트'라고 호칭하였다. "The technical Chinese term for Sophist is *pien shih*(辯士), literally a disputant, a debater, a controversialist." cf. A. Forke, The Chinese Sophists. *Journal of the North-China Branch of the Royal Asiatic Society*, XXXIV (Shanghai, 1901), p. 2. 상기 원문 중의 '(辯士)'는 필자(황준연)의 보충임.

8 펑유란, 『중국철학사』상, 박성규 역, p. 310.

10.2 후이스와 변자들의 말놀이

후이스(惠施; B.C.370?~B.C.318?)는 고대 송(宋)나라 인물로 알려져
있다. 그는 주앙저우의 가까운 친구로 보이며, 역사적 자료 또한『장자』
속에서 발견된다. 후스(胡適; 1891~1962)는 그를 묵가 중의 이단에
속하는 '별묵'(別墨)[9]으로 결론지었으나,『장자』「천하」에 의하면, 그는
'변자' 중의 한 사람이었다.『장자』의 이야기를 들어 보자.

후이스의 학문은 다방면에 걸쳐 있었고, 그의 저술은 다섯 수레에 가득 찰
정도로 많았다. 그러나 그가 말한 도리는 매우 잡박(雜駁)하였고, 말 또한
타당하지 못했다 … 후이스는 이 논변으로써 스스로 대단하다고 생각하
고, 세상 사람들에게 관심을 불러일으켰다. 그래서 세상의 '변자' 들은 후
이스와 논변을 즐겼다.[10]

여기서 '이 논변' 이란 후이스의 대표적인 주장으로 이른바 '역물십
사' (歷物十事)[11]라고 호칭되는 명제들을 말한다. '역물십사', 즉 '사물

---

9 이 용어는 '묵가의 비정통파(非正統派)' 라는 뜻이다. 즉 가짜 묵가[別墨]를 말한다.
10 『장자』「천하」. "惠施, 多方, 其書五車. 其道舛駁, 其言也不中 … 惠施, 以此爲大,
觀於天下, 而曉辯者. 天下之辯者, 相與樂之." 여기서 '其書五車' 는 후이스가 소유한
책의 분량을 말하기도 하고, 후이스 자신의 저술을 가리키기도 한다. 필자는 츠언구잉
의 견해를 따라서 후이스의 저술로 해석한다. '五車' 는 수량이 '많다' 라는 뜻이다. 종
이가 발명된 한(漢)나라 이전의 문자 기술은 '竹簡' 에 의존하였다. 즉 대나무 책을 가
득 실은 수레를 연상하면 된다. 이것은 후이스가 제시한 열 가지 명제를 가리킨다.
11 『장자』 원문에는 "歷物之意" 라고 하였다. 문법적으로 '歷' 자는 동사, '物' 자는 명
사로 쓰인다. 그러므로 '歷物十事' 의 사전적 의미는 '사물[物]에 대하여 차례대로 살
펴서[歷] 검토하는 10가지 사항[十事]' 이다. 현대 언어로 표현하면, '사물이 내포한
의미를 (차례대로) 서술한 10가지 명제' 라고 풀이할 수 있다. 여기서 '物' 은 사물 혹
은 사람을 가리키는 말로서 넓은 의미를 지닌다.

이 내포한 의미를 서술한 10가지 명제'를 차례대로 분석하고자 한다.

　① 지극히 큰 것은 바깥이 없으니, 이를 가리켜 '大一'이라 한다. 지극히
　작은 것은 안이 없으니, 이를 가리켜 '小一'이라 한다[至大無外, 謂之大
　一. 至小無內, 謂之小一].[12]

　여기서 '大一'이란 '태일'(太一; the Great One)과 같은 의미이다.
지극히 큰 것은 그것이 너무 크기 때문에 (인간의 상상력을 아무리 동
원해도) 밖에서 에워쌀 수 없다. 또한 지극하게 작은 것은 그것이 아주
작기 때문에 안이 있다고 할 수 없다. 이는 『장자』 「추수」의 "지극히 작
은 것은 보이지 않고, 지극히 큰 것은 밖에서 둘러쌀 수 없다"[至精無
形, 至大不可圍]라는 구절과 의미가 통한다.
　'大一'은 '무한대'(無限大)의 개념에 해당하고, '小一'은 '무한소'(無
限小)의 개념에 해당한다. '大一'의 개념을 수학적으로 표현하면 다음
과 같다.

　1, 2, 3 ······ $\omega+1$, $\omega+2$, 2ω, ······ , ω^2 ······ , ω^n ······ [13]

　이와 같은 도식은 '지대무외'(至大無外)의 세계, 즉 자연수가 무한을
넘어 계속될 수 있음을 암시한다. 19세기 독일 수학자 칸토어(Georg
Cantor, 1845~1918)는 '연속체'(continuum) 개념에 따른 무한수를

─────────

12　포르케 교수의 영문 번역을 소개하면 다음과 같다. "The infinitely great, beyond
which there is nothing, I call the great Unit. The infinitely small, within which
there is nothing, I call the small Unit." cf. A. Forke, *The Chinese Sophists*, 앞의 저
널, p. 23.
13　'ω'는 유한수(有限數)를 표시하며, '오메가'로 읽는다.

생각하고, 무한(infinite) 개념을 히브리어 알파벳 첫 글자 '알레프 (אַ)로 표시하였다.[14] 그는 '지대무외'의 세계에 도전장을 던졌다.[15] '小一'의 개념을 수학적으로 표현하면 다음과 같다.

$$0.9999 \cdots \fallingdotseq 1$$
$$X = 0.999 \cdots, \quad 10X = 9.999 \cdots$$
$$9X = 9 \quad \therefore X = 1^{[16]}$$

이상의 표기는 '小一'의 개념을 담고 있다. '무한 순환 소수'는 1과 매우 가깝지만, 1보다는 적은 숫자이다. 1보다 적으면서 1을 향하는 수렴(收斂)의 세계가 곧 '至小無內'의 세계이다.

보통 사람은 지극히 큰 세계[至大]와 지극히 적은 세계[至小]를 생각하지 않는다. 일부 천재들만이 '무한대'[大一]와 '무한소'[小一]를 생각하며 밤을 샌다.[17] 후이스는 중국 고대가 배출한 천재임에 틀림없고, 주

---

14 그리스인이 로고스(logos)를 신봉하여 유한의 울타리를 지켜 온 이래 인류는 오로지 유한의 세계에 머물렀다. 중국에서는 무한(無限) 개념을 수식화하려는 시도는 이루어지지 않았다. 칸토어는 무한의 본질에 도전하고, 무한(אַ로 표시)의 수학(집합론)을 창설했다. cf. 김용운·김용국, 『프랙탈과 카오스의 세계』(서울: 우성, 1998). / 군더더기 말[贅言]을 덧붙인다. 칸토어는 1884년 우울증에 빠진 이후, 입원과 퇴원을 반복하였다. 그는 수학을 기피하고, 철학과 셰익스피어 문학에 관심을 돌렸다. 1918년 할레의 병원에서 사망하였다. cf. 애머 액젤, 『무한의 신비』, 신현용·승영조 공역 (서울: 승산, 2002).
15 필자(황준연)는 후이스가 연속체 가설에 따른 무한수를 생각하고 "至大無外, 謂之大一"이라고 주장하였는지에 대해서는 의문을 지닌다.
16 Amir D. Aczel, *The Mystery of the Aleph: Mathematics, the Kabbalah, and the Search for Infinity* (New York: Washington Square Press, 2001).
17 필자(황준연)도 여기까지만 생각한다. 이 문제를 계속 끌다 여차하면 병원에 입원할지도 모른다. 칸토어를 포함하여 '연속체' 가설에 의존, '무한' 개념에 도전한 수학자들, 즉 괴델(Kurt F. Gödel; 1906~1978), 쩨르멜로(Ernst F. F. Zermelo;

앙저우는 친구를 잘 만난 셈이다. 이상의 두 가지 개념은 인간의 선천적인 순수 이성(die reine Vernunft)에 의해서만 파악된다.

② 두께가 없는 것은 쌓을 수 없지만, 그 크기는 천리(千里)나 된다[無厚, 不可積也, 其大千里].

이 명제는 '이론사유'를 동원해야 이해할 수 있다. 두께가 없다는 말은 기하학적으로 면(面; surface)을 가리킨다.[18] 필자가 앞에서 소개한 바와 같이, 면은 길이와 넓이만을 가지며,[19] 그것의 맨 끝은 선(線; line)들의 모임이다.[20] 요컨대 분할할 수 없는 가상의 점(点; point)들이 모여서 선을 이루며, 선은 넓이가 없다. 넓이가 없으니 공간을 차지하지 않는다. 면은 선의 모임인데, 넓이는 있지만 부피는 생각할 수 없다. 점, 선, 면은 추상 개념에 속하므로, 후이스가 언급한 면적이 없다는 말도 추상 개념이다. 그런데 그 추상성(抽象性)이 천 리, 만 리 현실 세계에 적용된다는 의미이다.

③ 하늘은 땅과 마찬가지로 낮고, 산은 늪과 더불어 평평하다[天與地卑, 山與澤平].

1871~1953), 포스트(Emil L. Post; 1897~1954) 등이 모두 신경 쇠약 증세를 보이고 병원을 밥 먹듯이 들락거렸다. cf. 애머 액젤,『무한의 신비』, 신현용·승영조 공역, p. 283.

18 펑유란 교수도 이 점을 지적하였다. cf. 펑유란,『중국철학사』상, 박성규 역, p. 318.

19 "A surface is that which has length and breadth only." cf. Euclid, *Euclid s Elements of Geometry*, The Greek text of J. L. Heiberg, English translation by Richard Fitzpatrick.

20 "The extremities of a surface are lines." cf. 앞의 책.

『장자』「추수」에 다음과 같은 구절이 있다.

"차별이라는 관점을 놓고 볼 때, 그 큰 것으로서 기준을 삼아 크다고 하면, 만물이 크지 않은 것이 없다. 그 작은 것으로서 기준을 삼아 작다고 하면, 만물이 작지 않은 것이 없다. 천지도 좁쌀만 하고 털끝도 산언덕만 하다는 것을 안다면, 차이에 관한 이치를 파악한 것이다."[21]

우주적 관점에서 보면, 지구도 하나의 별에 불과하므로 좁쌀처럼 작다고 말할 수 있다. 하물며 지구상의 산들의 높낮이도 대단한 것이 못되어 평평하게 보일 것이다. 전자 현미경을 사용하면, 털끝도 확대되어 산언덕만 하게 보인다. 이 명제는 사람의 기준이 상대적인 것이므로, 고저(高低) 또한 상대적인 평가가 이루어진다는 뜻이다.

④ 해는 정오에 기울어지고, 생물은 태어나는 순간 죽는다[日方中方睨. 物方生方死].

만일 우리가 어떤 기준을 세울 때, 종결(終結)되는 시점에 관심을 모은다면, 해는 떠오르면서 동시에 기울어진다고 말할 수 있다. 같은 이치로 생물은 태어나면서 이미 죽음을 향한 행진을 시작한다고 말할 수 있다.

그리스 철학자 헤라클레이토스는 "질병은 즐겁고 좋은 건강을 만들어 주며; 배고픔은 배부름을; 피곤함은 휴식을 가져다준다"[22]라고 말한

---

21 『장자』「추수」. "以差觀之, 因其所大而大之, 則萬物莫不大. 因其小而小之, 則萬物莫不小. 知天地之爲稊米也, 知 毫末之爲丘山也, 則差數覩矣."

22 Heraclitus, 『Fragment』 111, translated by John Burnet. "It is sickness that

바 있다. 이는 건강 이면에 반대 현상이 놓여 있음을 말한 것으로, '생물은 태어나면서 죽음을 향한 행진을 시작한다' 라는 논리와 통한다.

⑤ 크게 같은 것[大同]은 작게 같은 것[小同]과 다르다. 이것을 '소동이' (小同異)라고 말한다. 만물은 어느 면에서는 모두 같고, 어느 면에서는 모두 다르다. 이것을 '대동이' (大同異)라고 말한다[大同而與小同異. 此之謂小同異. 萬物畢同畢異. 此之謂大同異].

이 명제는 이설(異說)이 분분하며, 연구자들의 문자 해석 또한 중구난방(衆口難防)이다. 각종 해석들을 참고해도 난해한 기분을 벗어날 수 없다. 그 가운데 펑유란 교수의 설명이 도움이 된다고 판단하여, 축약하여 소개한다.

'모든 사람은 동물이다' 라는 명제가 있다. 이 명제는 모든 사람이 인간이라는 점에서 같고, 또 동물이라는 점에서도 같다. 인간인 점에서 같다는 말은 동물이라는 점에서 같다는 말보다 '대동' (大同)하다. 인간의 개념은 동물을 내포하지만, 동물은 반드시 인간만을 함축하지 않는다. 인간과 다른 동물이 있기 때문이다. 이러한 종류의 동이가 '소동이' (小同異)이다. 만일 '존재자' (being)를 본다면, 만물은 존재자라는 점에서 같다. 각 사물을 개별자로서 본다면, 개별자는 자기 고유의 개별성을 가지고 있다. 이러한 종류의 동이가 '대동이' (大同異)이다. 이 논변은 유명해서 '합동이변' (合同異論)으로 알려졌다.[23]

---

makes health pleasant and good ; hunger, satiety ; weariness, rest."
23 Yu-Lan Fung, *A Short History of Chinese Philosophy*, p. 85. cf. 펑유란, 『간명한 중국철학사』, 정인재 역(서울: 형설출판사, 2007), p. 136. 펑유란 교수의 다른 설

이와 같은 설명 이외에 『장자』 「덕충부德充符」의 다음과 같은 구절을 참고할 수 있다.

상이[異]한 것을 기준으로 본다면, 간(肝)과 쓸개도 그 차이가 초(楚)나라와 월(越)나라만큼 멀고, 유사[同]한 것을 기준으로 본다면, 만물이 모두 하나이다.[24]

⑥ 남방은 끝이 없으면서 끝이 있다[南方, 無窮而有窮].

교통 및 통신 수단에 제약이 많았던 중국 고대인의 지리 감각은 오늘날과는 전혀 다른 것이었다. 그들에게 남방이란 끝이 없는 미지(未知)의 세계였을 것이다. 그러나 미지의 세계라도 결국은 끝이 없을 수 없다는 것이 논리의 세계이다.

⑦ 오늘 월(越)나라에 가서, 어제 돌아온다[今日適越而昔來].

명을 덧붙인다. "대동(大同)이란 어떤 사물이 큰 무리[大類] 가운데 있는 것이다. 이 큰 무리가 작은 무리[小類]들을 포함하니, 즉 '소동' (小同)이다. 큰 무리 혹은 작은 무리 중의 사물을 막론하고 한 무리[一類]로서 같으니, 서로 같은 점이 곧 '소동이' (小同異)의 '소동' (小同)이다. 큰 무리와 작은 무리 중의 사물은 비교가 되니, 즉 각자 그 무리[類]가 되면서 서로 다른 점이 있다. 이것이 '소동이' (小同異)의 '소이' (小異)다. '소동이' (小同異)는 국부적이고, 유한하며, 상대적이다. 만물은 모두 '지극히 큰 것' [至大] 안에 있고, 보편적 무리이다. 이를 가리켜 '만물필동' (萬物畢同)이라고 하니, 곧 '대동이' (大同異)의 '대동' (大同)이다. 다만 만물은 또한 구체적, 개별적 존재로서 각기 다른 '지극히 작은 것' [至小]을 품고[蘊舍] 있으므로, 스스로 한 무리[一類]가 된다. 이로써 '만물필이' (萬物畢異)라고 하니, 즉 '대이' (大異)다. '대동이' (大同異)는 전체적이며, 무한하며, 절대적이다."[大同則某些東西處在一個大類之中, 這個大類又包含一些小類, 則 '小同' … '大同異' 是 全體的, 無限的, 絕對的.] cf. 程帆, 『我聽馮友蘭講中國哲學』, p. 113.
[24] 『장자』 「덕충부」. "自其異者視之, 肝膽楚越也. 自其同者視之, 萬物皆一也."

『장자』 제물론에 같은 내용이 보인다. "오늘 월나라에 갔는데, 어제 도착했다."[25] 이는 물론 궤변에 속하지만, 실제는 불가능해도 문장으로서는 성립된다.

⑧ 연결된 고리는 풀 수 있다[連環可解也].

연결된 고리는 원래 풀 수 없는 것이다. 그것은 망치로 깨부수는 방법이 아니고는 불가능하다. 그러나 "해는 정오에 기울어지고, 생물은 태어나는 순간 죽는다"라는 명제처럼, 완성된 것은 파괴의 과정을 밟는다. 그러므로 연결된 고리는 언젠가는 풀리고 만다. 이 또한 궤변에 속함은 물론이다.

⑨ 나는 세상의 중앙을 알고 있다. 연(燕)나라의 북쪽과 월(越)나라의 남쪽이 그것이다[我知天下之中央, 燕之北, 越之南, 是也].

천하에는 원래 방향이 없었다. 방향이란 사람이 만든 개념이고, 중심 또한 그렇다. 세상의 중앙이 어디에 있겠는가? 제1의 명제에서 말한 '지대무외'의 관점에서 본다면, 세계에는 한계가 없다. 그러므로 어느 곳이든지 중앙이 될 수 있다.

⑩ 널리 만물을 사랑하라. 천지는 한몸이다[氾愛萬物, 天地一體也].

이 명제는 이전 아홉 가지 명제와는 성격이 다르다. 아홉 가지는 주

---

25 『장자』 「제물론」. "今日適越而昔至也."

로 공간[26]과 시간[27]의 문제를 다룬 논리의 세계인데, 열 번째의 명제는 그 점에서 많이 빗나갔다. 이는 논리가 아니라 윤리의 문제이다. 그런 데 많은 학자(저술가)가 오히려 이 명제를 칭찬한다. 이는 잘못된 것이 다. 이 명제의 내용은 옳은 말이지만, 모짜이학파의 '겸애주의'의 냄새 를 풍긴다.

후이스가 이와 같이 10가지 명제를 강조하였으므로, 변론을 좋아하 는 변자들은 좀이 쑤셔서 견딜 수 없었다. 그들은 여기에 21가지[辯者 二十一事]를 보탰으니, 점입가경(漸入佳境)의 '말놀이'(Sprachspiel)[28]가 시작되었다. 이 21가지를 소개한다.

(1) 알에 털이 있다[卵有毛].

(2) 닭에는 세 개의 발이 있다[鷄三足].

(3) 초나라 수도 영(郢)에 천하가 있다[郢有天下].

(4) 개는 양이 될 수 있다[犬可以爲羊].

(5) 말이 알을 깐다[馬有卵].

(6) 개구리는 꼬리가 있다[丁子有尾].

(7) 불은 뜨겁지 않다[火不熱].

(8) 산은 사람의 입에서 나온다[山出口].

(9) 수레바퀴는 땅을 밟지 않는다[輪不蹍地].

(10) 눈은 보지 못한다[目不見].

---

26 제1명제는 크고 작음[大小], 제2명제는 두텁고 엷음[厚薄], 제3명제는 높고 낮음 [高低], 제9명제는 중앙 북쪽 남쪽[中央 및 南北] 등 공간의 문제를 다룬 것이다.

27 제4명제는 탄생 죽음[生死], 제7명제는 지금 옛적[今昔] 등 시간을 다룬 것이다.

28 독일어 'Sprach'(말)와 'Spiel'(놀이)의 합성어로, 전자는 'sprechen'(말하다)에 서, 후자는 'spielen'(놀다)에서 온 것이다. 이를 '말놀이'라고 옮기지만, 한글의 '놀 다'에는 부정적 요소를 지니고 있어 의미가 제대로 전달될지는 모르겠다.

(11) 가리켜도 도달하지 않지만, 도달함이 끊어지지 않는다[指不至, 至不
絶].

(12) 거북이는 뱀보다 길다[龜長於蛇].

(13) 곱자로 네모를 그릴 수 없고, 컴퍼스로 원을 그릴 수 없다[矩不方, 規
不可以爲圓].

(14) 구멍에 꽂아 넣은 나무[장부]를 구멍이 둘러싸고 있지 않다[鑿不圍
枘].

(15) 날아가는 새의 그림자는 움직이지 않는다[飛鳥之景, 未嘗動也].

(16) 화살이 빠르지만, 가지도 않고 멈추지도 않을 때가 있다[鏃矢之疾, 而
有不行不止之時].

(17) 강아지는 개가 아니다[狗非犬].

(18) 황색 말과 검은색 소는 합해서 셋이다[黃馬驪牛三].

(19) 흰 개는 검다[白狗黑].

(20) 어미 없는 망아지는 본래 어미가 없다[孤駒未嘗有母].

(21) 한 자[尺]의 회초리를, 날마다 절반씩 잘라도, 영원히 자를 수 없다
[一尺之捶, 日取其半, 萬世不竭].

변자들은 21가지 명제를 가지고 후이스와 함께 응대하면서 죽을 때
까지 논쟁을 멈추지 않았다. 필자는 이들 궤변들을 모두 분석하고 설명
할 필요를 느끼지 않는다.[29] 다만 이상의 항목 가운데 가령 열네 번째
"구멍에 꽂아 넣은 나무(장부)를 구멍이 둘러싸고 있지 않다"[鑿不圍

---

29 내용을 깊이 천착하려는 독자는 안병주·전호근·김형석, 『역주 장자』 4, pp. 279
이하를 참조할 것을 권장한다. 펑유란 교수는 이들 21개 항목을 놓고, '합동이'(合同
異) 條와 '이견백'(離堅白) 條에 속하는 것으로 분류하여 설명하고 있는데, 지나친 2
분법이다. cf. 풍우란, 『중국철학사』 상, 박성규 역, p. 346 이하.

枘]라는 항목은 (여타 자료에 설명이 없으므로) 필자의 설명이 필요하다. 이는 『초사楚辭』 「구변九辯」의 "둥근 장부에 네모진 장붓구멍이여. 나는 서로 저촉되어 들어맞기 어려움을 알겠네"[30]라는 구절을 이해하면 도움이 된다. 요컨대 이 말은 궤변이다.

열다섯 번째 내용 "날아가는 새의 그림자는 움직이지 않는다[飛鳥之景, 未嘗動也]"라는 이야기는, 그리스 철학자 제논이 제기한 "날아가는 화살은 항상 정지해 있다"라는 주장과 같다. 날아가는 새의 그림자 혹은 날아가는 화살은 매 순간 공간의 한 부분을 차지하고 있는데, 그 한 부분만을 놓고 보면 정지해 있다. 정지해 있는 무수한 순간들을 연결해도 정지할 수밖에 없다는 결론에 이른다. 즉 정지 + 정지 + 정지 = 정지이다. 시간과 운동의 물리적 상관관계를 배제한 논리의 세계에서는 이와 같은 주장이 가능하다. 스페인의 천재 화가 달리(Salvador Dali; 1904~1989)는 「기억의 지속The Persistence of Memory」에서 '녹아내리는 시계'를 묘사하였다. 후이스의 "날아가는 새의 그림자는 움직이지 않는다"와 제논의 "날아가는 화살은 항상 정지해 있다"라는 주장은 「기억의 지속」 안에서는 가능할 것이다.

주앙저우는 후이스를 포함한 변자들의 '말놀이'를 매우 못마땅하게 본다. 우리는 엄청난 분량의 번거로운 말로써 세상을 무시한 주앙저우가 말[言]을 경시하고 있음에 주목할 필요가 있다.

천지의 도를 기준으로 후이스의 재능을 바라본다면, 그것은 한 마리 모기나 한 마리의 파리가 수고스럽게 날아다니는 것과 같으니, 사람[物]에게

---

30 『초사』 「구변」의 원문은 다음과 같다. "圜鑿(환착)而方枘(예)兮, 吾固知其鉏鋙(서어)而難入." '鑿'는 끌로 판 장부 구멍이다. '枘'는 한쪽 끝을 다른 쪽 구멍에 맞추기 위하여 가늘게 만든 부분이다. 위 문장은 물론 말이 안 되는 궤변이다.

무슨 쓸모가 있는가 … 후이스는 말 잘하는 것으로 이름을 얻었으니, 안타
깝도다.[31]

10.3 꿍쑨룽의 논리

주앙저우 및 후이스와 같은 시기에 꿍쑨룽(公孫龍; B.C.320?~B.
C.250?)이 등장한다. 꿍쑨(公孫)이 성이고 이름이 룽(龍)인 꿍쑨룽은
쓰마치앤의 『사기』에는 조(趙)나라 사람으로 기록되어 있다.[32] 『장자』
「천하」에도 등장하는데, "흰 말은 말이 아니다"[白馬非馬]라는 주장으
로 유명하게 된 인물이다. 저술에 『공손용자公孫龍子』14편이 있었으나
6편만이 현존하고 있다.[33]

1) 흰 말은 말이 아니다

꿍쑨룽이 중국철학 사상에서 이름을 남긴 것은 「백마론白馬論」 때문
인데, 그가 유명하게 된 까닭을 스스로 밝힌다. 중국인의 성격을 놓고
볼 때, 이러한 경우는 매우 드물다. 역시 '변자' 답다고 할 수 있다. 그
의 말을 직접 들어 보자.

---

31 『장자』「천하」. "由天地之道, 觀惠施之能, 其猶一蚊一虻之勞者也, 其於物也, 何
庸? 惠施 … 卒以善辯, 爲名, 惜乎!"

32 『사기』 권74, 「맹자순경열전」에, "조(趙)나라에 꿍쑨룽이 있었는데, 그는 '견백
동이'(堅白同異)의 궤변을 하였다"라고 하였다. 그러나 『여씨춘추』 까오유(高誘)의
注에는 그를 위(魏)나라 사람으로 기록한다.

33 『한서』 권30 「예문지藝文志」에는 14편으로 기록되었고, 명가자류(名家者流)로
분류되었다. 필자는 吳毓江 校釋 · 吳興宇 標點, 『공손용자교석公孫龍子校釋』(上海:
上海古籍出版社, 2001)을 저본으로 활용한다.

내가 유명하게 된 까닭은 바로 '백마론' 때문이다. 그런데 지금 이제 나에게 그것을 버리라고 한다면, 나는 더 이상 가르칠 것이 없다.[34]

그렇다면 '흰 말[馬]은 말이 아니다' 라는 말[言]은 대체 무슨 소리인가? 장황하지만 인내심을 지니고 꿍순룽의 억지를 향하여 귀를 기울이도록 하자. 여기에 세 가지 조목이 있다.

'말' [馬]이란 이름은 형태를 지시하고, '흼' [白]이란 이름은 색깔을 지시한다. 색깔을 지시하는 것은 형태를 지시하는 것과는 다르다. 그러므로 흰 말은 말[馬]이 아니라고 말하는[曰] 것이다.[35]

말을 찾을 경우, 노랑말과 검정말이 모두 해당된다. (그러나) 흰 말을 찾을 경우, 노랑말과 검정말은 해당이 없다 … 즉 노랑말과 검정말은 다 같은 말이므로 말에는 해당되지만, 흰 말에는 해당되지 않는다. 그러므로 흰 말이 말이 아니라는 점이 확실하다[審].[36]

말은 본래 색깔이 있기 때문에 흰 말이 존재한다. 만약 말에 색깔이 없다면, 말은 그 자체만으로 존재할 뿐이다. 어떻게 흰 말을 취할 수 있단 말인가? 그러므로 '흼' (白)이란 '말' 이 아니다 … 그러므로 흰 말은 말[馬]이 아니라고 말한다[曰].[37]

---

34 『공손용자교석』卷上,「적부跡府」, p. 2. "龍之所以爲名者, 乃以白馬之論爾. 今使龍去之, 則無以敎焉."

35 『공손용자교석』卷上,「백마론白馬論」, p. 8. "馬者, 所以命形也. 白者所以命色也. 命(形)色者, 非命形也. 故曰: 白馬非馬."

36 『공손용자교석』卷上,「백마론」, p. 9. "求馬, 黃, 黑馬皆可致. 求白馬, 黃, 黑馬不可致 … 故黃, 黑馬一也, 而可以應有馬, 而不可以應有白馬. 是白馬之非馬審矣."

이러한 세 가지 조목의 궤변을 놓고, 우리는 어떻게 '흰 말은 말이 아니다'라는 말[言]을 수긍할 수 있는가? 이 점이 논리의 세계이다. 요체는 '말'(horse)과 '흼'(whiteness)이 분리되며, 그 본질이 다르다는 내용이다. 현실의 세계에서 '색깔 없는 말[馬]'은 존재할 수 없으나, 논리의 세계에서는 색깔 없는 말이 자체적으로 존재한다. 그러므로 개체[物]로서의 말 일반과 보편[指]으로서의 흼 일반이 구별되기 때문에, 흰 말은 말이 아니다.[38]

2) 굳음과 흼은 분리된다

『장자』「추수」에 꽁쑨롱의 '이견백'(離堅白) 이야기가 언급된다. 손님과 주인의 대화체로 쓰인『공손용자』에서 그 자취를 찾아보자.

손님: (굳고 흰 색깔의 돌이 있다고 할 때) 굳음, 흼, 돌이 셋이라고 말해도 되는가?

주인: 안 된다.

손님: 둘이라고 말하면 되는가?

주인: 된다.

손님: 왜 그러한가?

주인: (눈으로 볼 때) 굳음은 없고 흼만 드러나므로, 드러낼 수 있는 것은 둘

---

37 『공손용자교석』卷上,「백마론」, p. 12. "馬固有色, 故有白馬. 使馬無色, 有馬如已耳. 安取白馬? 故白者, 非馬也 … 故曰: 白馬非馬也."
38 초점은 '희다'(white)라는 형용사와 '흼'(white+ness)이라는 추상 명사의 간격에서 발생한다. 한글은 형용사의 표현이 다양하다. 그러나 추상 명사를 충분히 반영하지는 못한다. (이 점이 우수 언어로서의 한글의 가치를 떨어뜨리는 것은 아니다.) 한글로 '흼'[白; whiteness] 혹은 '붉음'[赤; redness]은 표기 자체가 어색하다. 철학은 추상 명사와 관련이 깊다. 만일 당신이 눈앞의 실용(實用)에만 묶여 있다면, 당신은 보편자[共相]로서 '흼'의 개념을 이해할 수 없다.

이다. (손으로 만질 때) 흼은 없고 굳음만 드러나므로, 드러낼 수 있는 것은 둘이다 … 눈으로 볼 때 굳음은 얻지 못하고 흼만 알 수 있으니, 이 경우 굳음은 없는 것이다. 손으로 만질 때 흼은 얻지 못하고 굳음만 알 수 있으니, 이 경우 흼은 없는 것이다 … (여기서) 감각된 것과 감각되지 않은 것은 분리되는데, 흼과 굳음은 각각 서로를 포함하지 않기 때문에 분리된다.[39]

현실의 세계에서 이와 같은 억지는 통하지 않겠지만, 논리의 세계에서는 가능하다. '이견백'의 문법적 구조는 '離'는 동사로, '堅'과 '白'은 각각 독립된 명사로 쓰인다. 내용은 굳음(hardness)과 흼(whiteness)이 분리되는 개념이라는 말이다. 위 인용문에 의하면, 시각과 촉각이 분리된다는 의미이기도 하다.

A. 시자(視者; 보는 사람) → 흼은 감지하고, 굳음은 감지하지 못한다.
B. 부자(拊者; 어루만지는 사람) → 굳음은 감지하고, 흼은 감지하지 못한다.
∴ 이와 같은 까닭에 굳음과 흼은 분리된 두 종류의 일반 개념이다.

여기서 일반 개념이란 '보편자'[40]를 말하며, 후이스의 용어로는 '지'(指)이다. 이처럼 굳음과 흼은 서로 감추어진 상태로 존재한다.[41]

---

39 『공손용자교석』卷下, 「견백론堅白論」, pp. 36–40. "(客)堅白石三, 可乎? (主)曰: 不可. (客)曰: 二, 可乎? (主)曰: 可. (客)曰: 何哉? (主)曰: 無堅得白, 其擧也二. 無白得堅, 其擧也二 … (主)曰: 視不得其所見, 而得其所白者, 無堅也. 拊不得其所白, 而得其所見, 得其見也, 無白也 … 見與不見離, 一一不相盈, 故離."

40 '보편자'는 '共相'이라는 한자어로 표기된다.

41 『공손용자교석』卷下, 「견백론」, p. 40. "一一不相盈, 故離. 離也者, 藏也."

3) 보편은 개체보다 앞서 존재한다

앞의 '백마론'과 '견백론'은 중국의 대표적인 소피스트 꽁쑨룽의 주가를 올려 주었지만, 동시에 '보편'[名; universal]과 '개체'[實; individual]의 개념에 관한 난해한 문제를 남겨 놓았다. 이를 필자는 중국 철학에서 일종 '보편 논쟁'으로 파악한다.[42] 현대 중국철학자 장따이니앤 교수도 이를 중시하였고,[43] 펑유란 교수는 '꽁쑨룽의 공상론(共相論)'이라는 표제를 붙이고 이를 설명하였다.[44] 여기서는 펑유란의 이론 전개를 중심으로 설명할 것이다. 『묵경墨經』「소취小取」에 다음과 같은 구절이 보인다.

> 흰 말[白馬]은 말이다. 흰 말에 올라탐은 말에 올라탐이다. 검정 말[驪馬]도 말이다. 검정 말에 올라탐은 말에 올라탐이다 … 한 마리의 말은 말이다. 두 마리의 말도 말이다. 말에 네 발이 있다는 것은 한 마리 말에 그렇다는 것이지, 두 마리 말에 그렇다는 것은 아니다. 말이 혹 흰색이라는 것은 두 마리 말이 흰색일 수도 있고, 한 마리 말이 흰색이 아닐 수도 있다는 것이다. 이것은 곧 하나는 그렇고[一是], 하나는 아닌[一非] 까닭이다.[45]

---

42   철학사에서 '名'과 '實' 문제는 중요 관심사이다. 콩치우의 '정명론', 후이스의 '합동이론', 꽁쑨룽의 '견백론', 쉰쿠앙의 '정명론' 등이 이 문제를 다룬다. 서양 중세 철학사에서, 논쟁거리가 된 실재론(實在論; Realism)과 유명론(唯名論; Nominal-ism)의 전개 또한 이를 놓고 논변을 벌인 결과이다. 필자(황준연)의 저서 『중국 철학의 문제들』 부록에 있는 「명(名)과 실(實), 보편과 개체에 대한 동서철학의 논의 비교」를 참고하기를 권장한다.

43   cf. 張岱年, 『中國哲學大綱』, p. 147 '堅白, 同異', p. 560 '名與辯'.

44   cf. 程帆, 『我聽馮友蘭講中國哲學』, p. 115.

45   『묵자한고』下, pp. 417-421. "白馬, 馬也. 乘白馬, 乘馬也. 驪馬, 馬也. 乘驪馬, 乘馬也 … 一馬, 馬也. 二馬, 馬也. 馬四足者, 一馬而四足也, 非兩馬而四足也. 馬或白者, 二馬而或白也, 非 一馬而或白. 此乃一是而一非者也."

위 이야기는 '백마는 말이 아니다' 라고 주장하는 꿍쑨룽에 대한 반발이며, '백마는 말' [白馬是馬]이라는 주장이다. 이들의 관점에는 차이가 있다. 묵가의 무리는 개물[物]로서의 말을 보고 있고, 꿍쑨룽은 보편 존재[指]로서의 말을 관찰하고 있다. '개물' 이란 다른 용어로 '특수' 혹은 '수상' (殊相)이라고 부를 수 있다. 이에 대하여 '보편' 은 '일반' 혹은 '공상' (共相)의 개념으로 설명한다.

꿍쑨룽의 '견백론' 에서 흼의 '공상' 은 흰색 돌에만 한정되는 것은 아니고,[46] 현존하는 일체의 사물에 내재한다. 이것은 인간의 감각 능력으로 감지할 수 없는 그 무엇이다. 마찬가지로 굳음의 '공상' 역시 돌에만 한정되는 것이 아니고,[47] 현존하는 일체의 사물에 내재한다. 이 경우를 가리켜 "보편[指; 共相]은 개체[物; 殊相]보다 앞서 존재한다" 라고 표현할 수 있다. 여기서 앞선다는 의미는 선후의 의미가 아니라 관념상 개체에 앞서 보편이 존재한다는 뜻이다.[48] 『공손용자』「지물론指物論」에서는 이렇게 표현한다.

천하에 보편자[指]가 없다면, 사물[物]은 사물이라고 말할 수 없다.[49]

평유란 교수는 이 문장을 예로 들면서, 보편자[指]와 개체[物]가 비

---

46 꿍쑨룽의 표현으로는 '不定所白' 이다.
47 꿍쑨룽의 표현으로는 '不定所堅' 이다.
48 필자가 밝힌 것처럼, 이는 '리기' (理氣) 논쟁의 한 형태로 인식할 수 있다. 조선 조 퇴계 이황(退溪 李滉)의 '리기호발' (理氣互發)은 논리적으로 귀(貴)한 존재 '理 [共相]가 천(賤)한 존재 '氣' [殊相]보다 앞서 존재한다는 사고를 담고 있다. cf. 황준연, 『중국 철학의 문제들』 부록 「명(名)과 실(實), 보편과 개체에 대한 동서철학의 논의 비교」, p. 479.
49 『공손용자교석』 卷中, 「지물론」, p. 16. "天下無指, 物無可以謂物." 원문은 "物無可以謂"로 되어 있다. 註에 따라 '物' 자를 첨가한다.

록 병렬적으로 언급되고 있지만, 보편[指]에 우선순위가 부여되어 있고, 개체[物]는 보편에 의존하고 있다고 말한다.[50] 이것이 필자(황준연)가 말하는 "보편은 개체보다 앞서 존재한다"라는 의미이다.

우리 인간의 오감 능력으로는 개체(사물)만을 인식한다. 그러므로 현세적(現世的) 세계에서 입신출세하여 사회에 공헌하고, 가족의 번영을 소망하는 유가의 입장에서는 보편 논쟁이 관심 대상이 되지 못하였다. 또한 꿍쑨룽 자신의 보편과 개체에 대한 이론 「지물론」도 서양 중세 보편 논쟁에 비하면, 정치(精緻)하지 못하였다는 점을 지적할 필요가 있다.

이상의 후이스와 꿍쑨룽의 이론을 놓고 본다면, 후이스는 변화에 초점을 두어 '개체'를 강조하고 있음에 비하여, 꿍쑨룽은 불변에 관심을 두어 '보편'에 무게를 둔다. 다른 변자들과 마찬가지로, 두 사람은 '정감'(情感)보다는 '이지'(理智)의 철학을 전개하였다고 말해야 하겠다. 이들 '명가'의 이론이 역사상 주류를 형성하지 못하고 사라져 버린 이유를 필자는 다음과 같이 세 가지로 정리한다.

① 명가의 주장은 일반 상식에 위배되었다. 꿍쑨룽의 표현처럼, 그들은 "그렇지 않은 것을 그렇다고 했고, 그른 것을 옳다고 했으며 … 그러면서도 자신들이 지극한 경지에 도달하였다"[51]고 자부하였다.

② 명가는 사람들의 일반 감정에 반하는 일을 주장하고, 논변으로 남을 이기기를 좋아하여, 일종 '대중 영합(迎合)주의', 즉 포퓰리즘(popular-

---

50 程帆, 『我聽馮友蘭講中國哲學』, p. 119. "指與物雖然竝列, 但指被賦予優先地位, 物的存在, 依賴于指的存在."

51 『장자』「추수」. "公孫龍問於魏牟曰: 龍少學 先王之道 … 然不然, 可不可 … 吾自以爲至達已."

ism)을 추구하였다. 그러면서도 자신들의 말솜씨를 최고로 여겼다.[52]

③ 명가는 자신들의 주장만을 강조함으로써 세상을 어지럽힌 점이 있다. 즉 그들은 "(유가에서 말하는) 선왕을 본받지 않고, 예절과 의리를 무시하며, 즐겨 괴상한 이론[즉 궤변]을 추구하고, 기묘한 명제에 탐닉한 점"[53]이 있었다.

이상 세 가지는 명가학파의 단점으로 지적할 수 있는 것들이다. 이러한 공격은 유가에 의해서 만들어졌을 것이다. 그 이유가 어떻든 '변자'(소피스트)들의 주장은 현실 세계에서 주류를 차지하기는 어려웠다. 펑유란 교수의 지적처럼, 그들이 참된 진리를 추구한 것인지는 알 수 없다.[54] 사유(思惟)의 발전에도 권력이 작용한다고 말할 수 있다. 명가는 중국 고대철학사에서 소외되고 사라졌다. '이론사유'를 '공리공론'으로 여긴 중국인들의 심사(心思; mental character) 때문이 아닐는지 …

---

52 『장자』「천하」. "桓團 · 公孫龍, 辯者之徒 … 能勝人之口, 不能服人之心 … 然惠施之口談, 自以爲最賢."
53 『순자』「비십이자非十二子」. "不法先王, 不是禮義, 而好治怪說, 玩琦辭."
54 풍우란, 『중국철학사』상. 박성규 역, p. 354.

제11장

법가의 형성
The Formation of Legalism

11.1 구안종의 초기 법가 사상

춘추·전국 시대는 혼란과 무질서의 시기로 파악된다. 이 시대는 사회 윤리가 무너지고 개인의 행동 기준이 흔들리며, 약육강식의 질서가 지배한다. 이것을 가리켜 '무질서 속의 질서'라고 말할 수 있다. 질서를 지향하는 방법에는 여러 종류가 있는데, 그중 법질서를 중시하는 학파를 '법가'(法家)라고 호칭한다.

구안종(管仲; ?~B.C.645)의 이름은 이우(夷吾)이며, 종(仲)은 그의 자(字)이다. 쓰마치앤의 『사기』 「관안열전管晏列傳」에 의하면, 그는 제(齊)나라의 행정가였다.[1] 저술에 『관자管子』 86편이 전하고 있는데, 이 책은 법가 사상, 황로 사상, 유가 사상을 아울러 포함하는 복잡한 저술

---

1 『사기』 권62, 「관안열전」. 세상에 알려진 "창고가 가득 차야 예절을 알고, 의식이 풍족해야 영욕을 안다"[倉廩實則知禮節, 衣食足則知榮辱]라는 말은 구안종의 말이다.

이다.² 김충렬 교수는 『중국철학사』 1에서 구안종을 법가가 아니라고 말하고 있으나, 필자(황준연)는 구안종을 조기(早期) 법가 사상의 선구자이며, 법가 철학의 상당 부분이 그로부터 근원한다고 본다.³

　잠시 길을 비켜서 구안종이 활동하였던 시대로 거슬러 올라가 보자. 중국 고대 제(齊)나라는 경제적으로 여유가 있었다. 당시 선왕(宣王; 재위 B.C.319~B.C.301)은 학문 연구 기관 직하학궁(稷下學宮)⁴에 많은 자금을 투자하고 연구자들을 불러 모았다. 이 연구 기관에 쩌우앤(鄒衍), 춘위쿤(淳于髡), 티앤피앤(田駢), 지에쯔(接子), 선따오(愼到), 후안위앤(環淵) 등 쟁쟁한 학자들이 활보하였다고 전한다.⁵ 멍커 또한 아카데미의 일원이었는데, 이들은 집을 선물로 하사받았고 대부의 봉급을 받았지만, 직책에 임하지 않아도 되는 특권을 누렸다. 이 아카데미에서 공적으로 사용하는 학보(學報)가 『관자』였다.⁶ 이로써 우리는 구안종의 학문적 위상을 파악할 수 있다.

　구안종이 토지 등급을 살펴서 세금을 징수해야 한다거나⁷ 현명한 이를 존중하고, 인재를 길러야 한다고⁸ 하는 주장 등을 언급하지는 않겠

2　필자는 앤창야오(顏昌嶢; 1868~1944)의 『관자교석管子校釋』(長沙: 嶽麓書社, 1996)을 저본(底本)으로 활용한다.
3　『中國大百科全書』哲學 1(北京: 中國大百科全書出版社, 1987), 후앙꽁웨이(黃公偉)의 『法家哲學體系指歸』(臺灣: 商務印書館, 民國72年), 가노 나오키(狩野直喜)의 『中國哲學史』(1986), 펑유란(馮友蘭)의 『中國哲學史新編』(1982), 잔스추앙(詹石窗) 『新編中國哲學史』(北京: 中國書店, 2007) 등에 의존한다.
4　일종 아카데미의 이름이다. '稷下'라는 의미는 제(齊)나라 수도 린쯔의 직문(稷門)에서 유래한다.
5　『사기』권46, 「전경중완세가田敬仲完世家」. "齊宣王, 喜文學游說之士, 自如鄒衍·淳于髡·田駢·接子·愼到·環淵之徒七十六人, 皆賜列第爲上大夫, 不治而議論."
6　馮友蘭, 『中國哲學史新編』第一冊, p. 103.
7　이를 '相地衰征'이라고 하였는데, '相'자는 '자세히 살핌', '衰'자는 '등급을 매김'의 뜻이다. 즉 토지의 등급에 따라서 세금을 징수한다는 의미이다.

다. 그러나 법을 존중하고 신상필벌(信賞必罰)을 강조한 점은 소개할
필요가 있다.

환공이 말하였다. "내가 제후들을 토벌하고자 하는데, 괜찮겠소?" 구안종
이 답하였다. "옳지 않습니다. 민심(民心)이 편안하지 않을 것입니다." 환
공이 말하였다. "어떻게 하면 편안하겠소?" 구안종이 답하였다. "옛날부
터 내려오는 법을 지키고, 착한 자를 선발하여 엄격하게 쓰며, 인민에게
자애(慈愛)롭고, 재물이 없는 자에게 베풀며, 노역(勞役)에 너그럽고, 백
성을 잘 훈계하면, 나라는 부강해지고 인민은 편안할 것입니다."[9]

"옛적에 선왕이신 주(周) 소왕(昭王)·목왕(穆王)께서 ⋯ 경사스러운 상
(賞)으로써 권장하고, 형벌로써 규탄(糾彈)하였으며 ⋯ 여섯 가지 자루
[秉; 柄]를 정중하게 적용하였습니다. 이와 같이 한 즉, 민정(民情)에 이득
이 있었고, 백성을 다스릴 수 있었습니다." 환공이 묻기를, "여섯 가지 자
루란 무엇이오?" 구안종이 대답하였다. "죽이고 살리는 일[生·死], 귀하
고 천하게 하는 일[貴·賤], 부하고 가난하게 하는 일[貧·富], 이것이 여
섯 가지 자루입니다."[10]

---

8 『논어』「팔일」에 "或曰: 管仲儉乎? (孔子)曰: 管氏有三歸, 官事不攝, 焉得儉?"라는
구절이 있다. 필자(황준연)는 다음과 같이 풀이한다. "어떤 사람이 물었다. '구안종은
검소하였습니까?' 선생님[콩치우]이 말씀하셨다. '구안종은 세 나라에서 시집온 아홉
명의 여자를 거느렸고, 한 가지 일에 한 사람의 관리를 두어 공무(公務)를 겸직하지
않고 분담시켰으니, 어찌 검소하다고 하겠는가?' " 여기서 '官事不攝'의 구절을, 필자
는 구안종이 인재를 길러야 한다는 이유 때문에 한 가지 일에 한 사람을 맡겨서 분담
[每一事派一人管理]하였다고 해석한다.

9 『관자교석』「소광」, p. 192. "桓公曰: 吾欲從事扵天下諸侯, 其可乎? 管仲對曰: 未
可. 民心未(吾)安. 公曰: 安之奈何? 管子對曰: 修舊法, 擇其善者, 舉而嚴用之, 慈扵
民, 予無財, 寬政(征)役, 敬百姓, 則國富而民安矣." 같은 내용이 『국어』「제어齊語」에
전한다. 문구에 차이가 있다. cf. 『國語』上, 上海古籍出版社本, pp. 230~231.

구안종이 이처럼 법을 내세우고 신상필벌을 강조함은 유가적 통치 방법이 아니라, 법가의 정신에 연원한다. 필자는 구안종의 사유 체계를 법가 사상의 연원(淵源)에 포함시켜도 무리가 없다고 판단한다.[11]

11.2 상양의 철학 사상

1) 철학사적 위치

『사기』에 의하면, 상양(商鞅)의 성은 꽁쑨(公孫)이고 이름은 양(鞅)이며, 위(衛)나라의 왕손 출신이다. 그의 생몰년은 학자들 사이에 일치되지 않고 있다. 필자는 시아오꽁취앤(蕭公權; 1897~1981)의 견해를 취하여,[12] 그가 대략 기원전 390년에 태어나서 기원전 338년에 세상을 떠났다고 추정한다. 상양, 즉 꽁쑨양(公孫鞅)과 같은 시기에 멍커, 주앙저우, 양주 등이 살았다. 상양은 진(秦) 효공(孝公; 재위 B.C.361~B.C.338) 때에 등용되어 뜻을 펼쳤지만, 효공이 죽자 혜왕(惠王; 재위 B.C.337~B.C.311)에 의하여 모반죄의 죄목으로 비참한 죽음을 당하였다.

『사기』「상군열전商君列傳」에 의하면, 상양은 젊어서 '형명지학'(刑名之學)을 좋아하였다고 한다. '형명지학'이란 법가의 학문을 말하지만, 그가 구안종의 영향을 받았다는 증거는 발견되지 않고 있다.

---

10 『관자교석』「소광」, p. 186. "昔吾先王, 周昭王·穆王 … 勸之以慶賞, 糾之以刑罰 … 謹用其六秉, 如是而民情可得, 而百姓可御. 桓公曰: 六秉者何也? 管子曰: 生·死, 貴·賤, 貧·富, 此六秉也."

11 詹石窗, 『新編中國哲學史』, p. 129.

12 蕭公權, 『中國政治思想史』, 崔明·孫文鎬 공역(서울: 서울대학교 출판부, 1998).

상양은 법가의 태두로 지목되고 있는 리쿠이(李克; 李悝)[13]의 영향을 받았다고 보인다. 이춘식 교수는 상양이 "어려서부터 형명학을 좋아하여 리쿠이를 사사하였다"라고 말한다.[14] 그러나 상양은 이회의 『법경法經』을 배운 것이지, 그를 사사한 것은 아니다. 상양은 또 우치(吳起)[15]의 영향을 받았다.

이상의 내용을 놓고 볼 때, 상양은 리쿠이 및 우치의 법가 사상에 영향을 받았으며, 선뿌하이(申不害) 및 선따오(愼到)와 함께 전기(前期) 법가에 속한다.[16] 상양은 법가의 대표자 한페이에게 직접 영향을 준 점에서 법가 철학의 형성에 크게 기여하였다.

2) 세계관

철학적 사유는 하나의 이론사유이다. 그 이론사유에는 이해, 관찰 방법, 태도 등이 나타나며, 그로 인해 세계관이 형성된다. 철학자의 저술은 각자 세계관의 반영이다. 헤겔의 『정신현상학』이 그의 세계관을 반영하는 것이라면, 스피노자는 『윤리학』으로써 그의 세계관을 설명한다.

상양의 세계관은 『상군서商君書』(『상자商子』)를 통해서 들여다볼 수

---

13 『한서』권30,「예문지」'유가' 편에, 리쿠이의 저서 7편이 기술되어 있다. 빤꾸에 의하면, 그는 콩치우의 제자 쯔시아(子夏; 卜商)의 제자이다.

14 이춘식,「상앙의 인물과 그 평가」,『東아시아의 人間象: 黃元九敎授定年紀念論叢』(서울: 혜안, 1995).

15 『사기』「손자오기열전孫子吳起列傳」에 의하면, 우치는 출세를 위하여 아내를 죽인 인물이다. 그는 장군이지만, 사병의 독창(毒瘡)을 빨아 주어 군대의 사기를 높였다고 한다.

16 법가를 전기와 후기로 나누는 것은 편의상의 구별이다. 중국 학계는 한페이 이전의 시기를 전기로 본다. 쩡전위(曾振宇)는 『前期法家硏究』(濟南: 山東大學出版社, 1996)에서 상앙, 선뿌하이, 선따오만을 취급하였다.

있다.[17] 상양의 시대는 무질서가 극에 달한 시기이다. 상양이 보기에, 그의 시대에 야오·순·위(堯·舜·禹) 임금이 사용하였던 방식들은[18] 시대에 뒤떨어진 폐물(obsolete)이었다.[19] 그는 가혹한 쟁취만이 생존 경쟁에서 살아남을 수 있는 것으로 파악하였다. 상양은 인간의 본성을 어떻게 이해하였을까? 그는 다음과 같이 말한다.

사람의 본성은 굶주리면 음식을 찾고, 수고로우면 편안하려고 하며, 고통 스러우면 쾌락을 찾고, 굴욕을 느낄 때는 영광을 희구한다. 이것이 인간 의 보통 감정이다. 사람이 이익을 추구할 때는 예의를 고려하지 않으며, 명예를 따를 때는 규율을 무시한다. 왜 그럴까? 지금 도적이 위로는 군주 가 금하는 바를 범하고, 아래로는 천자의 예를 무시한다. 그리하여 명성 이 욕되고, 생명이 위태로워도 그만두지 못하는 까닭은 오직 이익을 쫓기 때문이다. 옛날 선비들이 의복이 피부를 따뜻하게 하지 못하고 먹거리가 위장을 채우지 못하더라도, 고통을 참고 견디며 온몸[四肢]을 수고롭게 하 고 오장(五臟)을 손상시킨 것은 본성이 그래서가 아니고, 오로지 명예만 을 쫓았기 때문이다. 그러므로 명예와 이익이 모이는 곳을 사람들이 감싸 고돈다.[20]

---

17 『상군서』 24편의 저자가 누구인지는 학계에서 일치되어 있지 않다. 쓰마치앤이 『사기』에서, "상군(商君)이 저술한 「개색開塞」, 「경전耕戰」 등을 읽었다"라고 기술하 고 있으므로, 그의 저작설을 부정할 수 없다.

18 예를 들면, 야오·순·위(堯·舜·禹) 임금은 선양(禪讓)의 방법에 의해서 정권 을 물려주었다고 한다. 믿기는 어렵지만, 먼 옛날 사람들이 순박하여 그 같은 방법이 통하였을지도 모른다.

19 Benjamin I. Schwartz, *The World of Thought in Ancient China*, p. 334.

20 『상자』 권2, 「산지算地」. 『사고전서』 자부, 법가류. ―이하 『상자』에 관한 인용은 『사고전서』를 가리킨다 ― "民之性, 饑而求食, 勞而求佚, 苦則索樂, 辱則求榮. 此百姓 之情也 …"

부끄럽고, 욕되고, 수고롭고, 괴로운 일은 사람들이 싫어하는 바이며; 드러나고, 영달하고, 편하고, 즐거운 일은 사람들이 힘쓰는 바이다.[21]

상양은 이처럼 인간을 '이익을 좋아하는 존재'[人性好利]로 파악했다. 그 점을 고려하면 상양의 세계관은 멍커의 성선설보다는, 쉰쿠앙의 성악설에 가깝다. 여기서 이익이란 두 가지이다. 하나는 물질적인 것으로 땅, 재물 등이며, 다른 하나는 정신적인 것으로 사회적 명성, 지위 등을 말한다. 문제는 이익을 충족시킬 수 있는 대상이 제한적이기 때문에, 그 조정[제압 혹은 억압]이 필요하다는 점이다. 상양은 다음과 같이 말한다.

힘으로써 천하를 제압하는 자는 먼저 그 백성을 제압해야 했어야 했다. 강한 적(敵)을 이기는 자는 반드시 그 백성을 이겨야 했다. 그러므로 백성을 제압하는 근본은 민중을 제압하는 데에 있다. 그것은 금속을 만드는 자가 야금(冶金)을 하는 것과 같고, 도기를 만드는 자가 흙을 빚는 것과 같다.[22]

위의 구절에서, 우리는 상양이 백성을 존중의 대상이 아니라, 지배의 대상으로 삼고 있음을 본다. 상양에 의하면, 백성은 영리해서는 안 되며, 그들이 이익을 마음대로 추구하도록 방임해서도 안 된다. 인민은 어리석을수록 다스리기에 편하다.

나라를 잘 다스리는 자는 쌀 창고가 가득 차 있더라도 농업을 게을리해서

---

21 같은 책, 같은 곳.
22 『상자』 권4, 「획책 劃策」. "以力之能制天下者, 必先制其民者也 … 故因民之本性在制民, 若冶於金, 陶於土也."

는 안 된다. 국가가 크더라도 인민이 유언비어에 어지럽혀지지 않으면, 그들이 어리석게 될 것이다. 백성이 어리석으면[樸壹], 벼슬을 교묘한 방법으로 취할 수 없다. 벼슬을 교묘한 방법으로 취하지 않으면, 간사한 무리가 발생하지 않을 것이다. 간사한 무리가 생겨나지 않으면, 군주는 미혹되지 않는다.[23]

여기에서 주의해야 할 용어는 '어리석다'[樸壹]라는 표현이다. 여기서 '樸'은 산에서 막 자른 가공하지 않은 통나무를 말한다. 『노자』 제19장에는 "소박함을 간직하고, 개인의 욕심을 줄인다"[見素抱樸, 少私寡欲]라는 구절이 있는데, 여기서 '樸'은 '도'(道)의 원시 상태를 말하며, 문명의 때에 물들지 않은 소박한 경지를 말한다. 그러나 상앙이 언급한 '박일'(樸壹)은 도덕적 순수 상태가 아니라, 백성들의 어리석음을 가리킨다. 즉 그는 우중(愚衆) 정치를 이상으로 여기고 있다는 말이다.

상앙이 진(秦)나라에 왔을 때, 진은 전국칠웅(戰國七雄) 중에서도 동방 6국에 비하여 낙후된 국가였다. 그가 보기에 유세(遊說)하는 선비, 장사치, 혹은 방술(方術)의 무리들이 기교를 동원하여 재산을 늘리고, 벼슬자리를 탐하고 있었다. 그들은 국가의 진정한 발전에는 관심이 없고, 오로지 이익을 탐하는 무리에 불과하였다. 그는 말한다.

성인과 뛰어난 군주는 세상의 만물에 통달한 사람이 아니라, 사물의 요령을 아는 사람이다. 그러므로 나라를 다스림은 그 요령을 살피는 일이다. 지금 정치가는 요령을 얻지 못한 자가 많다. 조정에서 치국을 논할 때, 세객(說客)은 난잡하게 개혁을 주장한다 … 국가의 위급한 때에 지식인들은

---

23 『상자』권1,「농전農戰」. "善爲國者, 倉廩雖滿, 不偸於農. 國大民衆不淫於言, 則民樸壹. 民樸壹, 則官爵不可巧而取也 … 姦不生則主不惑."

법질서를 싫어하고, 상인들은 유행에 급급하며, 기술자는 쓰이지 못하니, 그러한 국가는 적국에게 공격당하기 쉽다 … 현재 한 사람이 농사지어 백 명이 먹을 양식을 생산한다면, 그것은 배추벌레, 메뚜기 등이 농작물을 먹 어치우는 것보다 폐해가 더욱 클 것이다. 이렇게 본다면『시경』,『서경』등 이 향촌마다 한 묶음씩 있고 집집마다 한 권씩을 가지고 있으면서도 치국 에 도움이 안 되는 것은 가난을 부(富)로, 위태로움을 편안함으로 바꾸는 방법을 쓰지 않기 때문이다.[24]

상양은 현실주의자다. 현실주의자는 부국강병(富國强兵)에 관심이 많다. 상양은 권력자 효공에게 신임을 얻고, 좌서장(左庶長)[25]의 벼슬자 리에 오른다. 그는 "가난을 부(富)로, 위태로움을 편안함으로 바꾸는 방법"으로써 '변법'(變法)을 시행한다. '이법치국'(以法治國)의 정책을 강력하게 실천함으로써 '변법'을 성공리에 이끌었다. 이 변법의 효과 는 100여 년 뒤, 진시황에 의하여 고대 중국을 통일하는 데 일정 부분 공헌하였다.

11.3 선따오와 선뿌하이의 사상

1) 선따오의 세(勢)

선따오(愼到; B.C.390~B.C.315)는 춘추·전국 시대 조(趙)나라 사 람으로 알려져 있다. 그는 멍커와 같은 시대 인물로 추정한다. 선따오

---

24 『상자』권1,「농전」제3. "故聖人明君者, 非盡能其萬物也, 知萬物之要也 … 雖有 詩書鄕一束, 家一員, 獨無益於治也, 非所以反之術也."
25 진(秦)나라의 벼슬 이름으로, 군공(軍功)을 장려하는 제10급의 자리이다.

의 생애와 사상에 대해 알 수 있는 자료가 충분하지 못하다. 『한서』「예문지」에 의하면, 법가의 서적으로 『신자愼子』 42편이 있었다고 한다.[26] 하지만 이것이 선따오의 저술인지는 알 수 없고, 현재 전하고 있는 『신자』의 내용도 5편에 불과하다.[27] 우리는 이 책과 기타 자료를 활용하여 선따오의 사상을 탐구할 수밖에 없다. 『사기』에 다음과 같은 기록이 전한다.

> 선따오는 조(趙)나라 사람이다. 티앤피앤(田騈), 지에쯔(接子)는 제(齊)나라 사람이다. 후안위앤(環淵)은 초(楚)나라 사람이다. 모두 황로(黃老)의 도덕에 관한 학술을 배웠는데, 그 뜻을 발휘하고 상세하게 설명하였다. 그래서 선따오가 12편의 이론을 저술하였고, 후안위앤이 상·하편을 저술하였으며, 티앤피앤과 지에쯔도 논한 바가 있었다.[28]

이로써 선따오는 티앤피앤, 지에쯔, 후안위앤의 무리와 함께 '황로학'에 밝았음을 알 수 있다. 그는 직하 학당의 일원으로도 알려져 있다. 『장자』에 의하면, 선따오는 도가로 알려져 있으며,[29] 『한서』에 의하면,[30] 법가 소속이다.[31] 필자는 『장자』「천하」의 내용과 중복되는 『신자』의 기록을 검토하기로 한다.

---

26 『한서』 권30, 「예문지」. cf. 中華書局 點校本, p. 1,735.
27 『신자愼子』는 판본이 일치하지 않고 있다. 청대(淸代) 인물 치앤시쭈어(錢熙祚)가 편찬한 『수산각총서守山閣叢書』(上海: 上海鴻文書局, 光緒15年(1889)) 별본(別本)에 전하는 판본이 있고, 『사고전서』 자부 10에 전하는 판본이 있다. 필자는 후자의 5편을 참고하였다.
28 『사기』 권74, 「맹자순경열전」.
29 『장자』「천하」. "古之道術, 有在於是者, 彭蒙·田騈·愼到, 聞其風而悅之."
30 『한서』 권30, 「예문지」. cf. 中華書局 點校本, p. 1,735.
31 황로학이 도가와 법가의 양면(兩面)을 겸하고 있다.

이 때문에 선따오는 세상의 지혜를 버리고 사심(私心)을 제거하여 그렇게 할 수밖에 없는 필연[道]을 따라서 세상일을 돌아가는 대로 맡기는 것을 도리라고 여겼다. 그리하여 (선따오는) 말하기를, "알지 못하는 것을 알려고 하면, 장차 그 앎[知]에 억압당하여 상처를 입을 것"이라고 말하였다. 그리하여 그는 방임의 태도로 게으르게 살면서 맡은 일이 없었고, 세상 사람들이 현자를 숭상함을 비웃었다. 또한 방종하고 일탈하였으며 세상 사람들이 존중하는 대성인(大聖人)을 비난하였다 … 그래서 (선따오가) 말하기를, "나는 무지(無知)의 자연 상태의 사람이 되기를 원할 뿐, 현인이니 성인이니 하는 따위는 필요가 없으니, 저 흙덩어리와 같다면 도를 잃을 필요가 없다"라고 하였다.[32]

위의 인용에서 '세상의 지혜를 버리고 사심(私心)을 제거함'[棄知去己]과 '현인이니 성인이니 하는 따위는 필요 없음'[無用賢聖]은 『도덕경』의 사상과 일치한다.[33] 억지[人爲]를 가하지 않는 그의 방임주의 또한 라오딴의 사상과 닮아 있다.

선따오를 이처럼 도가의 맥락에서 이해할 수 있지만, 그가 법의 숭상을 줄기차게 강조한 점에서, 법가의 선구자 가운데 한 사람으로 보아도 무리가 없다. 알려진 바로는 선따오는 군주의 통치에서 '세'(勢)를 강조하였다고 한다. 그가 말한 '세'는 정치 권력 혹은 권위의 개념과 유사하다. 『한비자韓非子』에 다음과 같은 구절이 전한다.

---

32 『장자』「천하」. / 『사고전서』자부 10 『신자』(『尹文子』와 합본). "是故, 愼到 棄知去己, 而緣不得已, 冷汰於物, 以爲道理. 曰: 知不知, 將薄知而後, 鄰傷之者也 … 故曰: 至於若無知之物而已, 無用賢聖, 夫塊, 不失道."

33 『도덕경』제19장에서는 "성스러움을 끊고 지혜를 버림으로써 백성의 이익이 100배가 된다"[絶聖棄智, 民利百倍]라고 하고, 제3장에서는 "현명한 이를 숭상하지 않음으로써 백성들이 다투지 않게 한다"[不尙賢, 使民不爭]라고도 한다.

선따오가 말하였다. 날아다니는 용은 구름을 타고, 뛰어다니는 뱀은 안개 속에서 노닌다. 구름이 걷히고 안개가 개이면, 용과 뱀은 지렁이나 개미 같은 존재가 되는데, 이는 그들이 타고 있었던 것을 잃었기 때문이다. 현명한 사람이면서 못난 사람에게 굽히는 것은 권세가 가볍고 지위가 낮기 때문이요, 못났으면서도 현명한 사람을 굴복시킬 수 있는 것은 권세가 무겁고 지위가 높기 때문이다. 성인 야오(堯) 임금이 보통 사람이었다면, 3인도 다스릴 수 없었을 것이며, 폭군 지에(桀)는 천자가 되었기 때문에 천하를 어지럽힐 수 있었다. 나는 이로써 권세와 지위는 의지할 만한 것이지만, 현명하고 슬기로운 것은 부러워할 만한 것이 못된다는 점을 알았다.[34]

여기서 "용은 구름을 타고, … 뱀은 안개 속에서 노닌다"라는 표현은 세력을 가진 군주의 권력 행사를 말한다. 권력이 승승장구하는 시절에는 이와 같이 용이 구름을 타듯이, 뱀이 안개 속에 노닐듯이 행사된다. 그러나 권력, 즉 '세'를 잃으면("구름이 걷히고 안개가 개이면"), 용과 뱀은 지렁이나 개미 같은 존재가 되어 버린다. 다만 '세'의 행사는 '무위이치'(無爲而治)[35]라야 마땅하다. 선따오의 '세'에 관한 이론은 한페이에 의해서 비판적으로 수용된다.

선따오의 법 사상에서 기억할 만한 내용이 있다. 그는 '악법도 법이다'[36]라는 입장을 견지하는데, 그의 말을 직접 살펴보자.

---

34 王先謙, 『한비자집해韓非子集解』 권17, 「난세難勢」(北京: 中華書局, 2007). / 『신자』 「위덕威德」─이 인용문은 『수산각총서』 「위덕」에 전하고, 『사고전서』 「위덕」에는 전하지 않는다 ─ "飛龍乘雲, 騰蛇遊霧. 雲罷霽霧, 而龍蛇與螾螘同矣 …"

35 『장자』 「천하」의 "冷汰於物, 以爲道理"는 이를 말한다.

36 이 명제는 소크라테스의 말로 알려져 있다. 소크라테스는 재판을 받고 사형 선고가 내려졌을 때, 지인(知人)들에 의하여 탈출을 권고받는다. 그는 친구 크리톤(Kriton)에게 말한다. "내려지는 판결이 아무런 힘을 갖지 못하고 개인에 의해서 무효화되고 철폐될 때, 국가가 참으로 파괴되지 않고 유지될 수 있으리라 생각하는가?" 이는

법이 비록 선(善)하지 못하더라도 오히려 법이 없는 것보다는 낫다. 이는 사람의 마음을 하나로 되게 할 수 있기 때문이다.[37]

법이 비록 악법이라도 없는 것보다는 낫다는 말은, 악법이라도 이를 지켜야 한다는 논리이다. 그 점에서 선따오의 사상은 고대 그리스의 철인 소크라테스와 통한다. 선따오는 법의 적용에서 신분의 차이가 용납되지 않는 점을 강조한다. 그는 다음과 같이 말한다.

그러므로 대군(大君)이라도 법에 임하여 이를 지키지 않으면, 법에 의하여 처리해야 한다.[38]

이는 법 위에 군주가 군림할 수 없다는 것이다. 이처럼 선따오의 법 사상은 일정 부분 근대 법 사상과 통하는 바가 있다. 선따오에 의하면, 법을 숭상하되 '세'를 중시해야 하고, 그 법은 군주 자신의 사적(私的) 목적이 아닌 공공을 위하여 존재해야 하며, 법의 적용에는 친소(親疏)와 귀천(貴賤)을 가리지 말아야 한다. 그러므로 예치(禮治)가 아니고 법치이다.[39] 선따오의 법 사상은 당대 신흥 지주 계급의 법치 이념을 제공하였을 뿐 아니라, 법철학의 발전에 있어서도 역사적 의의가 있다.[40]

『플라톤의 대화』「크리톤」에서 인용된 것인데, 공동체의 법이 악법이라 할지라도 개인은 이를 지켜야 한다는 논리다. cf. 구스타프 라트부르흐, 『法哲學』, 최종고 역(서울: 삼영사, 1993), p. 237. / 플라톤, 『플라톤의 대화』, 최명관 역, p. 102.
37　『사고전서』자부 10『신자』「위덕」. "法雖不善, 猶愈於無法, 所以一心也."
38　『사고전서』자부 10『신자』「군인君人」. "故曰, 大君任法而不躬, 則事斷於法."
39　유가는 예치를 주장한다. 유가에 의하면, 예는 귀족에게, 법은 평민에게 적용된다.『예기』「곡례曲禮」上에 "禮不下庶人, 刑不上大夫"라고 하였다. 이는 "일반 서인은 예로써 우대받을 수 없고, 귀족은 법을 적용받지 않는 특권이 있다"라고 해석된다.
40　張國華, 『中國法律思想史新編』(北京: 北京大學出版社, 1991), p. 149.

2) 선뿌하이의 술(術)

선뿌하이(申不害; B.C.385?~B.C.337?)는 춘추·전국 시대 정(鄭)
나라 사람으로 알려져 있다. 선따오와 같은 시대로 추정한다. 선뿌하이
의 사상을 탐색할 수 있는 자료 또한 충분하지 못하다. 『사기』에 의하
면, 『신자申子』라고 부르는 저술 2편이 있다. 『신자』는 1616년까지 존
속하였다가 사라졌다고 하는데, 삼국 시대 촉(蜀)의 책략가 주거리앙
(諸葛亮; 181~234)은 이 책을 깊이 연구하였다고 한다.[41] 필자는 크릴
교수의 저술 Shen Pu-hai 부록에 게재된 『신자』의 조각들(fragments)
을 자료로 채택한다.[42] 『사기』「노자한비열전」의 기록을 인용하여 인물
에 대하여 탐색해 보자.

선뿌하이는 경읍(京邑)[43] 사람으로 정(鄭)나라 하급 관리였다. 법가의 학술
을 배워서 한소후(韓昭侯)에게 관직을 구하니, 소후는 그를 등용하여 재상
으로 삼았다. 그는 15년 동안 안으로 정치와 교육을 정비하고, 밖으로 제
후들을 응대하였다. 그가 살아 있는 동안 나라가 잘 다스려지고, 병력이
튼튼하여 한(韓) 나라를 침략하는 자가 없었다. 선뿌하이의 학술은 황로
학을 근본으로 하고, 형명(刑名)을 주로 하였다. 저술에 2편이 있다. 『신
자』라고 부른다.[44]

---

41   Herrlee G. Creel, *Shen Pu-hai: A Chinese Political Philosopher of the Fourth
Century B.C.* (Chicago: The University of Chicago Press, 1974), pp. viii-4.
42   『신자』의 잔존본(殘存本)이 『군서치요群書治要』 권30에 열거된 「대체大體」라고
한다. 필자는 크릴 교수의 부록과 대조하지 못하였다. 또한 『신자』 6편의 편린이 마구
어한(馬國翰; 1794~1857)의 『玉函山房輯佚書』에 있다고 한다. cf. 張國華, 『中國法
律思想史新編』, p. 149. / 蕭公權, 『中國政治思想史』, 崔明·孫文鎬 譯, p. 396.
43   정(鄭)나라의 지명이다.
44   『사기』 권63, 「노자한비열전」. cf. 中華書局 點校本, p. 2146.

선뿌하이는 선따오처럼, 군주의 전제 권력에 대하여 호감을 가지고 있다. 법치의 실현이라는 이상에서 두 사람은 궤도를 함께 한다. 선뿌하이는 말한다.

밝은 군주가 몸체라면, 신하는 손과 같다. 군주가 소리치면, 신하는 메아리친다. 군주가 근본을 심으면, 신하는 말단을 관리한다. 군주가 원칙을 다스리면, 신하는 세부적 내용을 행한다. 군주가 근본 권력을 잡으면, 신하는 일상적인 일을 처리한다.[45]

군주는 이처럼 몸체이고, 근본이며, 원칙이다. 그러나 군주의 권력은 드러나지 않게, 은근하게 작용해야 효과적이다. 군주는 자신의 마음을 열지 않고 은밀하게 신하를 통제해야 한다. 이와 같은 방법을 학자들은 선뿌하이의 '술'(術)이라고 부른다. 이는 일종의 일처리 기술(art of conducting affaires) 혹은 치국책(治國策; statecraft)이라고 해석된다. 선뿌하이는 다음과 같이 말한다.

나라를 잘 다스리는 사람은 마치 어리석은 사람처럼 보인다. 그는 가득 차지 않고, 감히 나아가지 않는 듯이 행동한다. 일이 없는 것처럼 자신을 숨기고, 그의 동기를 숨기며, 자신의 자취를 감춘다. 세상 사람들에게 아무일도 안하는 것처럼 보이게 한다. 때문에 가까운 자들은 (군주에게) 친근감을 느끼고, 멀리 있는 자들은 그의 신하가 되고자 한다.[46]

---

45 『신자』「대체」. cf. Herrlee G. Creel, *Shen Pu-hai*, p. 346.
46 『신자』「대체」. cf. Herrlee G. Creel, 같은 책, p. 348. "故善爲主者倚於愚, 立於不盈, 設於不敢. 藏於無事, 竄端匿疏(跡), 示天下無爲. 是以近者親之, 遠者懷之."

이와 같이 군주가 자신의 마음을 열지 않고 은밀하게 신하를 통제하는 술책을 '술'이라고 한다. 군주가 앞에 나서지 않고 행동함은 『도덕경』의 "나는 감히 주인이 되지 않고 손님이 된다"[47]라는 입장과 통한다. 훗날 한페이는 선뿌하이의 영향을 입어서 "술책[術]이란 (군주가) 가슴에 숨김으로써 각종 일에 임하고, 그리하여 많은 신하를 잠재적으로 통제하는 것이다"[48]라고 말하였다.

크릴 교수의 선뿌하이에 관한 저술에 보이는 『신자』의 조각만 가지고, 선뿌하이의 사상 전모를 밝히는 일은 어렵다. 그의 사상은 오히려 『한비자』에서 드러난다.

47 『도덕경』 제69장. "吾不敢爲主而爲客."
48 『한비자집해』 「난삼難三」, p. 380. "術者, 藏之於胸中, 以偶衆端, 而潛御群臣者也."

제12장

법가의 발전과 쇠퇴

The Development and Decline of Legalism

12.1 황로학의 유행과 발전

1) 황로학이란 무엇인가?

선따오는 '황로의 도덕'에 관한 학술을 배워서 그 뜻을 발휘하였으며, 선뿌하이는 '황로학'을 근본으로 하여 형명을 주로 하였다. 이를 통해 이들이 황로학을 배웠거나 그곳에 근본을 두고 있음을 알 수 있다. 그렇다면 황로학이란 무엇을 말하는가?

'황로학'은 '황로도'(黃老道)라고도 호칭된다. 진(秦)·한(漢) 시기, 조기(早期) 도교의 일파(一派)라고 말할 수 있다. '황로'(黃老)라고 할 때, '黃'은 중국 고대의 전설적 인물 후앙띠(黃帝)를 말하며, '老'는 라오딴을 가리킨다.[1] 말하자면 후앙띠와 라오딴 사상의 결합이다. 라오딴의 사상은 『도덕경』에 표현되고 있지만, 문제는 후앙띠에 있다. 그가

---

1 中國道教協會·蘇州道教協會, 『中國道教大辭典』(北京: 新華書店, 1994), p. 857.

어떤 사람인지, 그의 저술이 무엇인지,[2] 어떤 의미를 지니는지 명확하게 알 수 없다.

우리는 과거의 위인 혹은 전승하는 기록에 권위를 부여하는 경향이 있다. 중국인의 고대 인물에 대한 숭상은 종교적 믿음에 가깝다. 후앙띠뿐만이 아니고, 전설적 인물인 푸시(伏犧), 선농(神農), 야오(堯), 순(舜), 위(禹) 임금도 역사적 인물처럼 읊어 대는 일이 보통이다. 따라서 진대(秦代) 어느 시기에 사람들이 후앙띠와 라오딴을 끌어다 인용하였다고 해서 이상할 것이 없다. 이와 같은 일을 가탁(假託)이라고 부른다.

황로학을 이해하기 위해서는 춘추·전국 시대 술수(術數), 방선(方仙) 내지 방기(方技) 등을 이해할 필요가 있다. 이와 같은 학문을 잡학(雜學)이라 부르는데, 학파의 어느 부류에 속하기 어려운 까닭에 붙인 이름이다. 『한서』「예문지」에는 후앙띠의 이름으로 가탁한 서적이 15종류 이상 등장한다.[3]

후앙띠에 관한 내역으로 술수는 음양론과 관계가 있고, 방선(方仙) 내지 방기(方技)는 의약 및 양생(養生)과 관계가 있다.[4] 한의학계에 유명한 『소문素問』, 『영추靈樞』는 고대 방기서(方技書)에 속한다. 황로학의 '황'은 이와 같은 실용을 중심으로 하고, '노'는 양생에 비중을 두는 것이다. 두 가지는 합일이 아니고, 상호 표리(表裏)를 이룬다.[5]

현대 철학자 펑유란은 황로학을 도가가 법가를 향하여 옮겨진 것이라고도 하고, 또한 도가와 법가의 통일이라고 이해한다. 황로학은 '안

2 전국 말기까지 『황제서黃帝書』가 있었을 것으로 추측한다. 오늘날 전하고 있는 의서(醫書)『황제내경黃帝內徑』도 그중의 일부일 것으로 본다.
3 서목(書目)의 열거는 생략한다. 다음의 글을 참고하라. cf. 李零,「說黃老」,『道家文化研究』第5輯(上海: 上海古籍出版社, 1994), pp. 143-144.
4 李零, 같은 글, p. 145.
5 李零, 같은 글, p. 142.

의 측면과 '밖'의 측면이 있는데, '안'의 부분은 신체를 보전하고 건강을 유지함으로써 성명의 도리를 넓히는 것이요, '밖'의 영역은 치국의 도리를 말한다고 한다.[6]

황로학은 안으로 개인의 건강, 즉 양생의 중요성을 강조하면서, 밖으로 나라의 통치 질서에 봉사하는 학문 체계라고 정의할 수 있다. 그러나 이 학문은 정합성을 지닌 질서 정연한 체계로 되어 있지 않고, 창시자 또한 누구인지 알 수 없다.[7] 황로학의 탄생 및 번창 시기에 대해서도 정설이 없다.

2) 유행과 발전

1973년 12월 후난 성 창사 마왕뚜이 3호 한묘(漢墓)에서 비단 묶음이 출토되었다. 학자들은 이 파편을 정리하면서, 훗날 『황제사경黃帝四經』이라고 이름을 붙인 네 종류의 자료를 발견하였다(이를 『황로백서黃老帛書』라고 부르는 학자들도 있다[8]). 이는 『경법經法』, 『십육경十六經』, 『칭稱』, 『도원道原』의 네 가지 경문을 말한다.[9] 『황제사경』은 무엇이며 왜 이와 같은 자료가 『황제사경』이라는 이름을 얻게 되었는가?

『황제사경』은 『한서』 「예문지」 도가자류(道家者流)에 "『황제사경』 4편"이라고 보이는 데 근거한다.[10] 또한 『수서隋書』 「경적지經籍志」에도

---

6 馮友蘭, 『中國哲學史新編』 第二册, p. 195.
7 펑유란은 선따오가 황로학의 창시자일 가능성이 있다고 말한다. cf. 馮友蘭, 같은 책, p. 195.
8 余明光, 「《黃帝四經》 書名及成書年代考」, 『道家文化硏究』 第1輯(上海: 上海古籍出版社, 1992), p. 189. / R. P. Peerenboom, *Law and Morality in Ancient China: The Silk Manuscripts of Huang-Lao* (Albany: State University of New York Press, 1993), p. 2.
9 『文物』 1980年 3期.
10 『한서』 권30, 「예문지」 十. cf. 中華書局 點校本, p. 1730.

다음과 같은 기록이 있다.

> 일의 자취를 미루어 볼 때에, 한대(漢代) 제자(諸子)에게 37학파의 도가
> 서책이 유행하였다. 요지는 모두 욕망과 부러워함을 버리고 마음을 비우
> 라는 것이며, 천관(天官) 부록(符籙)의 일을 무상의 가치로 여기라는 것들
> 이다. (그중에서도)『황제』4편과『노자』2편이 가장 깊은 뜻을 얻었다.[11]

마왕뚜이 발굴 자료를 놓고 볼 때, 두 가지 기록은 중대한 의미가 있
다. 이는 한(漢) 왕조 및 수(隋) 왕조 때 두 종류의 전적(典籍)이 존재하
였던 것이며, 그 후 지상에서 사라졌다가 1973년 다시 나타난 것으로
추측되기 때문이다. 또한 마왕뚜이『황제』4편은『노자』2편(甲乙本)과
함께 출토되었다. 파편을 처음 접한 탕란(唐蘭)이『수서』「경적지」에서
말한『황제』4편과『노자』2편이 마왕뚜이에서 (오랫동안 잠들었다가)
선보인 자료와 일치한다는 연구 발표를 하자,[12] 연구자 대부분이 그의
견해에 찬성하였다.

마왕뚜이『황로백서』가『황제사경』을 가리킨다면, 이는 황로학 연구
에 새로운 기원을 제공할 수 있는 사건이다. 왜냐하면 그 전까지 황로
학이라는 이름만 전해졌지, 그 내용은 오리무중(五里霧中)이었기 때문
이다. 그러므로『황제사경』은 황로학의 '黃'을 보충하는 단서가 된다.

이처럼『황로백서』를 놓고, 탕란은 황로학의 기원 시기를 기원전
400년 이전으로 잡고 있다. 이는『사기』에 보이는 선따오, 선뿌하이의

11　『수서』권35,「경적지」四. cf. 中華書局 點校本, p. 1093. "推尋事迹, 漢是諸子,
道書之流有三十七家, 大旨皆去健羨, 處沖虛而已, 無上天官符籙之事. 其黃帝四篇, 老
子二篇, 最得深旨."

12　唐蘭,「馬王堆出土〈老子〉乙本卷前古佚書硏究」,『考古學報』, 1975年 第1期.

시기 이전으로 소급하는 것이며,[13] 전국 시대 중기에 해당한다.

황로학파가 존재하였고 이 학문에 선따오, 선뿌하이, 한페이가 연관되어 있었다면, 황로학은 법가 계통의 학문임을 확신할 수 있다. 그렇다면 황로학은 어떤 계통을 통하여 전승되었는가? 『사기』「악의열전」에 다음의 내용이 전한다.

> 일찍이 제(齊)나라의 쿠와이통(蒯通)과 주푸위앤(主父偃)은 러이(樂毅)가 연(燕)나라 왕에게 올린 편지를 읽을 때마다, 책을 덮고 울지 않은 적이 없었다고 한다. 러츠언(樂臣)은 후앙띠와 라오딴의 학문을 배웠다. 그의 스승은 하상장인(河上丈人)이라고 부르는 사람인데, 출신이 어디인지 확실하지 않다. 그는 안치성(安期生)을 가르쳤고, 안치성은 마오시(毛翕)를, 마오시는 러시아(樂瑕)를, 러시아는 러츠언을, 러츠언은 까이(蓋)에게 가르쳤다. 까이는 제(齊)나라의 까오미(高密)와 교서(膠西)의 땅에서 가르치며, 조상국(曹相國; 曹參)의 스승이 되었다.[14]

이 기록에 의하면, 황로학은 하상장인[15]에게서 시작된다. 그가 누구든지 학문이 여러 사람을 거쳐서 한(漢)나라의 재상 차오찬(曹參)에게 이르렀다는 점이 주의를 요한다. 차오찬은 한 고조 류방(劉邦)과 같은 고향 사람으로 고조를 도와서 여러 전투에서 싸웠다. 고조가 죽고, 그의 아들 혜제(惠帝) 때에 상국(相國)이 되었다. 『사기』「조상국세가曹相國世家」에 다음의 내용이 전한다.

---

13   R. P. Peerenboom, *Law and Morality in Ancient China*, p. 12.
14   『사기』권80, 「악의열전樂毅列傳」. cf. 中華書局 點校本, p. 2,436.
15   하상장인(河上丈人)은 본명으로 볼 수 있고, 혹은 '황하의 언저리에 살았던 늙은 이' [丈人]로 새길 수도 있다. 『도덕경』판본의 하나인 하상공본(河上公本)의 저자라고 한다.

상국 차오찬의 야전(野戰) 공로가 위에서 말한 바처럼, 회음후 한신(韓信)
과 같다. 한신이 멸망한 후, 열후(列侯)의 공을 봉한 것 중에서 유독 차오찬
이 그 이름을 드러냈다. 차오찬이 한(漢)의 상국이 되자, '청정무위'(淸靜無
爲)야말로 도가의 도리에 부합한다고 극력 주장하였다. 백성들이 진(秦)의
가혹한 통치를 받은 후, 차오찬이 그들에게 '무위이치'(無爲以治)로 휴식하
게 하자, 세상 사람들이 모두 공덕을 칭찬하였다.[16]

여기서 언급한 '청정무위' 및 '무위이치'는 황로학의 내용을 의미
한다. 난세가 오랫동안 지속되면서 진(秦)의 폭정에 시달린 백성에게,
차오찬은 '청정'(淸靜)과 '무위'(無爲)로써 휴식을 주어서 원기를 회복
하게 하였다는 뜻이다. 무위의 효과가 무엇인지 이해할 수 있는 본보기
이다.

황로학은 어느 시기에 가장 성세를 누렸는가? 우리는 그 자취를 『사
기』 및 『한서』에서 찾을 수 있다. 쓰마치앤의 기록을 보기로 한다.

청하왕(淸河王)의 태부 위앤꾸성(轅固生)은 제(齊)나라 사람이다. 『시경』
에 정통해서 경제(景帝) 때 박사가 되었다. 그는 경제의 앞에서 후앙성(黃
生)과 더불어 논쟁한 적이 있었다 … 두태후(竇太后)가 『노자』의 글을 좋
아하여, 위앤꾸성을 불러 『노자』의 문장에 대해서 물은 일이 있었다. 그가
대답하기를, "이것은 무식한 하인의 말뿐입니다"라고 하였다. 태후는 화
가 나서 "어떻게든 형벌을 받도록[17] 하겠다"라고 한 뒤, 위앤꾸성에게 짐

---

16 『사기』 권54, 「조상국세가」. cf. 中華書局 點校本, p. 2031.
17 원문은 "安得司空城旦書乎?"이다. 사공(司空)은 형벌을 담당하는 관리이며, 성
단서(城旦書)는 진한(秦漢) 시절의 형벌로, 야간에도 밤을 새워 성(城)을 쌓게 하는
벌이다. cf. 『사기』 권121, 「유림열전」. cf. 中華書局 點校本, p. 3123.

승 우리에 들어가서 돼지를 찔러 죽이는 벌을 내렸다. 경제는 태후의 화풀이와 위앤꾸성의 무죄를 알고, 그에게 예리한 칼을 건네주어 돼지를 찌르게 하였는데, 위앤꾸성은 정확하게 심장을 찔러서 돼지를 단번에 넘어뜨렸다. 태후는 잠자코 있었고, 다시 죄를 물을 수 없었다. 얼마 안 돼서 위앤꾸성은 … 병으로 벼슬을 그만두었다.[18]

황로학은 전국 시대 중기(기원전 400년 경)에 기원하였지만, 한대(漢代) 초기에 크게 유행하였다. 『사기』와 『한서』 여러 곳에 실증 자료가 있다.

『사기』에는 선따오, 선뿌하이 및 한페이 이외에도 황로학에 관련된 인사들의 이야기가 전한다. 한(漢) 문제(文帝; 재위 B.C.180~B.C.157) 때의 인물 장스즈(張釋之)가 은자 왕성(王生)의 버선 대님을 매어 주고 살아남은 이야기,[19] 무제(武帝) 때의 인물 지안(汲黯)이 황로학을 배워서 관리와 백성을 통치하는 데 청렴하고 조용한 방법을 좋아하였다는 이야기,[20] 경제(景帝; 재위 B.C.157~B.C.141) 때의 인물 정땅스(鄭當時)가 황로의 학설을 좋아하였다는 기록[21] 등이 그것이다.

『한서』에도 같은 내용의 이야기가 전한다. 중복되지 않는 것으로, 무제 때의 인물 양왕쑨(楊王孫)[22]이 황로의 술(術)을 좋아하여 천금이 넘

---

18 『사기』 권121, 「유림열전」. cf. 中華書局 點校本. p. 3122. / 『한서』 권88, 「유림전」. cf. 中華書局 點校本, p. 3612.
19 『사기』 권102, 「장석지풍당열전張釋之馮唐列傳」. cf. 中華書局 點校本, p. 2756. 이는 『한서』 권50에도 전한다.
20 『사기』 권120, 「급정열전汲鄭列傳」. cf. 中華書局 點校本, p. 3105. "(汲)黯學黃老之言, 治官理民, 好淸靜." 이는 『한서』 권50에도 전한다.
21 『사기』 권120, 「급정열전」. cf. 中華書局 點校本, p. 3112.
22 양왕쑨의 본명은 양귀(楊貴)이다. 왕쑨(王孫)은 그의 자(字)이지, 왕의 손자라는 뜻이 아니다.

는 재산으로 가업을 꾸렸다는 이야기,[23] 차오찬이 황로의 술을 써서 백성을 안정시켰다는 이야기[24] 등이 그것이다. 이와 같은 사례들을 놓고 볼 때, 황로학은 한대(漢代)에 유행하였던 학문임을 충분히 유추할 수 있다.

황로학의 유행에는 문제와 경제[25] 정권이 뒷받침되었다. 그중에서도 경제의 모친 두태후의 영향력이 상당히 컸을 것으로 짐작된다. 그녀는 평소에 후앙띠와 라오딴의 말을 좋아하였을 뿐 아니라, 주변 사람들에게 이를 읽도록 강요하였으므로, 황제 이하 태자까지 부득불 황로의 책을 읽지 않을 수 없었다.[26] 두태후가 죽고 난 뒤,[27] 무제 때 황로학은 몰락의 길로 접어든다. 『사기』에 그 기록이 전한다.

지금의 황제(무제)가 즉위할 무렵, 자오구안(趙綰), 왕짱(王臧) 등이 유학(儒學)에 정통하였고, 황제도 이에 뜻을 두었다 … 두태후가 죽자, 무안후(武安侯) 티앤펀(田蚡)이 승상이 되어, 황로와 형명 백가의 학설을 배격하고, 유학자 수백 명을 초청하였는데, 꽁쑨훙(公孫弘)은 『춘추春秋』로서 평민에서 삼공(三公)에 오르고, 평진후에 봉하여졌다. 이로써 세상의 학자들은 일제히 유학으로 기울어졌다.[28]

---

23 『한서』권67, 「양호주매운전楊胡朱梅云傳」. cf. 中華書局 點校本, p. 2907. / 반고, 『漢書列傳』, 안대회 역(서울: 까치, 1997), p. 128.

24 『한서』권39, 「소하조참전蕭何曹參傳」. cf. 中華書局 點校本, p. 2018.

25 역사에서 이 시기를 '문경지치'(文景之治)라고 부른다. 한초(漢初)로 정치가 비교적 안정된 시기이다.

26 『사기』권49, 「외척세가外戚世家」. cf. 中華書局 點校本, p. 1975. "竇太后, 好黃帝老子言, 帝及太子諸竇, 不得不讀黃帝老子, 尊其術."

27 두태후는 건원(建元) 6년(기원전 135년) 세상을 등졌다.

28 『사기』권121, 「유림열전」. cf. 中華書局 點校本, p. 2118. "及今上卽位, 趙綰, 王臧之屬明儒學, 而上亦鄕之 … 竇太后崩, 武安侯田蚡爲丞相, 絀黃老刑名百家之言, 延文學儒者數百人, 而公孫弘以春秋, 白衣爲天子三公, 封以平津侯. 天下之學士靡然 鄕風

무제는 동종수의 건의를 채택하여 유학이 홀로 존중받는[獨尊] 세상을 만들었으니, 이후 유학은 중국의 정통 학문으로 자리 잡고, 황로학은 세상에서 사라져 갔다.[29]

12.2 한페이의 철학 사상

세상에서 한페이쯔(韓非子; Han Fei Tzu)라고 부르는 인물 한페이(韓非; B.C.280~B.C.233)는 한(韓)나라의 귀족으로 태어났다. 한(韓)나라는 현재 산~시 성 한청(韓城)에 존속하였던 나라이다. 『사기』에 그에 관한 기록이 있다.

> 한페이는 한(韓)나라의 공자(公子)이다. 형명·법술의 학문을 좋아하였으며, 근본은 황로학으로 돌아간다. 위인이 말더듬이였기 때문에 말을 잘하지 못하였으나, 저술은 잘하였다. 리쓰(李斯)와 함께 쉰쿠앙에게 배웠다. 리쓰는 자신의 재주가 한페이보다 못한 것으로 생각하였다.[30]

한페이는 이와 같이 형명(刑名)·법술(法術)의 학문을 좋아하였으며, 근본은 황로학에 있었다. 그는 뛰어난 재능을 가졌으나, 천성적으로 말더듬이였던 까닭에 '지체부자유한 인물'이었다. 그의 신체적 결함은 잠재적인 열등감으로 작용하였고, 이는 보상 심리로 강한 권력 의지를

矣."

29 무제가 유학을 독존(獨尊)의 형식으로 채택한 일은 역사적 사건이다. 개인으로서 무제는 황로학의 영향에서 한순간에 벗어난 것은 아니다. 그는 청정 무위 방면의 황로학을 버렸지만, 양생 방면을 소홀히 하지는 않았다.

30 『사기』 권63, 「노자한비열전」. cf. 中華書局 點校本, p. 2146.

갖게 하였다.

진시황이 한페이의 저술 일부를 읽고, 그를 등용하고자 찾았다. 그러나 동문수학을 했던 리쓰와 간신 야오가오(姚賈)는 한페이를 시기하여 그를 비방하였고, 그를 죽여야 한다고 건의하였다. 이 때문에 한페이는 감옥에서 사약(賜藥)을 마시고 죽었다. 한페이는 질투와 시기에 불탄 친구에게 죽임을 당하였으나, 10만 자에 달하는 『한비자』[31]를 남겼다. 다만 저술 중 상당 부분은 그의 이야기가 아닌 것으로 생각된다.

한페이는 유가(쉰쿠앙의 학문)와 도가(황로학)를 섭렵하고, 법가의 학설을 집대성한 점에서 중국철학사에서 불멸의 공로가 있다. 한페이 이전의 법가는 세 가지 경향이 있었다. 선따오가 주도한 '세' (勢)의 이론, 선뿌하이가 주도한 '술' (術)의 이론, 상양이 주도한 '법' (法)의 이론이 그것이다. 한페이는 이 세 가지를 종합하고 집대성하였다.

1) 도(道)와 덕(德)

앞에서 소개한 바와 같이, 라오딴에 의해서 '도' (道)의 개념이 제기되었다. 한페이는 라오딴의 『도덕경』을 접하였으며, 그 영향을 받았다.[32] 그는 만물의 근원으로서 '도'를 인정한다. '도'에 대하여 다음과 같이 말한다.

---

31 한페이의 저술은 『한자韓子』 혹은 『한비자』라고 호칭된다. 이 책은 정본(定本)이 없고 『한서』 「예문지」, 『수서』 「경적지」 등에 이름과 편명이 전한다. 청대(淸代) 인물 왕시앤선(王先愼)이 고증한 『한비자집해』가 학계에서 인정된다. 필자도 이 점교본을 저본으로 한다.

32 『한비자』에는 「해로解老」와 「유로喩老」가 있다. 전자는 '라오딴의 글을 해석한다 [解]'라는 뜻이며, 후자는 '라오딴을 깨우친다[喩]'라는 의미이다. 한페이는 『도덕경』 을 비판적으로 수용한다. cf. 황준연, 『〈한비자〉 읽기』, p. 147.

'도'는 만물의 본체이며, 가치의 기준이다. 밝은 임금은 만물의 본체를 탐구하여 만물의 근원을 알며, 가치의 준칙을 연구하여 선악의 단서를 안다. 그러므로 마음을 비우는 태도로 만물을 대하면, 명분은 자연히 형성되고, 사물은 자연히 질서를 잡는다. 마음을 비우면 실정(實情)을 알고, (몸이) 청정(淸靜)하면 행동의 올바름을 안다.[33]

'도'는 만물의 생성 원리이며, 온갖 사물의 규율[理]이 의지하는 바이다. 이 규율이 각종 사물을 이루며, '도'는 만물을 이루는 근거이다. 그러므로 "도는 온갖 사물을 종합 조정하고, 사물은 모두 규율이 있다"라고 말한다."[34]

이와 같이 한페이 철학에서 '도'는 최고의 카테고리이다. '도'는 만물의 시원이며, 동시에 생성의 원리이다.[35] 그러나 한페이의 '도' 개념은 독창적이기보다는 라오딴 사상과 '황로학'의 연장선에 있다고 해석한다.

한페이에 의하면, 자연계의 본질은 '도'로 표현되지만 '도'로 말미암아 내재적으로 형성되는 성질은 '덕'이다. 그는 다음과 같이 말한다.

덕(德)은 내심에 갖춘 것이요, 득(得)은 외부에서 구하여 얻는 바이다.

---

33 『한비자집해』권1, 「주도主道」, p. 26. "道者, 萬物之始, 是非之紀也. 是以明君守始以知萬物之源, 治紀以知善敗之端. 故虛靜以待令, 令名自命也, 令事自定也. 虛則知實之情, 靜則知動者正."

34 『한비자집해』권6, 「해로」, pp. 146-147. "道者, 萬物之所然也, 萬理之所稽也. 理者, 成物之文也. 道者, 物之所以成也. 故曰 '道, 理之者也'."

35 윗글 「해로」에서 한페이가 언급한 '理' 자는 불투명한 개념이다. 송학에서 말하는 '理'와는 거리가 있다. 필자는 특별한 철학적 의미를 부여하지 않고, '규율'로 번역하였다.

(라오딴이 '상덕부덕'(上德不德)이라고 말한 것은 내심에 덕이 깊은 사람
은 밖으로 구하지 않는다는 뜻이다. 몸과 마음이 밖으로 구하지 않으니,
그 인격이 온전하다. 몸이 온전함을 일러 '덕'이라고 한다. '덕'은 몸을 얻
은 것이다.[36]

위 글에서 한페이가 언급한 '상덕부덕'은 라오딴의 『도덕경』제38장
의 말이다. 한페이에 의하면 '덕'은 이처럼 내재적인 성질을 지닌다.
그것은 몸을 통해서 드러날 수밖에 없다. 라오딴의 사상에서 설명하였
듯이, 도의 주체적 성격이 사람에게 나타날 때 이를 '덕'이라고 부른
다. '덕'은 '도'의 인격화 내지 윤리화이다. 그러므로 '덕'은 '도'에 근
원한다. '도'가 주체라면, '덕'은 곧 작용이다.

2) 법치 사상

"세상에서 행세하는 학문은 유학과 묵학이다"[37]라는 한페이의 말에
서 알 수 있듯이, 당시에는 콩치우의 유가 사상과 모짜이의 묵가 사상
이 세상에서 잘나가고 있었다. 한페이는 쉰쿠앙에게서 공부하였지만,
유가의 이상주의적 경향과 묵가의 비현실적 경향을 동시에 비판한다.
그는 라오딴의 주장을 참고할 만한 것으로 여겼다. 그러므로 법가 사상
의 상당 부분은 도가와 중첩된다.

법이란 어떤 개념일까? 독일의 법철학자 라트부르흐(Gustav Rad-
brich; 1878~1949)는 "법이란 인간의 공동생활을 위한 일반적 규율의

---

36 『한비자집해』권6, 「해로」, p. 130. "德者, 內也, 得者, 外也. 上德不德, 言其神不
淫於外也. 神不淫於外則身全. 身全之謂得. 得者, 得身也." 왕시앤선은 상기 문장의 끝
부분 "身全之謂得. 得者, 得身也"에서 앞의 '得' 자 두 글자는 '德' 자라야 옳다고 주장
한다. 필자 또한 "身全之謂德. 德者, 得身也"라고 새겨야 옳다고 본다.
37 『한비자집해』권19, 「현학顯學」, p. 456. "世之顯學, 儒墨也."

총체"[38]라고 규정한다. 이와 같은 법 개념을 참고로 하여, 고대 법가의 주장을 몇 가지 소개한다.

> 법이란 천하의 모범[儀]이다. 의혹을 해결하고 시비를 가리는 것이다.[39]
> 법이란 군주가 백성을 하나로[一] 부리는 것이다.[40]
> 나라를 다스리는 것에 세 가지가 있다. 첫째 법이요, 둘째 믿음이요, 셋째 권세이다. 법이란 군주와 신하가 함께 조정하는 것이다.[41]
> 법이란 관청에 걸려 있는 것이다.[42]

한페이에게 법이란 무엇일까? 어린 시절 억압받고 성장한 사람은 성인(成人)이 되었을 때 권위(독재)적 경향을 보이기 쉽다. 말더듬이로 '지체부자유한 인물'로 사람 행세를 제대로 하지 못한 한페이에게 세상은 친절한 곳이 아니었다. 그는 열등의식에 괴로워하였고, 세상을 미워하였다. 그에게는 쓸어버릴 놈들이 다섯 종류가 있었다. 이 놈들은 책이나 의복을 갉아먹는 좀[蠹]과 다를 바 없는 존재들이다. 그는 입에 거품을 품고 외친다.

혼란스러운 나라의 풍속은 다음과 같다. '먹물'[學者]은 선왕의 도를 칭송함으로써 인의를 말하고, 용모와 복장으로 치장하고 변설을 꾸민다 … '옛

---

38 구스타브 라트부르흐, 『法哲學』, 최종고 역(서울: 삼영사, 1993), p. 68. "Inbegriff der generellen Anordnungen für das menschlichen Zusammenleben."
39 『관자교석』권17, 「금장禁藏」, p. 436. "法者, 天下之儀也, 所以決疑而明是非也."
40 『관자교석』권15, 「임법任法」, p. 380. "夫法者, 上之所以一民使下也."
41 蔣禮鴻, 『商君書錐指』권3, 「수권修權」(北京: 中華書局, 1996), p. 82. "國之所以治者三; 一曰法, 二曰信, 三曰權. 法者, 君臣之所共操也."
42 『한비자집해』권17, 「정법定法」, p. 397. "法者, 憲令著於官府."

날 일을 떠들어 대는 놈'[古言者; 說客]은 거짓말을 늘어놓고, 외부의 힘을 빌려 사사로운 욕심을 채우며, 나라의 이익을 저버린다. '칼잡이'[帶劍者]는 무리를 모아서 절개를 지킨다고 이름을 날리고, 관청의 금령(禁令)을 범한다. '환관'[患御者]은 권력자 아래로 들어가, 뇌물을 주고, 요직에 중용된 사람에게 기대어 노역이나 전쟁의 괴로움을 면한다. '장사치'[商工之民]는 조악한 그릇을 만들고, 재물을 모아 축재(蓄財)하며, 때를 기다렸다가 농부의 이익을 가로챈다. 이 놈들은 나라의 좀벌레이다. 군주가 이 좀벌레를 제거하지 않고 의리 있는 인사를 기르지 않으면, 세상에 멸망하는 나라, 망해 가는 조정이 있다고 해서 이상할 것이 없다.[43]

이와 같은 다섯 무리의 좀들을 쓸어버리려면 무엇이 필요한가? 한페이에게 그것은 법이었다. 그리고 법은 군주의 권력과 결탁된다.

성인이 나라를 다스림에서, 백성들이 착한 일을 하도록 권장하기보다는 나쁜 일을 못하게 해야 한다. 착한 일을 하는 사람은 한나라 안에 몇 명 있기도 어렵지만, 나쁜 일을 못하도록 하면 나라는 다스려질 수 있다. 다스리는 자는 많은 사람을 상대하는 것이니, 몇 안 되는 인원은 버려두어야 한다. 그러므로 군주는 덕을 힘쓸 일이 아니고, 않고 법에 힘써야 한다.[44]

한페이는 쉰쿠앙에게서 성악설을 배웠다. 그는 인간의 본성이 악한 존재이므로, 선(善)을 기대할 수 없으며, 믿을 것은 오로지 법밖에 없

---

43 『한비자집해』 권19, 「오두五蠹」, p. 456. "是故亂國之俗. 其學者, 則稱先王之道以籍仁義, 盛容服而飾辯說, 以疑當世之法, 而貳人主之心 … 人主不除此五蠹之民, 不養耿介之士, 則海內雖有破亡之國, 削滅之朝, 亦勿怪矣."
44 『한비자집해』 권19, 「현학」, p. 461. "夫聖人之治國, 不恃人之爲吾善也, 而用其不得爲非也 … 不務德而務法."

다는 사실을 가슴에 새겼을 것이다. 군주는 '세'(勢; power)에 의지해
야 하고, '술'(術; 백성을 다스리는 내면의 책략)을 가지고 있어야 하
며, 그리고 '법'(法)에 의지해야 한다. 군주에게 요구되는 것은 도덕이
아니며, 인격적 감화도 필요치 않다.

한페이가 말하는 '법'은 성문법이며, 이것은 백성들에게 공포되어야
한다. 그러나 '술'은 군주의 가슴속에만 있어야 하며 밖으로 표시되어
선 안 된다.

'법'이란 기록하여 널리 알린 문서로서, 관청에 설치하여 백성에게 공포
되어야 한다. '술'이란 (군주의) 가슴속에 숨겨 놓음으로써 각종의 일에
응하는 것이고, 관리들에게도 밝히지 않는다. '법'은 드러나야 하며, '술'
은 드러나서는 안 된다.[45]

군주는 두 개의 자루[二柄]를 가지고 통치해야 한다. 한 자루는 형벌
이고, 한 자루는 덕이다. 한페이의 말을 들어 보자.

명군(明君)이 그 신하들을 제압하는 것으로는 두 가지 자루가 있을 뿐이
다. 두 가지 자루는 '형'(刑)과 '덕'(德)이다. 무엇을 '형'과 '덕'이라고
하는가? 죽이는 것을 '형'이라하고, 상을 주는 것을 '덕'이라고 한다.[46]

한페이에 의하면 통치의 수단은 명확하다. 죄를 지은 자, 즉 법을 어

---

45 『한비자집해』권16, 「난삼」, p. 380. "法者, 編著之圖籍, 設之於官府, 而布之於百
姓者也. 術者, 藏之於胸中, 以偶衆端, 而潛御羣臣者也. 故法莫如顯, 而術不欲見."
46 『한비자집해』권2, 「이병二柄」, p. 39. "明主之所導制其臣者, 二柄而已矣. 二柄
者, 刑德也. 何謂刑德? 曰. 殺戮之謂刑, 慶賞之謂德."

긴 자는 죽이는 것이고, 반대로 법을 지키는 자에게는 상을 주는 것이다. 전자는 채찍이요, 후자는 당근이다. 채찍과 당근의 정치적 효과는 매우 뛰어나다. 여기에서 한페이가 말한 '덕'은 유가에서 말하는 도덕이 아니다. 이때의 덕은 하나의 기능을 가리킬 뿐이다.

12.3 법가의 실천적 국면 ─ 진시황의 고대 중국 통일

기원전 221년은 고대 중국에서 놀라운 해로 기록된다. 즉 진왕(秦王) 정(政)[47]에 의해서 중국이 최초로 통일되었다. 어떻게 이와 같은 일이 가능하였을까? 무슨 이유로 많은 나라 가운데, 하필 진 왕조가 세상을 제패(制覇)하고 통일을 달성한 것일까? 이와 같은 거대한 사건의 이면에는 여러 가지 주장이 있을 수 있다. 통일의 대업(大業)이 순간에 이루어진 일이 아니라는 점은 확실하다. 정치, 경제, 군사 등 여러 가지 측면을 고려할 필요가 있지만, 이 책의 성격상 역사 및 철학 사상을 중심으로 고찰하고자 한다.

앞에서 검토한 바와 같이, 상양의 '변법' 실천이 통일의 기반을 마련하였다는 주장이 가능하다. '변법'이란 현대인의 용어로 '개혁'과 통한다. 상양의 개혁 정책으로 농업 생산량이 증가되었고, 인민의 생활이 풍족해졌다. 이와 같은 경제적 에너지를 기반으로 삼고 강한 군사력을 보탰던 진(秦)은 나머지 6국을 멸망시키고 통일 국가로 등장할 수 있었다.

한페이의 공로 또한 무시할 수 없다. 진시황은 『한비자』를 접하고,

---

47 진시황의 이름이다. 시황(始皇)의 칭호는 정(政)이 죽은 다음에 내려진 시호(諡號)이다.

"아! 나는 이 사람과 만날 수 있고 함께 시간을 보낼 수 있다면, 죽어도 여한이 없을 것이다"라고 말하였다고 한다. 비록 리쓰의 질투와 방해로 인하여 한페이가 진왕에 의해서 발탁되지는 못하였으나, 그의 사상이 진시황에게 영향을 주었음이 확실하다.

이처럼 상양 및 한페이를 중심으로 발전한 법가 사상의 실천적 성격이 진시황을 만남으로써 통일의 이데올로기로 작용하였다(한페이와 동문수학한 리쓰의 법가 사상이 시황제를 움직였다). 물리학 용어를 빌리면, 법가 사상을 채택한 진(秦) 왕조의 엔트로피(entropy)[48]가 극도로 감소하였고, 그 결과 통일의 업적을 달성하였다.

12.4 진(秦) 제국의 멸망과 고대 철학의 종말

세상일이란 예측할 수 없다. '말[馬] 위에서 천하를 얻을 수 있으나, 말 위에서 천하를 다스릴 수는 없다'라는 말이 전한다. 진시황은 천하를 얻고, 통일 제국(Chin Empire)이 탄생시켰다. 그러나 통일을 달성한 지 불과 13년 만에 제국은 붕괴되었다. 역사의 드라마란 이러한 경우를 가리키는 것이 아닐까.

기원전 210년 7월, 시황제는 산똥 성 쯔푸(之罘; 현재의 앤타이煙台) 순찰을 마치고 돌아오는 길에서 병(病)을 얻고 홀연히 세상을 등지고 만다. 그리고 '2세'라고 호칭되는 인물 후하이(胡亥)가 황제 자리에 올

---

48 '열역학(熱力學; Thermodynamics) 제2법칙'을 가리킨다. '열(熱)은 결코 차가운 물체에서 뜨거운 물체로 이동할 수 없다'는 법칙이다. 여기에 '엔트로피'의 개념을 도입한 인물은 독일의 물리학자 클라우지우스(Clausius)로 알려져 있다. cf. 데이비드 린들리, 『볼츠만의 원자』, 이덕환 역, p. 103.

랐지만,[49] 제국은 어처구니없게 무너지고 만다.[50] 다시 물리학의 용어를 빌린다면, 이 현상은 진(秦) 제국의 엔트로피가 급격하게 증가하였음을 말한다. 그동안 축적된 에너지가 모두 고갈되었고, 에너지의 저급화 (degradation)가 초래되었으며, 마침내 제국은 '열 죽음'(thermal death)[51]에 직면한 것이다.

이것은 무엇을 말하는가? 시황제의 책임인가? 2세 황제의 개인적 무능력 때문인가? 아니면 이데올로기로서 법가 철학에 문제가 있는 것은 아닐까? 훗날 지아이(賈誼; B.C.200~B.C.168)는 「진 왕조의 과실을 논함過秦論」[52]이라는 글에서 제국의 잘못을 지적하였다. 이에 의하면, 법가 철학의 이데올로기적 측면보다는 인간적 무능력에 비중이 놓인다. 그러나 필자는 법가 사상에도 문제가 있다고 판단한다.

제도적 측면에서 진시황 시절 시행된 '분서갱유'(焚書坑儒; 책을 불사르고, 선비를 땅에 묻어 죽임) 사건을 지적할 필요가 있다. '분서'(焚書)에 대하여, 『사기』에 보이는 리쓰의 상소문과 그 결과를 인용한다.

"신(臣)은 『시경』과 『서경』 그리고 제자백가의 저술을 폐기시킬 것을 건의합니다. 금지령이 내린 지 30일이 지나도록 폐기하지 않으면, 이마에 먹물을 들이는 형벌[黥刑]을 내리고, 4년 동안 아침마다 성곽에서 성을 쌓는 노역형[城旦]에 처하십시오. 폐기하지 않아도 되는 책은 의약서, 복서(卜

---

49 진시황의 죽음과 '2세'의 등장에 관한 흥미진진한 이야기가 『사기』 권6, 「진시황본기」에 전한다.

50 2세 후하이 이후, 그의 아들 쯔잉(子嬰)이 언급되기도 한다. 그러나 진 제국은 2세 때에 운명을 다하였다. 2세가 허수아비가 된 마당에, 그 아들은 언급할 가치도 없다.

51 물리학에서 모든 죽음은 곧 '열 죽음'이다. 이는 에너지의 '제로' 상태를 말하며, 존재의 열량이 '제로'가 됨을 말한다.

52 『사기』 권6, 「진시황본기」에 전한다. 이 글의 중요한 부분을 필자가 번역 소개한 바 있다. cf. 황준연, 『〈한비자〉 읽기』, p. 159.

筮), 농사짓는 법에 관한 책입니다"… 진시황은 이 건의를 (받아들여) 시
행하여,『시경』,『서경』및 제자백가의 서적을 폐기하여 백성들을 우매하
게 만들었고, 세상에 그 누구도 옛일을 들먹여서 현재를 비방하는 자가 없
도록 하였다.[53]

'분서' 사건은 『사기』권6「진시황본기」에도 같은 내용의 기록이 보
인다. '분서'의 명령이 내려진 때는 기원전 213년으로, 이 정책으로써
진시황은 자신을 비방하는 여론을 차단할 수 있었다. 일이 여기에 그쳤
으면 다행인데, 시황은 그 다음해(B.C.212) 선비들을 생매장시키는 일
을 벌렸다.

이에 어사(御使)를 시켜서 이런 자들을 조사하자, 그들은 서로 고발하니,
많이 제거되었다. 법령으로 금지한 내용을 범한 자 460명을 모두 함양 땅
에 생매장하고, 세상에 그 일을 알려서, 후세 사람들을 경계하도록 하였
다.[54]

이렇게 진시황은 '선왕의 도를 칭송함으로써 인의를 말하고, 용모와
복장으로 치장하고 변설을 꾸미는 먹물들'[學者]과 '당대의 법에 의문
을 가지고, 군주에게 두 마음을 품으며, 옛날 일을 떠들어 대는 놈
들'[說客][55]을 일거에 제거해 버렸다. 여기서 중요한 일은 생매장된 사

---

53 『사기』권87,「이사열전 李斯列傳」. "臣請諸有文學詩書百家語者, 蠲除去之. 令到
滿三十日弗去, 黥爲城旦. 所不去者, 醫藥卜筮種樹之書 … 始皇可其議. 收去詩書百家
之語, 以愚百姓, 使天下無以古非今."
54 『사기』권6,「진시황본기」. "於是使御使 悉案問諸生. 諸生傳相告引, 乃自除. 犯禁
者四百六十餘人, 皆阬之咸陽, 使天下知之, 以懲後."
55 『한비자집해』권19,「오두」, p. 456 참고.

람의 숫자가 아니다. 진시황의 정책에 대하여 입만 벌리면 죽음을 면치
못한다는 사실이 문제이다.

필자는 진시황의 '분서'와 '갱유' 사건을 역사적 사실로 받아들인
다. 그러나 '분서'의 미친 광풍(狂風)이 휘몰아쳤다고 하여, 당대 모든
서책이 사라졌다고 볼 수는 없다. 정부[官府] 차원에서는 서책이 여전
히 보관되었을 것이다. 궁실(宮室)의 도서가 대부분 사라진 일은 시앙
위(項羽)가 함양의 궁전을 불태울 때 일어났다.[56] 따라서 역사적으로는
진시황의 '분서'보다도, 시앙위(項羽)의 '분전'(焚殿; 궁전을 불태움)
이 제자백가의 서적을 소멸시키는 데 크게 기여하였다.

한대(漢代)에 이르러, 숨어 있던 제자백가서가 다시 햇빛을 보게 되
지만, 진(秦)의 멸망과 함께 고대 철학의 상당 부분이 타격을 입었다는
점을 인정하지 않을 수 없다. 즉 제자백가 서적의 상당 부분이 소멸된
것이다. 그러므로 '분서갱유'의 사건으로 고대의 다양한 학술 주장이
위축되었고, 또한 제자(諸子) 학파가 무너졌으며, 그 결과 고대 철학의
종말을 맞이하였다는 주장이 무리는 아니다.

고대 사상사에서 제자백가의 다양성이 사라지고 유가 일색(一色)이
된 일은 서한(西漢)의 사상가 동종수의 건의에 의한 것이다. 그는 콩치
우의 학문만을 남기고, 그 외의 일체를 배격하기를 주장하였다. 무제는
이 건의를 받아들여, 이후부터 콩치우는 중국 역사상 흔들 수 없는 성
인(聖人)으로 존경의 대상이 되었고, 그의 학문[儒學]이 1,600년 이상
을 지배하게 된다.

중국 고대철학 사상은 진(秦) 제국의 멸망과 더불어 다양성이 소멸
하고 단순하게 되었으며 경쟁의 묘미가 사라졌다. 다양성과 경쟁의 묘

---

56 『사기』 권7, 「항우본기項羽本紀」에, 시앙위가 '함양의 궁전을 불태웠는데, 3개월
동안 불이 꺼지지 않았다' [燒秦宮室, 火三月不滅]라고 하였다.

미가 사라지니 새로운 사상이 등장할 수 없었고, 중국인들은 오랫동안 하나의 표준 속에서 살아야만 했다. 지식인은 오로지 유가 경전을 읽었고, 과거 급제를 통한, 입신양명만을 목표로 삼았으며, 일반 백성들은 그 윤리에 찌들려 창조적 능력을 기대할 수 없었다. 지식인들이 '말놀이'를 천대하고 '이론사유'의 개발을 소홀히 하자, 그 결과는 먼 훗날 청말(淸末) 서구의 침략을 받아 대륙을 외세에 넘겨주는 참혹한 결과를 낳았다 — 필자는 '이론사유'의 모범인 유클리드 '기하학'과 서양철학의 '논리학'의 발전이 여타 학문의 진보와 연결되고, 그 후광을 입은 서양의 과학 문명이 지구촌을 지배하기에 이르렀다고 주장한다 —

고대 은둔의 사상가, 주앙저우는 '무용지용'(無用之用; 쓸모없는 것의 유용성)을 외친 적이 있었다. 필자는 겉으로 보아서 쓸모없는 것처럼 보이는 ('이론사유'를 바탕으로 한) '철학'이 새로운 문명을 창조할 수 있는 에너지를 가지고 있다고 주장하며 이 글을 마친다.

5분간의 중국고대철학

(제1분)

중국철학은 철학이다. 철학은 보편성을 지향하므로, 민족주의는 뒷전으로 밀려난다. 즉 '중국식 사회주의'는 있어도 '중국식 철학'은 없다. 중국철학에는 '이론사유'가 부족하다. 중국철학은 사물의 인식에서 지나치게 외향적이다. 이 외향성이 현세적 경향을 가져왔다. 콩치우, 멍커, 쉰쿠앙, 모짜이, 상양, 한페이 등은 '이론사유'의 개념을 이해하지 못한 현세적 인물들이다.

규범과 현실 간에는 긴장이 존재한다. 유가는 규범과 현실 사이에서 '중용'을 취한다. 전자가 1/2, 후자가 1/2이다. 유가의 도덕규범은 개인을 뒷전으로 밀어 놓았기 때문에, 개인의 인격 내지 자유는 경시된다. 지식은 진리 추구보다는 입신출세를 위한 도구로 작용하였다.

유가는 콩치우, 멍커, 쉰쿠앙으로 대변된다. 이들의 관심사는 '질서'(조직화)이다. 인문 질서는 유가의 장점이다. 인의, 충효의 가치 개념이 국가의 질서를 구축하는 데 공헌하였다. 브라흐만(Brahman; 힌두교 창조의 신)의 코스모스와 통한다. 태양계에 비유하면, '구심력'을 지향한다. 유가는 몽매(蒙昧)로부터 계몽(啓蒙)으로 나아간다. 그러나 지나친 자신감으로 탄력성을 상실한 채, 권력화의 길을 밟았다. 현세 지향적 성격은 형이상학 방면에서 양적 팽창을 동반하였으나, 질적 측면에서는 참고할 만한 내용이 많지 않다.

(제 2 분)

라오딴에 의해서 제기된 '도' 개념은 형이상학의 영역에 속하며, '이론사유'의 전형이다. 이는 중국철학의 카테고리 정립에 크게 공헌하였다. 라오딴의 '도'를 만남으로써 비로소 '중국철학'을 이야기할 수 있게 되었다. 주앙저우는 '도'를 분석적으로 받아들이지 않고, '도'에 젖어 있는 듯하다. 철학적이라기보다는 예술적이다.

도가는 규범과 현실을 모두 무시한다. 전자가 0, 후자가 0이다. 도가는 자연주의적 경향이 짙고, 정치적으로 무치주의(無治主義)이다. '자유'의 극대화를 지향한 점에서 개인주의 성향을 보인다. 도가는 사회를 떠나서 '은둔의 왕국'을 건설한다.

도가는 질서 지향적이라기보다는 혼돈에 대하여 숙고한다. 그러므로 질서의 '해체'(解體)에 공헌한다. 도가는 계몽을 거부하고, 차원 높은 몽매를 지향한다. 해체를 지향한 점에서 쉬바(Shiva; 힌두교의 파괴의 여신)의 환영을 받을 것이다. 태양계에 비유하면, 도가는 '원심력'을 지향한다. 그 점에서 '샤머니즘'에 가깝다.

도가는 정(精)·기(氣)·신(神)의 수양을 중시하여, 중국의 토생(土生) 종교 '도교'의 이론에 공헌한다. 중국철학사에서 유일하게 '여성'의 중요성을 강조함으로써,[1] 페미니스트들의 환영을 받는다. 도가는 몸에 대하여 주의를 기울였고, '장생불사'(長生不死)를 갈망하는 독특한 문화 구조를 탄생하게 하였다.

(제3분)

묵가의 무리는 검소한 생활을 주장했는데, 그 정도가 지나쳐 사람들이 이를 실천하기는 어려웠다. 농업 사회의 원시 경제 체제에서 '절용' 이론은 미시적 차원에서는 선(善)이 될 수 있다. 그러나 묵가의 경제 개념은 '거시 경제'를 말할 수 없는 낮은 단계의 이론이다.

규범과 현실 사이에서 묵가는 오로지 현실만을 취한다. 전자가 0, 후자가 all이다. 모짜이 일파는 후상(厚喪)과 구상(久喪)을 폐지하자고 주장한다. 유교 윤리에 심하게 중독된 채, 아직도 그 폐단이 남아 있는 우리 사회에서 그들의 주장은 가치가 있다.[2]

하지만 규범은 현실의 이익 때문에 현실에 완전히 매몰되었다. 눈앞의 소승적(小乘的) 유용성의 구덩이에 빠져 버렸다. 특히 모짜이의 무리가 음악을 폐기하자는 주장은 하나의 재앙이다. 그러므로 묵가는 배부른 '돼지의 철학'이라는 비난을 면하지 못한다. '음악이 없다면 인생은 착오이다'라고 읊어 댄 철학자 니체가 있지 아니한가 ─니체에게는 신은 없어도 좋지만, 음악은 있어야 할 것이었다─모짜이는 마피아 두목과 같다. 조폭의 세계에서 '의리'란 무엇을 말하는가? 우리는 조폭의 끈끈한 의리를 윤리 규범이라고 불러야 하겠는가?

---

1 『도덕경』제28장에 "知其雄, 守其雌, 爲天下谿. 爲天下谿, 常德不離, 復歸於嬰兒." 라고 하였다. 이는 "수컷을 알고 암컷을 지키면, 세상의 골짜기가 된다. 세상의 골짜기가 됨은 영원한 덕(德)이 떠나지 않으니, 영아의 상태로 되돌아간다"라고 해석한다.
2 장례 절차를 놓고 보면, 중국은 인민공화국 탄생 이후 화장(火葬)을 법제화하였다. 미국은 토장(土葬)을 하지만 장지(葬地)는 질서정연하게 조성된다. 한국의 산야(山野)를 볼 때, 필자는 슬픔의 감정을 금할 수 없다. '조상 숭배'의 이름 아래, 시골에서는 지금도 중장비에 의해 나무와 돌을 무자비하게 제거된다 ─무덤을 꾸며 산야를 멍들게 하는 행위는 살아 있는 자의 자기 과시가 대부분이다─한국의 야산에 무질서하게 흩어져 있는 무덤 대부분은 무연고 묘지이고, 그 수는 늘어만 간다. 한국의 정치가들은 바람직한 국토 관리가 무엇이며, 어떻게 환경[山野]을 보존해야 하는지 공론(公論)을 제기하고 실천 방법을 찾기를 권한다.

(제4분)

한대(漢代)에 이르러 지배적 사상으로 등장한 유교는 중국인의 사유 형성에 큰 영향을 미쳤다. 그러나 유교적 사유체계는 구체적 행위와 관련되지 않은(i.e. 실용적이지 않은) '순수한 의미에서의 앎'이 부족하였다. 그들은 단단한(hard) 옥(玉)에만 관심이 있었고, '단단함'(hardness) 개념 자체를 헤아리지 않았다.

후이스, 꽁쑨룽 등 명가의 무리는 추상 개념 '단단함'을 여지없이 물고 늘어졌다. 규범과 현실의 긴장을 놓고 볼 때, 그들은 오로지 규범만을 취하였다. 전자가 all, 후자가 0이다. 그들에게는 규범 논리만 있었고, '말놀이'(Sprachspiel)에 취해 있었다. 현실에서 그들의 주장 일체는 궤변(詭辯)으로 평가되었다.

중국의 소피스트로 비유할 수 있는 명가의 무리가 명(名)과 실(實)의 관계를 바로잡으려 한 점은 높이 살 만하다. 세상 일이 흐트러진 이유는 '명'과 '실'이 바로잡히지 않기 때문이다. 그러나 변방으로 밀려나간 사람은 불행한 운명을 비켜 가지 못한다. '프락시스'(praxis; 실천)에 중독된 유가와 백성들은 명가의 '테오리아'(theoria; 이론사유)의 중요성을 인식하지 못하였다. 명가가 참된 진리를 추구한 것인지는 알 수 없다. 그렇지만 '이론사유'를 경시한 당대 지식인들의 후예는 1840년대 외세(아편전쟁)에 굴복하는 비극을 맞이하였다 —이론사유의 전형인 수학(數學)을 바탕으로 한, 서구 과학 문명의 동점(東漸) 현상에 대하여 이론사유를 경시한 중국이 패배하였다는 의미이다—

(제5분)

법가는 규범보다는 현실에 비중을 둔다. 전자가 1/3, 후자가 2/3이다. '법치주의'라고 말할 수는 없지만, 법의 중요성에 대한 인식은 현

실의 가치를 높였다. 현실주의자 상앙과 도가적 색채를 섞은 한페이는
법가를 대변한다. 이들의 철학 사상을 채용한 진시황은 강력한 군사력
을 바탕으로, 주변 국가를 공략하고 중원(中原)을 지배하여 통일 국가
를 건설하였다—상앙의 '변법' 실천이 통일의 기반을 마련하였다. 동
시에 시황제가 한페이의 저술을 즐겨 읽었다는 점도 참고가 된다—

   법가는 가혹할 정도로 엄격하고, 은정(恩情)이 없었다. 인격에 대한
배려는 사라지고, 목적이 수단을 정당화한다는 합목적성만이 지배하였
다. 여기에 형이상학적 무게를 갖는 이론 전개는 없고, 동물 세계의 물
리적 힘만 강조되었다. 무슨 '철학'이라고 말하기에도 호흡이 벅차다.

   『장자』「소요유」에 "100리 길을 가는 자는 전날 밤에 식량을 빻아 준
비해야 하고, 1,000리 길을 가는 자는 3개월 전부터 식량을 모아 준비
해야 한다"[3]라고 하였다. 학문을 하는 자는 1,000리 길을 걷는 자이다.
'철학'이 무엇인지는 잘 모르겠다. 운명적으로 이 글을 읽는 독자는
'철학'이 '이론사유'의 전개라는 필자의 주장에 동의하길 바란다. 그
러므로 '이론사유'의 모범인 유클리드 『기하원본』의 구절을 명상의 자
료로 삼기를 권장한다. '철학'과 유클리드 '기하학'은 형제지간이다.

---

3 『장자』「소요유」. "適百里者, 宿舂糧. 適千里者, 三月聚糧."

1. 한어 표기법 이야기

한어(漢語: 중국어) 발음 표기는 관련 학자들뿐 아니라, 세계 여러 국가에서도 합의를 도출하지 못하고 있다. 이해의 편리를 위하여 몇 가지 내용을 간략하게 정리한다.

① 웨이드-자일 시스템

영국의 중국학 연구가 웨이드(Thomas F. Wade; 1818~ 1895)가 1859년 제정하고, 같은 영국인 자일(Herbert A. Giles; 1845~1935)이 수정한 한어 표기법이다. 알파벳 형식을 사용하고 있으며, 서양에서는 이 표기법이 일반화되어 있다.

② 중국 정부에 의한 한어병음(漢語拼音; pinyin) 방식

1949년 10월 중화인민공화국이 탄생하였다. 권력의 중심부에 있는 중국공산당은 대중의 편의를 위하여 문자 개혁을 시도하였다. 중국문

자개혁협회가 발족되었고, 우위짱(吳玉章)을 회장으로 70여 명의 학자들이 함께 모였다.

그 결과 1956년 '한자간화방안'(漢字簡化方案)을 공표하였다 —여기에서 탄생한 새로운 형태의 한자를 간체자(簡體字) 혹은 간자체(簡字體)라고 부른다— 이어서 1958년 한자 음주(音注)의 새로운 표기법으로, '한어병음방안'(漢語拼音方案)을 정식으로 발표하였다. 발음 표기는 알파벳 형식을 빌리고 있으며, 이 때문에 컴퓨터상의 입력이 편리하다. 이 방식은 중국의 영향력 확대와 더불어 국제적으로 공인되고 있다.

③ 주음자모(注音字母; 注音符號)

한자에 음주(音注)를 달 목적으로 제작된 것으로 '주음자모'(혹은 '주음부호')가 있다. 청말(淸末) 장빙린(章炳麟; 1869~1936)에 의해서 문제가 제기되고, 그의 제자였던 마위짜오(馬裕藻), 주시쭈(朱希祖)와 교육부로부터 파견된 루쉰(魯迅; 周樹人) 등의 제안에 의하여 제정된 것이다.[1]

1918년 국민당 정부에서 발표한 이후 보급되었다. 현재 타이완에서 공식적으로 사용되고 있다. 이 표기법은 알파벳 형식이 아니므로, 숙지하는 데 상당한 부담이 따른다. 타이완의 영향력이 축소되어 사실상 다른 지역에서는 사용되지 않고 있다.

이상 세 가지 방식은 각기 장단점을 지니고 있다. 어느 것이 가장 좋다고 말하기 어렵다. 움라우트(예; lüe 혹은 yüan 등) 혹은 아포스트로

---

1 오시마 쇼지, 『한자에 도전한 중국』, 장원철 역(서울: 산처럼, 2003), p. 258.

피(예; tʾao 혹은 chʾin 등) 기호에 익숙한 서양인들에게는 웨이드-자일 방식이 효과적이다. 병음 방식은 이와 같은 번거로운 기호를 없앴는데, 실제의 발음이 부정확한 결과를 초래하였다. 타이완에서 사용되고 있는 주음부호는 한어 발음을 비교적 원음으로 살릴 수 있는 장점이 있지만, 알파벳 문자를 빌리지 않아 익숙하지 않고 컴퓨터상의 입력이 불편하다ー알파벳은 세계화 과정에서 가장 보편적인 발음 표기 방식으로 받아들여지고 있다. 중국 정부에서 알파벳을 표기법으로 채택하였다는 사실은 이를 뒷받침한다ー이제 몇 가지 예를 들어 보자.

孔丘: 웨이드-자일 표기 → Kʾungchʾiu / 병음 표기 → Kǒngqiū / 주음부호 → ㄎㄨㄥㄑㄧㄡ

莊周: 웨이드-자일 표기 → Chuangchou / 병음 표기 → Zhuāngzhōu / 주음부호 → ㄓㄨㄤㄓㄡ

北京: 웨이드-자일 표기 → Peiching / 병음 표기 → Běijīng / 주음부호 → ㄅㄟㄐㄧㄥ

日氣: 웨이드-자일 표기 → jihchʾi / 병음 표기 → rìqì / 주음부호 → ㄖㄑㄧ

④ 한어 한글 표기법 문제

문제는 한어 발음의 한글 표기이다. 한어의 한글 표기는 2016년 6월 현재 학자들 사이에 일치된 견해가 없다. 이는 곤혹스러운 일이 아닐 수 없다. 중국학에 관련된 학회 차원에서 여러 가지 시도를 하고 있지만, 학자들 사이에 합의점을 도출하지 못하고 있다.

한어의 한글 표기는 크게 두 가지 경향으로 나뉜다. 첫째로 한자어의 발음을 한한자전(漢韓字典)에 의거하여 한글 발음으로 적는 방법이다.

둘째로 한어 발음을 소리음을 따라서 한글로 적는 방식이다. 문제가 되는 것은 후자의 표기 방법이다.

한어 발음의 한글 표기를 놓고 고심한 학자들이 있다. 단국대 윤내현 (尹乃鉉; 1939~) 교수가 선구자이다. 그는 〈중국음의 한글 표기 대조표〉를 발표하였다(윤내현, 『상주사商周史』 부록, 서울: 민음사, 1984). 김용옥(金容沃; 1948~) 박사도 이 문제를 심각하게 생각하고 〈최영애-김용옥 표기법〉(Table of the C. K. System)을 발명하고 발표하였다(김용옥, 『동양학 어떻게 할 것인가』 부록, 서울: 민음사, 1985). 이들의 주장에 공감하며, 필자도 필자의 저술(황준연, 『신편 중국철학사』, 서울: 심산, 2009)에 김용옥 박사의 C. K. System을 표준으로 받아들여, 한어 표기에 일관성을 유지하려고 노력한 일이 있다.

한어 한글 표기는 '일관성' 문제로 간단히 처리할 수 없는 성격을 지니고 있다. 현대 중국철학자 馮友蘭(冯友兰) 교수의 이름을 놓고 이야기해 보자. 중화인민공화국의 병음 방식으로 그의 이름은 'Féngyǒulán' 으로 발음된다. 윤내현의 대조표와 김용옥의 시스템에 의하면, 한글 표기는 '훵여우란'이다. 그렇다면 우리는 그를 '훵여우란'으로 통일하여 불러야 마땅한가?─馮 교수의 성(姓)을 실제 발음에 해당하는 알파벳 'f' 음[Féng]을 제쳐 놓고, 'h' 음에 가까운 '훵'으로 발음하는 것은 문제가 있다. 필자는 그를 '훵여우란'으로 부르는 데 찬성할 수 없다─한한자전에 의하면 그는 '풍우란'으로 표기된다(박성규 역, 『중국철학사』 상·하, 1999). 현실에서는 '펑유란'으로 표기한 경우가 있다(정인재 역, 『간명한 중국철학사』, 2007. / 김시천·송종서·이원석 공역, 『펑유란 자서전』, 서울: 웅진지식하우스, 2011). 그렇다면 과연 누가 옳은가? '훵여우란'은 옳고 '풍우란', '펑유란'은 틀린 것인가?

이 문제는 옳고 그름의 문제가 아니라 글을 쓰는 사람의 성격 내지 습관과 관련이 있다. 저술의 일관성을 필요로 하는 학술 논문 및 전문 저술에서는 어떤 방식을 선택해야 할 것이다. 그러나 일반인에게는 그토록 가혹한 표준을 강요할 수 없다.

김용옥 박사는 鄧小平(邓小平)의 이름은 반드시 '떵샤오핑'으로 표기해야 하며, 東京은 '토오쿄오'로 읽어야 한다고 주장한다. 그렇지 않고 '등소평'으로 쓰거나 '동경'으로 읽으면 한 수 낮은 생각이라고 주장한다. 현지인의 발음이 '떵샤오핑'과 '토오쿄오'에 가깝게 들리므로, 그 주장이 옳은 듯하다. 그런데 '등소평'으로 쓰거나 혹은 '동경'으로 표기하면, 그것은 한 수 낮은 생각인가? (필자는 그가 말하는 '한 수 낮은 생각'이라는 말의 의미를 잘 모르겠다.)

지명의 표기 또한 마찬가지이다. 콩치우의 고향 曲阜는 한자 자전을 따라서 읽으면 '곡부'이다. 중국 정부의 병음 방식에 의하면, 'Qǔfù'로 표기된다―이는 움라우트 표시를 반영하여 'Qǚ'로 표기해야 옳지만, 병음 방식은 그렇게 표시하지 않는다―현지에서 사람들을 만나면 '취푸' 혹은 '추푸', '츄푸'라고 발음한다. 산뚱 성의 도시 榮成은 병음 방식으로 'Róngchéng'이며, 보통화로 '롱청' 혹은 '르옹청'으로 발음해야 한다. 현지 대부분의 사람은 '용청'이라고 발음한다. 그렇다면 榮成의 경우, '롱청' 혹은 '르옹청'으로 표기해야 맞고, '용청'이라고 표기하면 틀리는가?

필자의 결론은 다음과 같다. 한어 발음의 한글 표기는 옳고 그름의 문제가 아니다. 北京은 '베이징' 혹은 '뻬이징'으로 표기하면 현실음에 가깝다. 그러나 한한자전에 의하여 '북경'이라고 표기해도 인격에 손상이 가는 일은 없다. 그 같은 표기를 놓고 한 수 낮은 일이라고 말할 수 없다. 어떻게 표기하든 이 때문에 하늘이 무너지는 법은 없다.

심리학 이론의 조사 연구에 의하면, 사람들은 일반적으로 익숙한 것에 호감을 느끼는 경향이 있다. 北京을 '북경'이라고 읽어 온 사람들은 '베이징' 혹은 '뻬이징'으로 표기하면 경망스럽다고 느낀다. 과연 '베이징' 혹은 '뻬이징'으로 표기하면 경망스러운 일인가? 孔子의 표기를 놓고, '공자'가 아니고 '콩쯔'라고 표기하면 불경죄(不敬罪)를 짓는 것인가? 필자가 이 책에서 표기한 孔丘의 한글 표기 '콩치우'는 버릇없고, 경망스러운 표현인가? 그렇게 볼 수 없는 일이다. 이런 문제로 나는 옳고 당신은 틀렸다고 말하는 사람이 있다면, 그것은 권력의 횡포가 될 수 있다.

각자는 각자의 길을 가면 된다. 이것이 현실이다 — 다만 전문 저술의 경우에는 일관성을 유지할 필요는 있다. 어떤 이름을 놓고 이랬다저랬다 하는 일은 바람직하지 않기 때문이다. 이 책에서 필자는 현지인들의 발음을 최대한 존중하였고, 동시에 한자 자전을 참고하였다. 필자가 참조한 자전은 『대한한사전大漢韓辭典』(서울: 교학사, 2003)이다 —

한어의 한글 표기는 당분간 혼란을 피할 수 없다. 중국을 깊이 이해하는 사람은 '혼돈'에도 가치가 있음을 인정해야 한다. 향후 독재자가 출현하여 특별법을 제정하여, 馮友蘭의 한글 표기를 '횡여우란'이라고 표기하는 사람은 문제가 없고 '펑유란' 혹은 '풍우란'으로 표기하는 사람은 사형에 처한다고 말하면, 이를 반대하여 혁명을 일으킬 것인가? 이런 일로 죽음을 각오할 필요는 없다고 생각한다.

필자는 한어의 한글 표기 문제를 놓고 상당한 혼란을 겪었고, (필자의 꼬장꼬장한 성격 때문에) 불면의 밤을 많이 지새웠다. 어느 날 라오딴의 『도덕경』을 읽다가 중국의 많은 일이 혼돈 속에 존재한다는 생각이 들었다. 혼돈이 지니는 현실 가치를 깨닫지 못하면, 라오딴의 사상은 물론 중국인의 심성을 이해할 수 없다. 그러므로 馮友蘭의 한글 표기는 '풍유란', '풍우란', '펑유란' 등 모두 가능하다. 또한 周恩來는 '저우언라이', '쩌우언라이', '주은래'로 표기할 수 있다 — 현실이 이와 같으므로, 100보를 양보하여 전문 저술의 경우에도 일관성을 완전히 지키는 일은 불가능하다 —

2. 새롭게 나타난 문헌

콩치우는 이렇게 말한 일이 있다. "하(夏)나라의 예(禮)를 내가 말할 수 있으나, (그 후손의 나라) 기(杞)나라에서 충분히 증거를 대 주지 못한다. 은(殷)나라의 예를 내가 말할 수 있으나, (그 후손의 나라) 송(宋)나라에서 충분히 증거를 대 주지 못한다. 역사적 문건[文]과 현명한 사람[獻]이 부족한 까닭이다. 만약 그것들이 충분하다면, 내가 증명해 낼 수 있다."[2]

이 구절은 콩치우가 '문헌'의 부족을 한탄함을 말한다. 오늘날 우리는 문헌(文獻)[3]이 넘치는 세상에 살고 있다. 문건[文]은 넘치고 현명한 사람들[獻]이 주위에 가득하다. 그러나 중국 고대에 관한 한, 우리도 콩치우와 같은 고민을 할 수밖에 없다.

1899년 인쉬 갑골문의 발굴 이후 계속 쏟아져 나온 문헌[4]으로 말미

---

2 『논어』「팔일」. "子曰 夏禮, 吾能言之, 杞不足徵也. 殷禮, 吾能言之, 宋不足徵也. 文獻不足故也. 足則吾能徵之矣."

3 이 용어는 과거의 용법과 현대의 그것이 다르다. 오늘날 '문헌'이라고 말하면, 전적(典籍)만을 가리키는 것이다. 고대에는 '문'(文)과 '헌'(獻)을 구별하여 사용하였는데, '문'은 전적(典籍)을 말하고, '헌'은 어진 사람을 말하였다. 주시 집주본(集注本)에도 "文, 典籍也. 獻, 賢也"라고 하였다.

4 향후 언급하는 '문헌'은 '현명한 사람'을 제외하고 전적(典籍)의 의미에 국한한다.

앞아 중국사상사의 기술(記述)에 새로운 문제를 안게 되었다. 금세기 3대 출토 자료를 소개함으로써 중국철학사의 기술에 보완이 필요하다는 점을 강조한다. 여기서 소개하는 '3대 출토 문헌'은 학계에서 널리 통용되는 개념은 아니다. 몇몇 중국학자가 사용하고 있는 현실이다.

'3대 출토 문헌'의 소개에 앞서서 보탤 것이 있다. 그 첫 번째로 1899년 허난 성 인쉬의 갑골문 출현이다. 고문헌 속에는 갑골문에 대한 이야기가 없다. 기원전 500년대 인물 콩치우는 갑골문을 접하지 못하였고, 12세기 송대(宋代)의 학자 츠엉이·주시 등도 이를 만나지 못하였다. 이 문자는 오랜 세월 동안 땅 속에 잠들어 있다가 1899년 홀연 지상에 나타났다. 이후 100년의 세월 동안 학자들의 연구로 인하여 사람들은 고대에 대하여 이전보다 훨씬 더 잘 알게 되었다. 이 자료는 문자학의 카테고리에 속하지만, 중국 고대철학의 대표적인 서적의 하나인『주역』연구에 새로운 기원을 마련하였다.

두 번째로 1900년대 깐수 성 뚠후앙의 석굴 자료 발견을 들 수 있다. 청(淸)나라가 운명을 다할 때, 왕웬루(王圓籙)라고 부르는 도사에 의해서 우연히 발견된 것으로 전한다. 이곳에서 나타난 자료는 세계를 놀라게 하였다. 고대 '실크로드'의 연장선에 있는 뚠후앙 지역에서 탐험가들이 욕심을 내고 유물을 찾고 있었다. 뚠후앙 석굴 자료는 스타인(Aurel Stein; 1862~1943), 뻴리오(Paul Pelliot; 1878~1945) 등 서방의 탐험가와 일본의 승려 오타니 고즈이(大谷光瑞; 1876~1948) 탐험대—이들 탐험대는 중국 측 입장에서는 유물 도적이다. 스타인은 '도둑'의 대가로 1912년 귀족의 작위를 받았고, 뻴리오는 프랑스 정부의 최고 훈장 '레지옹 도뇌르'(la Légion d'honneur)[5]를 수상하였다—에 의해

---

5 나폴레옹 1세가 제정한 레지옹 도뇌르는 프랑스의 훈장 중 가장 명예로운 것이다. 프랑스의 정치·경제·문화 등의 발전에 공적이 있는 사람에게 수여한다. 나폴레옹

서 영국과 프랑스, 일본 등으로 반출되었다.

시간이 흐르면서 '돈황학'이 정립되었고, 1994년에 '국제 돈황학 프로젝트'(IDP; http://idp.bl.uk)가 결성되었다. 현재 연구 성과는 신통치 못하다. 뚠후앙의 컬렉션은 세계 각국으로 흩어져서 종합적 연구가 어렵고, 각국은 자료를 개방하는 데 적극적이지 못하기 때문이다. 분명한 사실은 뚠후앙의 유물은 언어학(philology), 불교학(philosophy) 혹은 역사학(history; 특히 미술사)의 분야에서 보물 창고와 같다는 점이다.

뚠후앙 자료 중 유교 철학 분야는 경적(經籍)의 측면에서 볼 것이 있다. 『주역』, 『시경』, 『예기』, 『춘추좌씨전春秋左氏傳』, 『논어』, 『효경孝經』 등의 자료가 각국에 남아 있다. 『주역』은 왕삐의 『주역주周易注』가 삘리오와 스타인의 수집품에 부분적으로 보인다. 가령 p. 2616은 수괘(需卦)에서 리괘(履卦)까지, S. 6162는 함괘(咸卦)에서 항괘(恒卦)까지 남아 있는 식이다. 『논어』에 관한 한, 삘리오의 소장본 가운데 허앤(何晏; 190~249)의 『논어집해論語集解』가 완전한 형태로 남아 있다. 이는 당(唐) 희종 건부(乾符; 874~879)년에 출판된 것이다(p. 2681+2618)—뚠후앙 석굴 자료의 일부가 한국의 국립중앙박물관에 소장되어 있다. 일본의 오타니 탐험대 수집 물품 가운데 1/3 정도가 일제 치하 조선총독부를 통해 서울에 왔으며, 그 대부분이 남아 있다—

현대 중국 고고학의 발견 중 철학 분야에서 이른바 '3대 출토 문헌'의 간략한 내용은 다음과 같다.

재임 중에는 대부분 군인에게 돌아갔지만, 학자나 화가, 음악가, 작가에게도 수여되었다. 독일의 문호 괴테도 이 상을 받았다. 레지옹 도뇌르는 그 명성을 유지하기 위해 최대 숫자(쿼터)가 정해져 있다.

① 마왕뚜이 한묘(漢墓) 백서(1973년)

1973년 12월 후난 성 창사 교외 마왕뚜이 무덤에서 발견된 비단[帛]에 적힌 문자를 말한다. 학자들은 이 한(漢)나라 묘의 조성 연대를 기원전 168년으로 추정한다. 이들 자료는 1992년에 세상에 공표되어서 그 내용을 알게 되었다. 발견된 자료 중에는 백서『주역』, 『64괘』, 『이삼자문二三子問』, 『계사繫辭』, 『요要』, 『무화繆和』, 『소력昭力』 등이 있다. 그리고 도가 계통으로『노자』갑(甲)본, 을(乙)본이 있으며, 『오행五行』, 『황제사경』 등이 있다.

마왕뚜이 자료는『주역』과 도가 사상의 연구에 획기적인 내용을 담고 있다. 중국철학의 신비하고 난해한 영역을 취급하는 이들 자료는 고대 중국의 진(秦)나라 이전 중국철학의 문제를 들여다볼 수 있는 중요한 자료이다 — 마왕뚜이 출토 자료는 '마왕뚜이 백서' 혹은 '마왕뚜이 한묘 백서' 등으로 호칭된다 —

② 꾸어띠앤 초묘(楚墓) 죽간(1993년)

1993년 8월 후베이 성 징먼 교외 꾸어띠앤에서 발견된 대나무 조각에 새긴 문자를 말한다. '죽간'이라고 부르는 이들 자료가 발견된 곳은 전국 시대 초(楚)나라 땅이었다. 이들 자료는 1999년에 세상에 공표되면서 그 모습을 드러내었다. 묘의 조성 연대가 기원전 300년대로 추정됨으로써, 지금까지 발견된 고대의 자료 중 가장 오래된 것으로 알려져 있다.

발견된 자료 중에는『노자』, 『태일생수』, 『성자명출』, 『오행』, 『치의緇衣』, 『노목공문자사魯穆公問子思』, 『성지문지成之聞之』, 『어총語叢』

등이 있다. 이들 자료는 하나 같이 도가와 유가의 문헌을 취급하며, 연구자들의 새로운 해석을 기다리고 있다—꾸어띠앤에서 출토된 자료는 '꾸어띠앤 죽간' 혹은 '꾸어띠앤간' 또는 '꾸어띠앤 초간(楚簡)' 등으로 호칭된다—

③ 상하이박물관 초묘(楚墓) 죽간(1994년)

금세기 고고학 발견 중 철학 분야 '3대 출토 문헌'의 세 번째로 상하이박물관 자료를 소개한다. 이는 1994년 상하이박물관이 홍콩의 문물 시장에서 구입한 전국 시대 초(楚)나라의 '죽간'이다. 대륙에서 홍콩으로 흘러들어간 이 자료는 출토 장소와 묘의 조성 연대도 알 수 없다. 학자들은 대략 '꾸어띠앤 죽간'과 비슷한 시기에 묘장(墓葬)되었을 것으로 추정한다.

상하이박물관의 '죽간'은 2001년 마츠엉위앤(馬承源) 주편, 『상해박물관장전국초죽서上海博物館藏戰國楚竹書』(一)라는 이름으로 발표된 이후, 2012년 12월 현재 같은 제목으로 9책까지 출간되었다. 보도에 의하면, 박물관이 입수한 죽간으로 대략 80여 종이 있는데, 이는 향후 계속 출간될 것으로 기대된다.

현재까지 발표된 내용에 의하면, 상하이박물관의 자료에는 『공자시론孔子詩論』, 『치의』, 『성정론』(이는 '꾸어띠앤 초간'의 『성자명출』과 같은 내용이다), 『항선』, 『민지부모民之父母』 등이 있다. 학자들에 의해서 '교독기'(校讀記)가 계속 발표되고 있으며, 성격상 학설이 분분하고 해석이 제각각이다—상하이박물관 입수 자료는 '상박간' 혹은 '상박 초간' 혹은 '상하이 초간' 등으로 호칭된다—

1970년대 이후 새로 출토된 자료는 이상 중요한 것 이외에 또 있다.

1972년 산둥 성 린이(臨沂) 은작산(銀雀山) 한(漢)나라 무덤에서 4,000 매가 넘는 죽간이 쏟아져 나왔다. 그 가운데 『손자병법 孫子兵法』과 『손빈병법 孫臏兵法』이 동시에 출토되어 오랫동안 논란이 되었던 병서(兵書)를 새롭게 정리하게 만들었다. 1972년~1974년 사이 몽골 자치구의 어지나치(額濟納旗)에서는 '쥐앤 신간'(居延 新簡)이라고 부르는 죽간 약 20,000매가 출토되었다. 1973년 허베이 성 띵저우(定州) 빠지아오 랑(八角廊) 한(漢)나라 무덤에서 『논어』(殘本)와 『문자文子』 등이 출토 되었고, 1975년 후베이 성 윈멍(雲夢) 쑤이후디(睡虎地)에서는 진(秦) 나라의 법률 문서(죽간)가 쏟아져 나왔다. 그리고 1977년 안후에이 성 푸양(阜陽)의 쑤앙구뚜이(雙古堆)에서는 한(漢)나라 죽간이 햇볕을 보 았다.

1983년 후베이 성 지앙링(江陵) 장가산(張家山)에서는 한(漢)나라의 법률 문서(죽간)가 쏟아져 나왔다. 1993년 꾸어띠앤 초묘 죽간, 1994 년 상하이박물관 초묘 죽간의 발견 이후 가장 최근의 것으로는 1996년 10월 후난 성 창사 시내에서 발견된 삼국 시대 오(吳)나라의 죽간이 있 다. '저우마러우 삼국오간'(走馬樓 三國吳簡)이라고 호칭되는 이 죽간 은 1999년 세상에 발표되었는데, 그 분량이 무려 10만 매 정도이다. 현 재 정리 작업이 진행 중이며, '저우마러우' 죽간은 한(漢)나라 말기와 삼국 시대 초기 경제사(經濟史) 연구에 중대한 가치가 있는 것으로 알 려져 있다.

이와 같은 죽간 및 백서 자료가 1970년대 이후 집중적으로 쏟아져 나온 까닭은 중화인민공화국 창립 이후, 1970년대부터 시작된 '개혁 · 개방' 정책과 관계가 있다. 이 정책의 실행과 더불어 전국으로 투입된 현대식 중장비(重裝備)들을 통해 과거와는 비교도 할 수 없는 면적의 땅을 파헤칠 수 있었고, 그 결과 곳곳에서 유물이 쏟아져 나오고 있다.

새로 출토된 자료를 중국철학과 관련하여 생각하면, '뚠후앙' 석굴 자료는 미술사 혹은 불교사에 속하므로 취급할 수 없다. 게다가 뚠후앙 자료는 미궁(迷宮)에 빠진 듯이 뒤얽혀 있어서 전모를 알기 어렵다. '국제 돈황학 프로젝트'의 활동을 기대해 본다.

나머지 자료는 본서에서 간간히 언급하였다. 필자는 과거의 모든 자료를 폐기처분해야 한다든가 과거의 철학 사관을 바꾸자고 주장하지 않는다. 그러나 냉정하게 생각할 때, 철학의 새로운 논제가 드러났음이 확실하다. 필자는『중국철학사』에 관한 기왕의 서적은 수정을 하거나 보완을 할 필요가 있다고 주장한다. 새롭게 출토된 문헌의 해석이 불완전하더라도, 우리는 이 자료들을 반영할 의무가 있다.

청말(淸末)의 금석학자 왕구어웨이는 고대 사상의 탐구 사료(史料)를 두 가지로 나누어 보았다. 그 첫 번째는 출판되어 전해지고 있는 지상(紙上)의 사료이며, 두 번째는 돌조각과 쇠붙이 혹은 동물의 뼈 등에 남아 있는 지하(地下) 사료이다. 연구자들이 이와 같은 '이중증거법'(二重證據法)을 중시해야 함은 당연한 일이다. 시간의 측면에서 볼 때, 중국 고대철학의 연구는 종이에 남아 있는 지상(紙上) 사료보다도 오히려 그 이전의 갑골(甲骨), 금석(金石), 백서(帛書) 혹은 죽간(竹簡) 자료에 더욱 가치를 두어야 한다.

이상에서 언급한 '3대 출토 문헌' 자료를 포함하여 기타 참고 자료 혹은 연구 논문 등이 현대 문명의 혜택을 입어 인터넷상에서 실시간 떠오르고 있다. '간백연구망'(簡帛硏究; www.bamboosilk.org) 혹은 타이완의 중앙연구원(中央硏究院; www.sinica.edu.tw) 혹은 '간백망'(武漢大學簡帛硏究中心; www.bsm.org.cn) 등을 참고하면 도움이 클 것이다. 향후 새로운 자료가 계속 나타날 확률이 많으므로, 관심을 가지고 인터넷을 검색해 볼 필요가 있다.

3. 인명 및 지명 한어 발음 표기
— 중국 현지 발음을 따른다. 구앙똥어(廣東語)는 현지 발음을 참고하였음.

가. 주요 인명

구안종(管仲; Guǎnzhòng); 관중

까오링인(高令印; Gāolìngyìn); 고령인

까오유(高誘; Gāoyòu); 고유

까오쯔(告子; Gàozǐ); 고자

까이(蓋; Gài); 개, 개공(蓋公)

꽁단푸(公亶父; Gōngdǎnfù); 공단보

꽁수판(公輪盤; Gōngshūpán); 공수반

꽁쑨니쯔(公孫尼子; Gōngsūnnízǐ); 공손니자

꽁쑨롱(公孫龍; Gōngsūnlóng); 공손용

꽁쑨처우(公孫丑; Gōngsūnchǒu); 공손추

꽁쑨홍(公孫弘; Gōngsūnhóng); 공손홍

꾸안인(關尹; Guānyǐn); 관윤

꾸어머루어(郭沫若; Guōmòruò); 곽말약

꾸어시앙(郭象; Guōxiàng); 곽상

꾸어펑(郭朋; Guōpéng); 곽붕

꾸지에깡(顧詰剛; Gùjiégāng); 고힐강

동종수(董仲舒; Dǒngzhòngshū); 동중서

동쭈어삔(董作賓; Dǒngzuòbīn); 동작빈

떵치우버(鄧球柏; Dèngqiúbó); 등구백

띵쓰신(丁四新; Dīngsìxīn); 정사신

라오딴(老聃; Lǎodān); 노담, 노자(老子)

리아오밍춘(廖名春; Liàomíngchūn); 요명춘

러시아(樂瑕; Lèxiá); 낙하

러우위리에(樓宇烈; Lóuyǔliè); 루우렬

러이(樂毅; Lèyì); 낙의

러츠언(樂臣; Lèchén); 낙신

루쉰(魯迅; Lǔxùn); 노신, 주수인(周樹人)

루어전위(羅振玉; Luózhènyù); 라진옥

루지우위앤(陸九淵; Lùjiǔyuān); 육구연

뤼뿌웨이(呂不韋; Lǚbùwéi); 여불위

르언파롱(任法融; Rènfǎróng); 임법융

리롱지(李隆基; Lǐlóngjī); 이융기(唐 현종)

리루이(李銳; Lǐruì); 이예

리링(李零; Lǐlìng); 이령

리쉬에친(李學勤; Lǐxuéqín); 이학근

리쓰(李斯; Lǐsī); 이사

리우어(劉鶚; Lǐúè); 유악

리징츠(李鏡池; Lǐjìngchí); 이경지

리쩌허우(李澤厚; Lǐzéhòu); 이택후

리쿠에이(李悝; Lǐkuī); 이회, 이극(李克)

리티앤홍(李天虹; Lǐtiānhóng); 이천홍

린이정(林義正; Línyìzhèng); 임의정

마구어한(馬國翰; Mǎguóhàn); 마국한

마롱(馬融; Mǎróng); 마융

마오시(毛翕; Máoxī); 모흠

마오쩌뚱(毛澤東; Máozédōng); 모택동

마위짜오(馬裕藻; Mǎyùzǎo); 마유조

마츠엉위앤(馬承源; Mǎchéngyuán); 마승원

멍커(孟軻; Mèngkē); 맹가, 맹자(孟子)

모짜이(墨翟; Mòzhái); 묵적, 묵자(墨子)

빤꾸(班固; Bāngù); 반고

사오용(邵雍; Shàoyōng); 소옹

상양(商鞅; Shāngyāng); 상앙, 공손앙(公孫鞅)

시아오꽁취앤(蕭公權; Xiāogōngquán); 소공권

시앙시우(向秀; Xiàngxiù); 상수

시앙위(項羽; Xiàngyǔ); 항우

선농(神農; Shénnóng); 신농, 신농씨(神農氏)

선따오(愼到; Shèndào); 신도

선뿌하이(申不害; Shēnbùhài); 신불해

선시우(神秀; Shénxiù); 신수

순(舜; Shùn); 순, 순 임금

쑨삔(孫臏; Sūnbìn); 손빈

쑨우(孫武; Sūnwǔ); 손무

쉬꾸앙치(徐光啓; Xúguāngqǐ); 서광계

쉰쿠앙(荀況; Xúnkuàng); 순황, 순자(荀子)

스수어(世碩; shìshuò); 세석, 세자(世子)

시옹스리(熊十力; Xióngshílì); 웅십력

싱원(邢文; Xíngwén); 형문

쓰마치앤(司馬遷; Sīmǎqiān); 사마천

쓰마탄(司馬談; Sīmǎtán); 사마담

안치성(安期生; Ānqīshēng); 안기생

야오(堯; Yáo); 요, 요 임금

야오구(姚賈; Yáogǔ); 요고

양버준(楊伯峻; Yángbójùn); 양백준

양왕쑨(楊王孫; Yángwángsūn); 양왕손

양주(楊朱; Yángzhū); 양주

어우양시우(歐陽修; Ōuyángxiū); 구양수

완장(萬章; Wànzhāng); 만장

왕구어웨이(王國維; Wángguówéi); 왕국유

왕삐(王弼; Wángbì); 왕필

왕서우르언(王守仁; Wángshǒurén); 왕수인

왕성(王生; Wángshēng); 왕생

왕시앤선(王先愼; Wángxiānshèn); 왕선신

왕안스(王安石; Wángānshí); 왕안석

왕위신(王宇信; Wángyǔxìn); 왕우신

왕이룽(王懿榮; Wángyìróng); 왕의영

왕짱(王臧; Wángzāng); 왕장

왕총(王充; Wángchōng); 왕충

왕푸즈(王夫之; Wángfūzhī); 왕부지

우위장(吳玉章; Wúyùzhāng); 오옥장

우치(吳起; Wúqǐ); 오기

위(禹; Yǔ); 위, 위 임금

위싱우(于省吾; Yúxǐngwú); 우성오

위앤꾸성(轅固生; Yuángùshēng); 원고생

위용리앙(余永梁; Yúyǒngliáng); 여영량

윙-칠 찬(陳榮捷; Wing-Tsit Chan) 진영첩

앤창야오(顏昌嶢; Yánchāngyáo); 안창요

앤후에이(顏回; Yánhuí); 안회

자오완(趙綰; Zhàowǎn); 조관

잔스추앙(詹石窗; Zhānshíchuāng); 첨석창

장꾸앙즈張光直; Zhāngguāngzhí); 장광직

장따이니앤(張岱年; Zhāngdàinián); 장대년

장빙린(章炳麟; Zhāngbǐnglín) 장병린

장스즈(張釋之; Zhāngshìzhī); 장석지

장짜이(張載; Zhāngzài); 장재

장즈뚱(張之洞; Zhāngzhīdòng); 장지동

저우(紂; Zhòu); 주, 주 임금

저우뚠이(周敦頤; Zhōudūnyí); 주돈이

저우사오리앙(周紹良 Zhōushàoliáng); 주소량

저우언라이(周恩來; Zhōuēnlài); 주은래

정땅스(鄭當時; Zhèngdāngshí); 정당시

정쉬앤(鄭玄; Zhèngxuán); 정현

주거리앙(諸葛亮; Zhūgěliàng); 제갈량

주시(朱熹; Zhūxī); 주희, 주자(朱子)

주시쭈(朱希祖; Zhūxīzǔ); 주희조

주앙저우(莊周; Zhuāngzhōu); 장주, 장자(莊子)

주위앤장(朱元璋; Zhūyuánzhāng); 주원장(明 태조)

주푸앤(主父偃; Zhǔfùyǎn); 주보언

지아이(賈誼; Jiǎyì); 가의

지안(汲黯; Jíàn); 급안

지앤버짠(翦伯贊; Jiǎnbózàn); 전백찬

지에(桀; Jié); 걸, 걸 임금

지에쯔(接子; Jiēzǐ); 접자

쩌우앤(騶衍; Zōuyǎn); 추연

쩡선(曾參; Zēngshēn); 증삼

쩡전위(曾振宇; Zēngzhènyǔ); 증진우

쭈어치우밍(左丘明; Zuǒqiūmíng); 좌구명

쯔시아(子夏; Zǐxià); 자하

쯔잉(子嬰; Zǐyīng); 자영

차오찬(曹參; Cáocān); 조참

차오펑(曹峰; Cáofēng); 조봉

춘위쿤(淳于髡; Chúnyúkūn); 순어곤

츠언구잉(陳鼓應; Chéngǔyīng); 진고응

츠언라이(陳來; Chénlái); 진래

츠언멍지아(陳夢家; Chénmèngjiā); 진몽가

츠언쯔쥐(陳子車; Chénzǐjū); 진자거

츠언쯔캉(陳子亢; Chénzǐkàng); 진자항

츠엉수더(程樹德; Chéngshùdé); 정수덕

츠엉이(程頤; Chéngyí); 정이

츠엉하오(程顥; Chénghào); 정호

치띠아오카이(漆雕開; Qīdiāokāi); 칠조개

치앤시쭈어(錢熙祚; Qiánxīzuò); 전희조

캉유웨이(康有爲; Kāngyǒuwéi); 강유위

콩치우(孔丘; Kǒngqiū); 공구, 공자(孔子)

쿠아이퉁(蒯通; Kuǎitōng); 괴통

탕란(唐蘭; Tánglán); 당란

티앤펀(田蚡; Tiánfén); 전분

티앤피앤(田骿; Tiánpián); 전병

판껑(盤庚; Pángēng); 반경

팡뚱메이(方東美; Fāngdōngměi); 방동미

팡쉬앤링(房玄齡; Fángxuánlíng); 방현령

펑유란(馮友蘭; Féngyǒulán); 풍우란

푸린(福臨; Fúlín); 복림(淸 세조)

푸시(伏羲; Fúxī); 복희, 복희씨(伏羲氏)

푸쯔지앤(宓子賤; Fúzǐjiàn); 복자천

한위(韓愈; Hányù); 한유

한쭝민(韓仲民; Hánzhòngmín); 한중민

한페이(韓非; Hánfēi); 한비, 한비자(韓非子)

허앤(何晏; Héyàn); 하안

훙르언(弘忍; Hóngrěn); 홍인

후안위앤(環淵; Huányuān); 환연

후안꿍웨이(黃公偉; Huánggōngwěi); 황공위

후앙띠(黃帝; Huángdì); 황제

후앙성(黃生; Huángshēng); 황생

후앙쭝시(黃宗羲; Huángzōngxī); 황종희

후스(胡適; Húshì); 호적

후에이넝(慧能; Huìnéng); 혜능

후이스(惠施; Huìshī); 혜시

후하이(胡亥; Húhài); 호해

나. 주요 지명

1) 4개 직할시(直轄市)
베이징(北京 ; Běijīng) ; 북경
상하이(上海 ; Shànghǎi) ; 상해
충칭(重慶 ; Chóngqìng) ; 중경
티앤진(天津 ; Tiānjīn) ; 천진

2) 23개 성(省)
깐수(甘肅 ; Gānsù) ; 감숙
지앙시(江西 ; Jiāngxī) ; 강서
지앙쑤(江蘇 ; Jiāngsū) ; 강소
구앙똥(廣東 ; Guǎngdōng) ; 광동
꾸이저우(貴州 ; Guìzhōu) ; 귀주
리아오닝(遼寧 ; Liáoníng) ; 요녕
지린(吉林 ; Jílín) ; 길림
쓰추안(四川 ; Sìchuān) ; 사천
산똥(山東 ; Shāndōng) ; 산동
산―시(山西 ; Shānxī) ; 산서
산~시(陝西 ; Shǎnxī) ; 섬서
안후에이(安徽 ; Ānhuī) ; 안휘
윈난(雲南 ; Yúnnán) ; 운남
저지앙(浙江 ; Zhèjiāng) ; 절강
칭하이(青海 ; Qīnghǎi) ; 청해
타이완(臺灣 ; Táiwān) ; 대만

푸지앤(福建; Fújiàn); 복건

허난(河南; Hénán); 하남

허베이(河北; Héběi); 하북

하이난(海南; Hǎinán); 해남

후난(湖南; Húnán); 호남

후베이(湖北; Húběi); 호북

헤이롱지앙(黑龍江; Hēilóngjiāng); 흑룡강

3) 5개 자치구(自治區)

구앙시 장족(廣西 壯族; Guǎngxī); 광서 장족

네이멍구(內蒙古; Nèiměnggǔ); 내몽고

닝시아 회족(寧夏 回族; Níngxià); 영하 회족

신지앙 위구르(新疆 維吾爾; Xīnjiāng); 신강 유오이

시짱[티베트](西藏; Xīzàng); 서장

4) 2개 특별행정구(特別行政區)

아오먼(澳門; Àomén); 오문, 마카오(Macao)

시앙강(香港; Xiānggǎng); 향항, 홍콩(Hong kong)

『빠알리 경전』, 一雅 역, 서울: 민족사, 2008.

『禮記』 全4券, 서울: 學民文化社, 1990.

『철학대사전』, 서울: 學園社, 1963.

가노 나오키, 『中國哲學史』, 吳二煥 역, 서울: 乙酉文化社, 1986.

강신주, 『노자(老子): 국가의 발견과 제국의 형이상학』, 서울: 태학사, 2004.

G. W. F. 헤겔, 『정신현상학』 1, 임석진 역, 파주: 한길사, 2009.

高亨, 『고형의 주역』, 김상섭 역, 서울: 예문서원, 1995.

곽신환, 『주역의 이해』, 서울: 서광사, 1991.

구스타프 라트부르흐, 『法哲學』, 최종고 역, 서울: 삼영사, 1993.

溝口雄三 · 丸山松幸 · 池田知久 공저, 『中國思想文化事典』, 김석근, 김용천,
     박규태 공역, 서울: 민족문화문고, 2003.

宮崎市定, 『中國中世史』, 任仲爀 · 朴善姬 공역, 서울: 신서원, 1996.

김경수, 『출토문헌을 통해서 본 중국 고대 사상』, 서울: 심산, 2008.

金達鎭, 『唐詩全書』, 서울: 民音社, 1989.

김상섭, 『내 눈으로 읽은 주역』 역경편, 서울: 지호, 2006.

김용옥, 『논어 한글역주』 1, 서울: 통나무, 2008.

김용운 · 김용국, 『프랙탈과 카오스의 세계』, 서울: 우성, 1998.

김충열, 『중국철학사1 : 중국철학의 원류』, 서울: 예문서원, 1994.

_____, 『노장철학강의』, 서울: 예문서원, 1995.

김한규, 『티베트와 중국의 역사적 관계』, 서울: 혜안, 2003.

나카무라 하지메, 『佛陀의 세계』, 김지견 역, 서울: 김영사, 1984.

남상호, 『How로 본 중국철학사』, 파주: 서광사, 2015.

니시지마 사다오, 『중국의 역사: 진한사』, 최덕경 · 임대희 공역, 서울: 혜안, 2004.

데이비드 린들리, 『볼츠만의 원자』, 이덕환 역, 서울: 승산, 2003.

동양고전연구회, 『논어』, 서울: 지식산업사, 2002.

등구백, 『역주 백서주역교석』, 황준연 역, 서울: 학고방, 2015.

로버트 라이트, 『도덕적 동물』, 박영준 역, 서울: 사이언스북스, 2003.

로저 트리그, 『인간 본성에 대한 철학적 논쟁』, 최용철 역, 서울: 간디서원, 2003.

로타 본 팔켄하우젠, 『고고학 증거로 본 공자시대 중국사회』, 심재훈 역, 서울: 세창출판사, 2011.

L. 비트겐슈타인, 『논리철학론』, 곽강제 역, 파주: 서광사, 2012.

리처드 니스벳, 『생각의 지도』, 최인철 역, 서울: 김영사, 2009.

리처드 포티, 『살아 있는 지구의 역사』, 이한음 역, 서울: 까치, 2005.

마르셀 그라네, 『중국의 고대 축제와 가요』, 신하령 · 김태완 공역, 서울: 살림, 2005.

막스 칼텐마르크, 『노자와 도교』, 장원철 역, 서울: 까치, 1993.

매슨 피리, 『101명의 위대한 철학자』, 강준호 역, 파주: 서광사, 2011.

문용직, 『주역의 발견: 상수와 의리가 무너진 주역의 본질』, 서울: 부키, 2007.

미야자키 이치사다, 『논어』, 박영철 역, 서울: 이산, 2001.

박해용 · 심옥숙, 『철학 용어 용례 사전』, 서울: 돌기둥, 2004.

반고, 『漢書列傳』, 안대회 역, 서울: 까치, 1997.

발레리 한센, 『열린 제국: 중국, 고대~1600』, 신성곤 역, 서울: 까치, 2005.

배옥영, 『周代의 上帝意識과 儒學思想』, 서울: 다른생각, 2003.

白蓮禪書刊行會, 『五家正宗贊』 上·下, 서울: 장경락, 1990.

벤자민 슈워츠, 『중국 고대 사상의 세계』, 나성 역, 서울: 살림, 2004.

B. 스피노자, 『에티카』, 강영계 역, 파주: 서광사, 2007 개정판.

司馬遷, 『史記』, 丁範鎭 외 공역, 서울: 까치, 1994-1997.

새뮤얼 헌팅턴, 『문명의 충돌』, 이희재 역, 서울: 김영사, 2000.

蕭公權, 『中國政治思想史』, 崔明·孫文鎬 역, 서울: 서울대학교 출판부, 1998.

小島晉治·丸山松幸, 『中國近現代史』, 朴元 역, 서울: 지식산업사, 2003.

송호근, 『그들은 소리 내 울지 않는다』, 고양: 이와우, 2013.

沈載烈, 『六祖壇經講義』, 서울: 寶蓮閣, 1980.

아놀드 토인비, 『圖說 歷史의 硏究』, 姜基哲 역, 서울: 一志社, 1978.

A. J. Toynbee, 『역사의 연구』 I, 지경자 역, 서울: 홍신문화사, 1994.

안동림 역주, 『莊子』, 서울: 현암사, 1993.

安炳周·田好根, 『譯註 莊子』 1-3, 서울 : 傳統文化硏究會, 2002-2008.

알프레드 포르케, 『중국고대철학사』, 양재혁·최해숙 역주, 서울: 소명출판, 2004.

앙드레 베르제·드니 위스망 공저, 『인간학·철학·형이상학: 프랑스 고교철학
        I』, 남기영 역, 서울: 정보여행, 1996.

_____, 『인간과 세계: 프랑스 고교철학 II』, 남기영 역, 서울: 정보여행, 1996.

애머 액젤, 『무한의 신비』, 신현용·승영조 공역, 서울: 승산, 2002.

에드워드 사이드, 『오리엔탈리즘』, 박홍규 역, 서울: 교보문고, 2003 증보판.

에드워드 윌슨, 『인간 본성에 대하여』, 이한음 역, 서울: 사이언스북스, 2002.

오시마 쇼지, 『한자에 도전한 중국』, 장원철 역, 서울: 산처럼, 2003.

와쓰지 데쓰로우, 『풍토와 인간』, 박건주 역, 서울: 장승, 1993.

王宇信, 『갑골학통론』, 李宰碩 역, 서울: 동문선, 2004.

王弼, 『왕필의 노자』, 임채우 역, 서울: 예문서원, 1998.

_____, 『주역 왕필주』, 임채우 역, 서울: 길, 2006 개정판.

위앤양, 『중국의 종교문화』, 박미라 역, 서울: 길, 2000.

I. K. 슈츠스키, 『주역연구』, 오진탁 역, 서울: 한겨레, 1989.

이강수, 『노자와 장자: 무위와 소요의 철학』, 서울: 길, 1997.

_____, 『중국 고대철학의 이해』, 서울: 지식산업사, 2000.

李奎浩, 『말의 힘』, 서울: 第一出版社, 1978.

이기상, 『철학노트』, 서울: 까치, 2002.

이옥순, 『우리 안의 오리엔탈리즘』, 서울: 푸른역사, 2003.

李澤厚, 『華夏美學』, 權瑚 역, 서울: 東文選, 1999.

李學勤, 『잃어버린 고리: 신출토문헌과 중국고대사상사』, 林亨錫 역, 서울: 학연
　　　문화사, 1996.

이항녕, 『법철학개론』(제3정판), 서울: 博英社, 2004.

任法融, 『도덕경 석의』, 금선학회 역, 서울: 여강출판사, 1999.

임태승, 『유가사유의 기원』, 서울: 학고방, 2004.

임형석, 『중국 간독시대, 물질과 사상이 만나다』, 서울: 책세상, 2002.

자크 데리다, 『기하학의 기원』, 배의용 역, 서울: 지만지고전천줄, 2008.

재레드 다이아몬드, 『총, 균, 쇠』, 김진준 역, 서울: 문학사상사, 2005.

존 킹 페어뱅크 · 멀 골드만, 『新中國史』, 김형종 · 신성곤 공역, 서울: 까치,
　　　2005 수정 증보판.

주교회의 성서위원회, 『성경』, 서울: 한국천주교중앙협의회. 2005

진래, 『양명철학』, 전병욱 역, 서울: 예문서원, 2003.

질 들뢰즈, 『스피노자의 철학』, 박기순 역, 서울: 민음사, 2004.

최재목 역주, 『노자』, 서울: 을유문화사, 2006.

최진석, 『노자의 목소리로 듣는 도덕경』, 서울: 소나무, 2001.

쿠르트 프리틀라인, 『서양철학사』, 강영계 역, 서울: 서광사, 1985.

클라우드 헬트, 『지중해 철학 기행』, 이강서 역, 서울: 효형출판, 2007.

C. 레비-스트로스, 『슬픈 열대』, 박옥줄 역, 서울: 한길사, 1998.

펑유란, 『간명한 중국철학사』, 정인재 역, 서울: 형설출판사, 2007.

풍우란, 『중국철학사』, 박성규 역, 서울: 까치, 1999.

플라톤, 『플라톤의 대화』, 최명관 역, 서울: 종로서적, 1994.

피터 홉커크, 『실크로드의 악마들』, 김영종 역, 서울: 사계절, 2000.

필립 B. 얌폴스키, 『六祖壇經硏究』, 연암 종서 역, 서울: 경서원, 2006.

H. 요나스, 『책임의 원칙: 기술 시대의 생태학적 윤리』, 이진우 역, 서울: 서광
　　사, 1994.

한유, 『한유산문선』, 오수형 역, 서울: 서울대학교 출판문화원, 2010.

H. J. 슈퇴릭히, 『세계철학사』下, 林錫珍 역, 서울: 분도출판사, 1976.

H. G. 크릴, 『孔子: 인간과 신화』, 이성규 역, 서울: 지식산업사, 1994.

호적(胡滴), 『中國古代哲學史』(원서: 『中國哲學史大綱』), 송긍섭·함홍근·민
　　두기 공역, 서울: 대한교과서주식회사, 1983.

황원구, 『東아시아의 人間象: 黃元九敎授定年紀念論叢』, 서울: 혜안, 1995.

황준연, 『《한비자》 읽기』, 서울: 세창미디어, 2012.

＿＿＿, 『실사구시로 읽는 주역』, 파주: 서광사, 2009.

＿＿＿, 『중국철학과 종교의 탐구』, 서울: 학고방, 2010.

＿＿＿, 『중국 철학의 문제들』, 서울: 학고방, 2013.

＿＿＿, 『한국사상과 종교 15강』, 서울: 博英社, 2014 개정판.

후지타 고오타츠, 『초기·부파불교의 역사』, 권오민 역, 서울: 민족사, 1989.

『淸史稿』, 北京: 中華書局 点校本, 1996.

『國語』, 上海: 上海古籍出版社, 1988.

『漢魏叢書』(乾·坤), 明刻本, 台北: 新興書局, 民國59年.

『中國大百科全書』 哲學 1, 北京: 中國大百科全書出版社, 1987.

班固,『漢書』, 北京: 中華書局 点校本, 1985.

曹峰,『上博楚簡思想研究』, 臺北: 萬卷樓圖書有限公司, 2006.

程帆,『我聽馮友蘭講中國哲學』, 北京: 中國致公出版社, 2002.

陳鼓應,『莊子今注今譯』, 北京: 中華書局, 1996.

_____,『老子今注今譯』(新版), 北京: 商務印書館, 2004.

陳啓天,『商鞅評傳』, 臺北: 臺灣常務印署館, 民國56年.

程樹德,『論語集釋』(1-4), 北京: 中華書局, 1990.

陳來,『古代思想文化的世界』, 北京: 三聯書店, 2002.

_____,『古代宗敎與倫理』, 北京: 三聯書店, 1996.

陳夢家,『殷墟卜辭綜述』, 北京: 中華書局, 2004.

鄧球柏,『帛書周易校釋』, 長沙: 湖南人民出版社, 2002.

_____,『論語通說』, 長沙: 湖南人民出版社, 2008.

_____,『周易的智慧』, 上海: 上海書社出版社, 2009.

丁四新,『郭店楚墓竹簡思想研究』, 北京: 東方出版社, 2008.

杜正勝,『編戶齊民』, 臺北: 聯經出版事業公司, 民國79年.

馮達文 · 郭齊勇 主編,『新編中國哲學史』上冊, 北京: 人民出版社, 2004.

馮友蘭,『中國哲學史新編』第一冊, 第二冊, 北京: 人民出版社, 1982, 1984.

高亨,『周易古經今注』, 北京: 中華書局, 1984.

_____,『周易大傳今注』, 濟南: 齊魯書社, 1970.

高令印,『簡明中國哲學通史』, 廈門: 廈門大學出版社, 2003.

顧頡剛,『古史辨』, 上海: 上海古籍出版社, 1982.

郭沫若,『中國古代社會研究』, 北京: 三聯書店, 1976.

郭朋,『壇經校釋』, 北京: 中華書局, 1983.

黃公偉,『法家哲學體系指歸』, 臺灣: 商務印書館, 民國72年.

蔣禮鴻,『商君書錐指』, 北京: 中華書局, 1996.

蔣錫昌,『老子校詁』, 成都: 成都古籍書店, 1988.

翦伯贊,『先秦史』, 北京: 北京大學出版社, 2001.

金景芳 · 呂紹綱,『周易全解』, 長春: 吉林大學出版社, 1991.

梁濤,『郭店竹簡與思孟學派』, 北京: 人民大學出版社, 2008.

李方,『敦煌《論語集解》校證』, 南京: 江蘇古籍出版社, 1998.

李鏡池,『周易探源』, 北京: 中華書局, 1978.

李零,『郭店楚簡校讀記』, 北京: 北京大學出版社, 2002.

李啓謙,『孔門弟子硏究』, 濟南: 齊魯書社, 1987.

李天虹,『郭店竹簡《性自命出》硏究』, 武漢: 湖北教育出版社, 2003.

李學勤,『周易溯源』, 成都: 巴蜀書社, 2006.

廖名春,『《周易》經傳十五講』, 北京: 北京大學出版社, 2005.

樓宇烈,『王弼集校釋』 上 · 下, 北京: 中華書局, 1987.

麻天祥,『中國宗敎哲學史』, 北京: 人民出版社, 2006.

淺野裕一,『上博楚簡與先秦思想』, 臺灣: 萬卷樓圖書有限公司, 2008.

錢熙祚,『守山閣叢書』, 上海: 上海鴻文書局, 光緖15年(1889).

任法融,『道德經釋義』, 西安: 三秦出版社, 1998.

司馬遷,『史記』, 北京: 中華書局 点校本, 1985.

孫詒讓,『墨子閒詁』 上 · 下, 北京: 中華書局, 2001.

孫中原,『墨學通論』, 遼寧: 遼寧敎育出版社, 1995.

王素,『敦煌吐魯番文獻』, 北京: 文物出版社, 2002.

王先謙,『荀子集解』, 北京: 中華書局, 1997.

王先愼,『韓非子集解』, 北京: 中華書局, 2007.

王宇信 · 楊升南 主編,『甲骨學一百年』, 北京: 社會科學文獻出版社, 1999.

聞一多,『周易義證類纂』, 上海: 上海開明書店, 1947.

吳毓江 校釋 · 吳興宇 標點,『公孫龍子校釋』, 上海: 上海古籍出版社, 2001.

邢文, 『郭店老子與太一生水』, 北京: 學苑出版社, 2005.

_____, 『帛書周易研究』, 北京: 人民出版社, 1998.

許建平, 『敦煌經籍敍錄』, 北京: 中華書局, 2006.

徐凱, 『中國歷史上的重要革新與變法』, 臺灣: 商務印書館, 1991.

顏昌嶢, 『管子校釋』, 長沙: 嶽麓書社, 1996.

楊伯峻, 『論語譯註』, 北京: 中華書局, 1980.

楊俊光, 『墨子新論』, 南京: 江蘇敎育出版社, 1992.

楊寬, 『西周史』, 上海: 上海人民出版社, 2003.

曾振宇, 『前期法家硏究』, 濟南: 山東大學出版社, 1996.

張岱年, 『中國哲學大綱』, 北京: 中國社會科學出版社, 1982.

_____, 『中國哲學史史料學』, 北京: 三聯書店, 1982.

張法, 『中國美學史』, 上海: 上海人民出版社, 2002.

張國華, 『中國法律思想史新編』, 北京: 北京大學出版社, 1991.

詹石窗, 『新編中國哲學史』, 北京: 中國書店, 2005.

趙來坤, 『老子與函穀關』, 鄭州: 中洲古籍出版社, 2002.

中國大百科全書出版社編輯部, 『中國大百科全書』(哲學), 北京: 中國大百科全
　　書出版社, 1987.

中國道教協會 · 蘇州道教協會, 『中國道教大辭典』, 北京: 華夏出版社, 1994.

周立升, 『老子的智慧』, 石家庄: 河北人民出版社, 1997.

周紹良 編著, 『敦煌寫本壇經原本』, 北京: 文物出版社, 1997.

朱天順, 『中國古代宗教初探』, 上海: 上海人民出版社, 1992.

和辻哲郎, 『風土─人間學的 考察』, 東京: 岩波書店, 1981.

Amir D. Aczel, *The Mystery of the Aleph: Mathematics, the Kabbalah, and
　　the Search for Infinity*, New York: Washington Square Press, 2001.

Arnold Toynbee, *A Study of History: Abridgement by D. C. Somervell*, Oxford: Oxford University Press, 1961.

Arthur H. Smith, *Chinese Characteristics*, Norwalk: EastBridge, 2002 Reprint edition.

Benedict de Spinoza, *A Spinoza Reader: The Ethics and other works*, Translation by Edwin Curley , Princeton: Princeton University Press, 1994.

Benjamin I. Schwartz, *The World of Thought in Ancient China*, Cambridge: Harvard University Press, 1985.

Bertrand Russell, *History of Western Philosophy*, London: George Allen & Unwin Ltd, 1961.

David N. Keightley, *Sources of Shang History*, Berkely: University of California Press, 1978.

Lü Buwei , *The Annals of Lü Buwei* 『呂氏春秋』, Translation and Study by John Knoblock and Jeffrey Riegel, Stanford: Stanford University Press, 2000.

Claude Lévi-Strauss, *Tristes tropiques*, Paris: Plon, 1955.

Edward Louis Shaughnessy, *Before Confucius*, Albany: State University of New York Press, 1997.

Edward Louis Shaughnessy, *The Composition of the Zhouyi*, Ph. D. Dissertation, Stanford: Stanford University, 1983.

Euclid, *Euclid's Elements of Geometry*, The Greek text of J. L. Heiberg, English translation by Richard Fitzpatrick.

Gerald W. Swanson, *The Great Treatise: Commentatory Tradition to the Book of Changes*, Ph. D. Dissertation, Seattle: University of Washington, 1974.

Herrlee G. Creel, *Shen Pu-hai: A Chinese Political Philosopher of the Fourth*

Century B.C., Chicago: University of Chicago Press, 1974.

I. Kant, *Kritik der praktischen Vernunft*, Hamburg: Felix Meiner Verlag, 1967.

Iulian K. Shchutskii, Trans. by William L. MacDonald and Tsuyoshi Hasegawa, *Researches on the I Ching*, Princeton: Princeton University Press, 1979.

James Legge, *The I Ching: Book of Changes*, New York: Causeway Books, 1973.

James Miller, *Daoism: A Short Introduction*, Oxford: Oneworld , 2003.

Jared Diamond, *Guns, Germs, and Steel*, New York and London: W. W. Norton & Company, 1999.

Julia Ching, *Chinese Religions*, London: The MacMillan Press, 1993.

Karl Jaspers, *Existenzphilosophie*, Berlin/ New York: Walter de Gruyter, 1974.

Livia Kohn and Michael Lafargue, *Lao-tzu and the Tao-te-ching*, Albany: State University of New York Press, 1998.

Ludwig Wittgenstein, *Tractatus logico-philosophicus*, Frankfurt am Main: Suhrkamp, 1989.

Martin Heidegger, *Einführung in die Metaphysik*, Frankfurt am Main: Vittorio Klostermann GmbH, 1983.

Plato, *Theaetetus*, Editor Gregory R. Crane, Boston: Perseus Digital Library of Tufts University, 2011.

R. P. Peerenboom, *Law and Morality in Ancient China: The Silk Manuscripts of Huang-Lao*, Albany: State University of New York Press, 1993.

Richard Alan Kunst, *The Original Yijing: A Text, Phonetic Transcription,*

Translation, and Indexes, with Sample Glosses, Ph. D. Dissertation, Berkeley: University of California, 1985.

Robert G. Henricks, 『老子德道經』 *Lao Tzu: Te-Tao Ching*, New York: Ballantine Books, 1992 Reprint edition.

Robert Nozick, *Philosophical Explanations*, Cambridge: Harvard University Press, 1981.

Roger T. Ames · Henry Rosemont, Jr., *The Analects of Confucius*, New York: Ballantine Books, 1998.

Rosemary Goring · Frank Whaling, *Larousse Dictionary of Beliefs and Religions*, Edinburgh: Larousse, 1994.

Russell Kirkland, *Taoism*, New York: Routledge, 2004.

Samuel P. Huntington, *The Clash of Civilizations*. Tampa: Foreign Affaires, 1993. Vol. 72 & Vol. 73.

Simon Leys, *The Analects of Confucius*, New York and London: W. W. Norton & Company, 1997.

S. J. Marshall, *The Mandate of Heaven*, New York: Columbia University Press, 2001.

Tiziano Terzani, *Behind the Forbidden Door: Travels in Unknown China*, London: Allen and Unwin, 1985.

Wilhelm · Baynes, *The I Ching: or Book of Changes*, Princeton: Princeton University Press, 1971.

Wing-Tsit Chan, *A Source Book in Chinese Philosophy*, Princeton: Princeton University Press, 1973

Yu-Lan Fung, *A Short History of Chinese Philosophy*, New York: The Macmillan Company, 1948.

林義正, 「論《恒先》的宇宙思維」, 성균관대학교 유교문화연구소, 『새로운 자료와 새로운 시각』, 한·중 철학 문화 국제학술회의, 서울: 성균관대학교 유교문화연구소, 2009.

송영배, 「마테오 리치의 공적」, 서강대학교 신학대학원, 『동서양 문명의 만남, 도전과 기회』, 2010년 신학대학원 국제학술심포지엄, 서울: 서강대학교 신학대학원, 2010.

이승률, 「상박초간 『귀신지명』의 귀신론과 묵가의 세계관 연구」, 성균관대학교 유교문화연구소, 『새로운 자료와 새로운 시각』, 한·중 철학 문화 국제학술회의, 서울: 성균관대학교 유교문화연구소, 2009.

황준연, 「공자는 『周易』의 「十翼」을 스스로 지었는가?」, 한국중앙연구원, 『정신문화연구』, 2008.

_____, 「명(名)과 실(實), 보편과 개체에 대한 동서철학의 논의 비교」, 범한철학회, 『범한철학』 제64집, 2012 봄.

丁四新, 「楚簡《恒先》章句釋義」, www.bamboosilk.org, 2004年 7月 25日.

龍朴, 「《恒先》試讀」, www.bamboosilk.org, 2004年 4月 26日.

李零, 「說黃老」, 『道家文化硏究』 第5輯, 上海: 上海古籍出版社, 1994.

李銳, 「讀《恒先》札記」, www.confucius2000.com, 2006年 8月 13日.

李學勤, 「荊門郭店楚簡所見關尹遺說」, 『中國文物報』, 北京: 中國文物報社, 1998年 4月 8日 第3版.

廖名春, 「上博藏楚竹書《恒先》簡釋」, www.bamboosilk.org, 2004年 4月 19日.

唐蘭, 「馬王堆出土《老子》乙本卷前古佚書硏究」, 『考古學報』 1975, 第1期.

余明光, 「《黃帝四經》書名及成書年代考」, 『道家文化硏究』 第1輯, 上海: 上海古籍出版社, 1992.

A. Forke, The Chinese Sophists: *Journal of the North-China Branch of the Royal Asiatic Society*, XXXIV, Shanghai, 1901.

찾아보기

●